Die Ahr

Von der Mündung bis zur Quelle in 31 Tippeltouren

Von der Mündung bis zur Quelle in 31

Peter Squentz

Die Ahr

31 Touren und

der gesamte Rotweinwanderweg

in drei Etappen

J.P. Bachem Verlag

Titelbild: Weinberge bei Marienthal
Vordere Innenklappe: Blankenheim

Impressum

Die Deutsche Bibliothek – CIP-Einheitsaufnahme

Die Ahr, Von der Mündung bis zur Quelle in 31 Tippeltouren,
31 Touren und der gesamte Rotweinwanderweg in drei Etappen
Peter Squentz. – 2., überarbeitete Auflage – Köln: Bachem, 2002

ISBN 3-7616-1436-5

Buchausgabe nach einer Fortsetzungsfolge aus dem

Kölner Stadt-Anzeiger

2., überarbeitete Auflage 2002
©J.P. Bachem Verlag, Köln 2002
Einbandgestaltung und Layout:
Barbara Meisner, Düsseldorf und Heike Unger, Köln
Reproduktionen: Reprowerkstatt Wargalla GmbH, Köln
Druck: Druckerei J.P. Bachem GmbH & Co. KG, Köln
Printed in Germany
ISBN 3-7616-1436-5

Bildnachweis:
Alle Abbildungen: Michael Bengel
Karten: Barbara Köhler

Inhalt

Gewidmet meiner Frau und meinen Kindern,
für die jede Fahrt an die Ahr ein Vergnügen war,
wenn wir dabei die „Baumgeister" des Toni Görtz
am Schwarzen Kreuz in Altenahr besuchen konnten.

Zu diesem Buch

Kinkel war schon da: Wer immer sich im Ahrtal umtut mit vertiefterem Interesse: Er trifft auf den berühmten Weggefährten der deutschen Vormärzzeit. Früh in den vierziger Jahren des 19. Jahrhunderts hatte der Bonner Gelehrte, Pfarrerssohn, Gymnasiallehrer und Kirchengeschichtler Johann Gottfried Kinkel die Ahr zu Fuß erkundet und ein Buch daraus gemacht, das heute noch, und mit Gewinn, zu lesen ist. Nun, nach mehr als anderthalb Jahrhunderten, ist das Ahrtal immer noch, ja, mehr denn je, beliebtes Ausflugsziel und Wanderland. Darauf zielt auch dieses neue Buch, das nicht ganz zufällig wie Kinkels heißt: „Die Ahr".

Wenn es neben ratsamer Bescheidenheit auch von der Sache her genügend Gründe gibt, die Parallelen nicht zu strapazieren, so teilen beide Bücher doch den Reiz, den Rahmen und die Richtung der Recherche. Es ist heute so verlockend wie damals, gerade ein so überschaubares, begrenzbares Gebiet wie das des Ahrtals wandernd zu erkunden. Darauf beruht seit vielen Jahren auch der Erfolg der Tippeltouren, aus denen dieses Buch im Kern hervorgegangen ist: Wanderungen auf der Grenze hin zum Feuilleton, seit mehr als zwanzig Jahren festes Element der Wochenendbeilage des *Kölner Stadt- Anzeiger*, die Verbindung von verlässlicher Detailbeschreibung und erzählerischem Zugriff, das Erlebnis schöner Landschaft vor bemerkenswertem Hintergrund, in lesbare Gestalt gebracht und damit festgehalten.

Zum einen Einladung ins Freie, Wandertip, zum anderen Geschichtsbuch, Anekdotensammlung, Lesebuch, Erzählung: Diese Mischung gibt der Form der Tippeltouren seit vielen Jahren ihren Reiz, an der Ahr und anderswo. Ihr Erzähler ist und bleibt auch jener Peter Squentz, der nur für diesen Zweck und diese Form erfunden worden ist.

Den Rahmen dieses Buches gibt die Landschaft vor: das Ahrtal, Teil des Rheinlands wie des Eifellands im Osten, mit seinen schönen Nachbartälern und den Höhen links und rechts. Auf ihrem Lauf durchmisst die Ahr Naturräume von großer Unterschiedlichkeit: die Kalkmulden des Oberlaufs, den aufgestellten Schieferfels der „romantischen Ahr", Vulkankuppen, die sich im Wasser spiegeln, und malerische Dörfer und Städtchen, kulturelle Kleinodien, die zu den schönsten der Eifel gehören. Es ist längst nicht mehr die Landschaft, die noch Kinkel vorfand: arm, verwildert, halb erschlossen nur, ein Land, in dem es Wölfe gab, an einem Fluß, in dem man Otter schoss und wo es keine Straße längs des Ufers gab, die weiter führte als bis Dümpelfeld. Von der Eisenbahn ganz zu schweigen. Als Kinkel starb, gab es sie eben mal bis Ahrweiler! Doch es war schon damals eine landschaftliche Einheit, der die Ahr die Signatur verlieh.

Zuletzt die Richtung: „Wir beginnen unsere Wanderung, dem Brauch der meisten Reisenden folgend, mit der Mündung des Flusses." Die Entscheidung Kinkels überzeugt noch heute. Die meisten Ahr-Besucher aus den großen Städten und von Rhein und Ruhr nähern sich noch immer so wie Kinkel seinem, ihrem Fluß. Und so sind denn auch die Tippeltouren dieses Bandes aufgereiht. Im übrigen ist dies natürlich keine Rangfolge, nur eine Reihenfolge. Da die Ahr nicht, anders als bei Kinkel, systematisch, im Zusammenhang erkundet wird, sondern jede Tour als Rundweg in sich abgeschlossen ist, bleibt die Folge der Lektüre wie der Wanderungen ganz dem Leser und Benutzer überlassen, die Anordnung im Buch dient lediglich der Übersicht. Systematische Darstellungen gibt es heute schon genug. Neu ist allerdings ein solches Wanderbuch der Ahr.

Alle Tippeltouren sind für diesen Band noch einmal oder mehrmals nachgewandert worden, alle wurden überprüft, die Texte aufeinander abgestimmt und „haltbarer" gemacht, manche im Detail geändert, einige ganz neu geführt und neu beschrieben. Was die Wege betrifft, so konnte ich mich vielfach auf das gute Wanderwegenetz des Eifelvereins und seiner einzelnen Gruppierungen vor Ort verlassen, auch auf ihre in der Regel mustergültige Markierung. Bei den Hintergrundrecherchen hielt ich es wie Kinkel, der „in Klosterchroniken, Taufbüchern und Gemeinderegistern" stöberte, suchte und fand. Daneben aber konnte ich mich doch auf viele Vorarbeiten stützen, Standardwerke, Heimatchroniken und Reisebücher – nicht zuletzt auf Kinkel selbst.

Daneben gab es viele, die mir bei dem Buch geholfen haben, beim Wandern wie beim Schreiben - und danach. Auch Kinkel hat erst im Gespräch, nicht nur an der Ahr, jene Einzelheiten und jene Gewissheit gewinnen können, die den Wert seines Buches ausmachten und die es ihn vertrauensvoll dem Leser übergeben ließen. Eine Liste derjenigen, die vor und nach dem Erscheinen dieses Buches dazu noch beigetragen haben, wäre viel zu lang, um hier noch zu erscheinen - und wenig sinnvoll obendrein. Denn jedem habe ich persönlich längst gedankt. So konnten auch nach dem Erscheinen der ersten Ausgabe dieses Buches Veränderungen aufgenommen werden. Es sind naturgemäß nicht viele, die meisten betreffen Druckfehler und Telefonnummern. Doch einige sind kurios: So hat sich etwa erst in letzter Zeit erwiesen, womöglich nach dem starken Zuspruch durch die Wanderer mit diesem Buch, dass die hölzernen Aussichtstürme um Bad Neuenahr-Ahrweiler herum morsch waren, wohl auch gefährlich. Und so sind sie nun inzwischen alle abgerissen oder doch zumindest gesperrt. Vielleicht trägt der Erfolg dieses Buches dazu bei, dass sie wieder neu errichtet werden - und nun endlich auch mit Sicht. Das Buch ist jetzt so frisch und aktuell wie nie. Damit es so bleiben kann: Dafür sind wir nach wie vor auf Hilfestellung angewiesen (J.P. Bachem Verlag, Postfach 100352, 50 443 Köln). Der Dank dafür ist jetzt schon garantiert.

Köln, im März 2002
Michael Bengel / Peter Squentz

Der Name des Wassers

Die Ahr

41 Nebenflüsse hat der Rhein allein in Deutschland. Die Ahr ist unter ihnen nicht der größte, nicht der bedeutendste, vielleicht nicht einmal der romantischste. Und dennoch ist sie wohl bekannter, und zu Recht, als mancher andere von ihnen. Als Nebenfluss mit seiner ihm gemäßen Landschaft dem Wortsinn nach „apart": ein Fluss für sich und von eigenem Reiz, so vielfältig wie irgendeiner auf der kurzen Strecke seines Fließens, ruhig in Mäandern treibend oder wild bewegt in engen Felsenriegeln, und viele Kilometer weit bekränzt von Weinlaub und reifenden Trauben. Kurz: ein Bild von einem Fluss.

Ihr Name weist schon darauf hin: Er leitet sich vermutlich von einem alten Wort für „Wasser" ab und wäre somit eigentlich kein Eigen-Name, sondern ein Sammelbegriff, im Jahre 992 als „ara aqua" urkundlich belegt: die Ahr als das Wasser schlechthin. 89 Kilometer ist sie lang und entwässert einen großen Teil der Eifel, 901 Quadratkilometer. Sie ist damit das größte Fließgewässer der Region, das nach Osten fließt und somit gleich dem Rhein entgegenstrebt, nicht, wie die meisten anderen, zur Mosel oder Maas. Zu ihren 89 Kilometern könnte man getrost ein paar hinzuaddieren, die ihre Wasser unterirdisch strömen durch die unbekannten Räume, Risse oder Ritzen im Blankenheimer Kalkgestein. So wie Athene einst dem Haupt des Zeus entsprungen war und seine Lieblingstocher wurde, so tritt die Ahr als eine der wenigen Karstquellen im nördlichen Mitteleuropa in vier armstarken Adern am Südrand einer Kalk- und Dolomitmulde nach Angaben des für die Wasserwirtschaft maßgeblichen Staatlichen Umweltamtes Aachen (StUA) 467 Meter über dem Meer, als fertiges Flüsschen zutage, mit knapp zwölf Litern pro Sekunde, gut 700 pro Minute, mehr als vierzigtausend jede Stunde, seit einem Aufruf 1913 sogleich im feierlichen Vers begrüßt: „aus jähem Felsen silberhell". Wenn sie bei Kripp den Rhein erreicht, in der einzigen natürlichen Mündung links des Stroms, hat sie 413 Höhenmeter hinter sich gebracht, mehr als viereinhalb auf jedem Kilometer.

Wie eine Perle hat man ihre Quelle am Fuß des Zuckerbergs eingefasst: im Keller eines Fachwerkhauses von 1726 – und mit dem schönsten Eifelstädtchen überhaupt, mit Blankenheim, ringsum. Und wie ein Kleinod hält man hier den Fluss weitgehend noch unter Verschluss: Zu oft hat er sich allzu wild gebärdet.

Bis in die Einmündung des wasserreichen Ah-Bachs, eines Namensvetters, wie sich denken lässt, fließt sie etwa 22 Kilometer weit südostwärts durch die sogenannte Kalkeifel; auch der Ah-Bach mit dem berühmten Nohner Wasserfall kommt aus dem Kalkgebirge, der Hillesheimer Mulde. In diesem

Johannes
Nepumuk in
Blankenheim

89 Kilometer
Wasser: die Ahr

Abschnitt ist die Landschaft licht, die Wiesensohle 100 Meter breit, die welligen Höhen der begleitenden Hügelszenerie 400 Meter hoch und höher. Dann wechselt sie die Richtung wie im rechten Winkel und fließt nun – örtliche, begrenzte Sonderfälle außer Acht gelassen – nach Nordost. Erst bei Dernau verlässt sie diese Generallinie und bietet dafür eine spektakuläre Erklärung an. Davon später! Aus den mitteldevonischen Schichten ihres Oberlaufs tritt sie bei Dorsel in die unterdevonischen Schichten aus Schiefer und Grauwacke ein, aus der Kalkeifel in die nach ihr benannte Ahr-Eifel. Bis auf vierzig Meter verengt sich nun der Talgrund stellenweise, um sich bei Antweiler und hinter Schuld aufs Neue zu verbreitern. Als Solitär erhebt sich gleich daneben der basaltische Vulkankegel des Arembergs, Bote einer erdgeschichtlich jüngeren Epoche als die Landschaft, die er überragt. Um 120 Meter ist er höher als die Rumpffläche der Eifel ringsum, 350 höher als der Fluss, der seinen Sockel umfließt. Bei Dümpelfeld und Flusskilometer 45 nimmt die Ahr den Adenauer Bach auf, der mit seinem reichlich breiten Tal im Kartenbild und Straßenatlas wie ihr eigentlicher Oberlauf erscheint. Mit ihm vereinigt, nimmt sie ihre dominante Richtung nach Nordosten wieder auf, die sie, der harten Felsenwände wegen, bei Schuld für ein paar Kilometer aufgegeben hat.

Zehn Kilometer weiter, bei Kreuzberg, wird das Tal dann enger; noch immer liegen hier die Rumpfflächen 400 Meter hoch, mit einzelnen Kuppen dazwischen, doch der Talgrund hat sich durch die stete Tätigkeit des Flusses in diesen Abschnitt des Rheinischen Schiefergebirges schon um gut 200 auf 180 Meter abgesenkt. Dennoch ist die Talaue hier eher breit, die Flanken wirken selten steil.

Dies alles ändert sich ins Malerische für die nächsten 10 Kilometer des Flusses bis Walporzheim. Hier, wo die Brüche, Schründe und Verwerfungen der variskischen Faltung geradezu dramatisch ausgefallen – und erhalten – sind, findet sich die Landschaft, die für viele schon das Ganze meint, wenn sie vom „Ahrtal" reden. Auch für Gottfried Kinkel war dies die „berühmteste Partie des Ahrtals, die Region des zackigen, zerklüfteten Schiefergebirges". Der Bonner Professor und Geologe Wilhelm Meyer hat die Vorgänge der Oberkarbon-Zeit vor 300 Millionen Jahren leicht fasslich in ein Bild gebracht: Man denke sich einen Stapel Tücher, bevorzugt von wechselnder Farbe, den man zu einem Faltenknäuel ineinanderschiebt! So wurden härtere und weiche Schichten aufgebogen, aufgebrochen, hochgestellt: Bei Altenahr, bei Altenburg und Kreuzberg sind solche Faltungen besonders reich zu finden, und an der Engelsley entdeckt man leicht den Meeresgrund aus dem Erdaltertum mit Wellenrippeln wie im Watt bei Ebbe. Während dieser Faltung drangen Mineralien nach oben, Erze fielen flüssig an, Quarzvorkommen entstanden, das größte an der Teufelsley bei Hönningen.

Durch dieses aufgestellte Durcheinander sägte sich der Fluss beharrlich seinen Weg wie ein Canyon mit Strudeln, Schlingen, Umlaufbergen (bei Insul und in Mayschoß). Dort, wo heute Dernau liegt, floss er einst weiter in nördlicher Richtung, nahm die drei Quelläste des heutigen Swistbachs auf und erreichte den Rhein erst in der Niederrheinischen Bucht. Die Funde von Kies aus der Kalkeifel im alten Bett der Ahr belegen diese Sicht, und mit bloßen Augen sieht man über Dernau deutlich jene Eintiefung, durch die die Straße nach Esch und in die „Grafschaft" führt und in der man den womöglich schönsten Blick aufs Ahrtal hat. Erst Störungen im Urgrund des Gesteins vor etwa einer Million Jahre haben dann dazu geführt, dass sich der Rücken mit dem alten Ahrtal hob und sich der Fluss ein neues Bett im Schiefer suchen musste, nun ostwärts und vorüber an der Bunten Kuh, die stets, für alle Reisenden, das Tor war zu der „romantischen" Ahr oder auch zum Mündungstrichter mit der fruchtbaren „Goldenen Meile" zuletzt, ganz wie man es sehen will.

Die Schroffen und Risse der früheren Faltung waren schließlich auch die Sollbruchstellen für den Vulkanismus der Tertiärzeit (vor ca. 50 Millionen Jahren), der auch auf die Eifel und das Ahrtal seine letzten Pointen setzte,

Das Ahrtal mit Dernau

den Aremberg, die Landskrone, den Neuenahrer Berg, nachdem die Erosion von ungezählten Jahrmillionen die Urgebirge abgeschmirgelt hatte.

Erdgeschichtlich ist das Ahrtal als ein Sonderfall der Eifel zu betrachten, klimatisch ist es eine Ausnahme. Gelegen an der Leeseite der Berge, weisen insbesondere die Mittelahr und das untere Tal ein mildes, ausgegliches und angenehmes Klima auf. 1285 Stunden scheint im Jahr die Sonne, entsprechend gering ist die Bewölkung, im Frühling kommt die Apfelblüte eine Woche früher als in der Ahreifel. „Nach Klima und Charakter" stellte denn schon Kinkel die Ahr des Weinanbaus „den unteren Appenintälern" gleich. Doch was er, wie er schreibt, in einer alten Chronik fand: „dass im Jahre 1684 acht Tage vor Pfingsten das Eis noch hochgetürmt an der Lochmühle gelegen und man schon Pfingstmontag rings auf dem Berge reife Erdbeeren gesammelt habe", das mag doch wohl als rare Ausnahme des Jahres 1684 notierenswert gewesen sein.

Das Gefälle des Flusses und sein Wasserhaushalt haben die Ahr bis in die jüngste Zeit als unberechenbar erscheinen lassen. Bis Kreuzberg, also nach kaum mehr als 60 Prozent seiner Strecke, sind dem Fluss schon 85 Prozent seines Wassers zugeflossen, der Rest entfällt auf kurze, unbedeutende Gewässer. Das liegt zum Teil daran, dass die nördliche Wasserscheide zwischen Ahr und Erft (mitsamt dem Swistbach) bei Dernau bis auf einen Kilometer an das Tal herangerückt ist. In ihren Wassern also ist die Ahr ein Spiegel der höheren Eifel und ihrer Wasserführung und Wetterverhältnisse. Schneeschmelze und Wolkenbrüche haben mehrfach Katastrophen ausgelöst, so 1719, 1804, 1844 und 1910. Am Ostausgang des Altenahrer Straßentunnels oder in der „Hauptstraße" zu Dernau kann man die Hochwassermarken studieren. Mehr als einmal stand das Wasser raumhoch in der Stube.

„Wie lieb ich, Du wilde Ahr": So beginnt das „Ahrlied" und rühmt die Wildheit schon im ersten Vers. 1883 schrieb der „Baedeker" über die Ahr: „Sie ist schon bei mittlerm Wasserstand reissend und tritt häufig aus ihrem Bett." Im Unterlauf bei Neuenahr ging sie dann 300 Meter in die Breite. Zwei Jahre später fing man an, dem Fluß die wilde Kraft zu nehmen – zunächst bei Ahrweiler mit Wehren, die die Wasserkräfte brechen sollten. Heute ist die Ahr, und vielfach schon im Oberlauf, ausgebaut und reguliert. Gezähmt und zahnlos ist sie nicht. Mag sie auch in manchem Sommer schon im Schotter der Mündung versickern, ohne als fließendes Wasser den Rhein zu errei-

Allzeit bewegt:
Die Ahr mit
Burg Are (unten)

chen, so kann sie doch auch anders: 1984 riss sie eben hier die Brücke mit. Ist es da ein Zufall, dass gerade bürgerliche Revolutionäre im vergangenen Jahrhundert die Vorhut eines regelrechten Ahrtourismus wurden, Ernst Moritz Arndt und Gottfried Kinkel? War ihnen nicht, womöglich unbewusst, der geologische Befund der Faltung, die sprichwörtlich das Unterste zu oberst kehren konnte, ein Sinnbild, Vorbild ihres Strebens, vielleicht auch Ansporn oder Tröstung, dass dergleichen möglich ist?

Die Reise längs des Rheins und auf ihm war schon lange eine Angelegenheit der Mode, als sich die ersten Menschen durch das Ahrtal in die Eifel mühten, gewissermaßen einfach so und zum Pläsier, nicht als Händler oder als Soldaten. Bis zur französischen Besatzung 1794 war das Ahrtal Tummelplatz kleinräumlicher Dynastien. Hätte es den Rotweinwanderweg bereits gegeben und wäre jemand ernsthaft auf die abgelegene Idee verfallen, hier 35 Kilometer weit zu wandern: Er hätte fünfmal eine Grenze überschritten.

Die einzige politische Grenze, die heute in Betracht kommt, ist eine zwischen Bundesländern, die zumindest für die Ahr in erstaunlicher Weise der geologischen Gliederung folgt: Die Oberahr der Eifeler Kalkmulde liegt in Nordrhein-Westfalen, der ganze Rest ist Rheinland-Pfalz. Der Reisende darf diese Grenze freilich getrost ignorieren.

Gottfried Kinkel

Er fühlte sich als Dichter, schrieb Verserzählungen, Gedichte. Dem Vater zu Gefallen studierte er Theologie und war mit einundzwanzig Jahren Privatdozent. Kaum jemand aber spräche heute noch von ihm, wenn er nicht seiner Liebe zur Natur und Heimat einen Reiseführer abgerungen hätte: Gottfried Kinkel, geboren 1815 in Oberkassel, in Zürich im Exil 1882 gestorben, gilt oft als Pionier der Ahr und ihres lebhaften Tourismus. Zwar gab es 1839 schon einen kundigen Führer durch „Das Ahrthal und seinen sehenswerthen Umgebungen" des Naturkundlers Philipp Wirtgen aus Neuwied, und Kinkel selbst schrieb das Verdienst den Düsseldorfer Landschaftsmalern zu, „die Schönheit dieses Tals für die Welt da draußen entdeckt zu haben". Doch seine Darstellung, so kundig und so ausdrucksstark in einem, erschien zur rechten Zeit und verbindet seit der zweiten Auflage von 1849 beide untrennbar bis heute: den Autor und den Fluss.

Als Publizist war Kinkel zeit seines Lebens rege: als Lyriker genauso wie als Redakteur und politischer Kolumnist. 1849 nahm er am badisch-pfälzischen Aufstand teil, wurde verwundet, gefangengenommen und zu lebenslanger Festungshaft verurteilt. Der Student (und spätere Außenminister der USA) Carl Schurz befreite ihn aus Spandau. Fortan lebte Kinkel mit seiner Ehefrau Johanna als Wissenschaftler in den USA, in London und nach ihrem Tod zuletzt in Zürich.

Tal der Trauben

Weinbau an der Ahr

„Der Wein ist hiesiger Gegend fürnehmste Nahrung." – Kein Werbe-Profi, kein PR-Agent: Ein städtischer Beamter hat diesen Merksatz formuliert, Georg Schöneck, Ratsschreiber zu Ahrweiler, in seinem Ratsbuch am 22. November 1602. Der Satz wird immer wieder gern zitiert, als sei er so klipp und so klar, wie er klingt. Doch das Zitat bereits ist lückenhaft, der Satz gekürzt: Schöneck meinte nämlich „Nahrung, die unnachsichtlich gehalten werden muss." Zwar ist errechnet worden, dass zu dieser Zeit pro Jahr und Kopf rund 150 Liter Wein getrunken wurden, dennoch wird man diesen Satz wohl kaum in wörtlicher Bedeutung aufzufassen haben, sondern bildlich-metaphorisch. Dann wäre heute der Tourismus „der Gegend fürnehmste Nahrung", freilich erheblich beflügelt vom Wein. Und der hat an der Ahr schon damals die führende Rolle gespielt. Das immerhin beweist das Zitat. Wie vieles ist wohl auch der Wein einst mit den Römern an die Ahr gekommen. Zwar gibt es dafür keinen schlüssigen Beweis, kein Zeugnis, keine Quelle, doch damit ist auch nicht das Gegenteil bewiesen, das ohnehin niemand behauptet. Die Römer, die den fruchtbaren und breiten Unterlauf der Ahr bewohnten, doch auch in Mayschoß, Schuld, in Antweiler und Blankenheim als Siedler nachgewiesen sind, werden kaum von ihren üblichen Gewohnheiten im Ahrtal abgelassen haben. Und warum sollten sie Jahrhunderte hindurch denn auf Importwein setzen, wo gerade hier, im unteren Bereich, die Böden und das Klima für den Weinbau günstig sind? Viel Sonne, wenig Niederschläge, und die verteilt auch in der warmen Zeit, auf dass die Beeren reifen!

Was bleibt, ist der Befund, dass nach wie vor die erste schriftliche Erwähnung des Weinbaus an der Ahr („ad aram") erst aus der Frankenzeit datiert, mit einer Urkunde von 770. Fortan ist der Weinbau gut belegt. 1127 werden erstmals Weinbergterrassen erwähnt. „Fürnehm", also „wichtig", mag der Wein schon 1602 gewesen sein: Vornehm war er längst nicht immer. Wenn heute Dioxin in Hühnerfutter vorgefunden wird, Klärschlamm als eine Art recycelter Sättigungsbeilage in Tierfutter gerät und Wein mit Ochsenblut und aus Glykol verzapft wird, dann sind das nichts als Varianten, keine grundsätzlichen Neuerungen kulinarischer wie önologischer Alchimie, im Zeitalter industrieller Fertigung freilich welche von oft ungeahnter Dimension und Wirkung. Ein Blick in das Rezeptbüchlein des Bodendorfer Küfers Bauer von 1820 (siehe Tour 4) kann einen da das Fürchten lehren.

Nicht immer war die Ahr das Rotweinparadies, als das es heute gilt, das nördlichste und zugleich größte geschlossene Anbaugebiet Deutschlands für Rotwein, das mit touristischen Vokabeln wie dem „Tal der roten Traube"

Steillage bei Mayschoß

Bereinigte Flur
bei Dernau

oder der „Ahr-Rotweinstraße" für sich wirbt. Von anno 1788 gibt es beispielsweise einen Brief des Altenahrer Kellermeisters an den Erzbischof von Köln („Euer kurfürstliche Durchlaucht") mit der Klage über die Verbreitung weißer „Kleinbergertrauben", „die einen schlechten Wein bekanntermaßen ergeben". Dem schließt er dann den Ratschlag an, die „Rothe Burgunder Traube", wie man sie aus Aßmannshausen kenne, „auch in besagter Ecke" einzuführen.

Aus dem Eckendasein ist der Spätburgunder, Pinot Noir, an der Ahr schon längst heraus: Heute stellt er bereits 56,3 Prozent aller bestockten Rebflächen an der Ahr (insgesamt 520 Hektar), gemeinsam mit dem Portugieser, Frühburgunder, Dornfelder und anderen kommt der Rotwein insgesamt auf 82,1 Prozent. In einigen Dernauer, Marienthaler und Walporzheimer Lagen erreicht allein der Spätburgunderanteil schon 70, 80 und 90 Prozent.

„Weißer Wein ist selten, gut wird er nur bei Rech, mittelmäßig auch auf den höchstgelegenen Punkten der übrigen Weinlagen gezogen, wo die rote Traube nicht mehr wohl gedeiht", so schrieb einst Gottfried Kinkel. Noch immer ist Rech mit seinen Mühe bereitenden Steillagen für seinen Riesling bekannt, der mit einem Gesamtanteil von 8,7 Prozent wiederum fast die Hälfte aller weißen Trauben stellt. Bachem hat seit jeher einen Ruf durch seinen heiklen, weil bei aller Qualität empfindlichen Frühburgunder.

In dieser Spitzenposition der beiden jeweils besten deutschen Traubensorten, Spätburgunder und Riesling, die auch in den letzten Jahren noch deutlich ausgebaut worden ist, schlägt sich die Entscheidung der Winzer an der Ahr für qualitätvolle Produkte nieder, die freilich auf dem Markt mit den Erwartungen der Kundschaft auszubalancieren sind. Wer eigentlich dem edleren Burgunder einen dunklen und kräftigen Rhonewein vorzöge, für den ist eben auch der junge Dornfelder im Angebot. Neu, und marktgerecht, ist auch das breite Angebot an Most, der als Federweißer oder Federroter den ganzen Herbst hindurch zu haben ist, für den Erzeuger eine schnelle Mark, ein Zubrot zu der mühevoll erlösten „Nahrung".

Der beste Wein nährt seinen Winzer nicht, solange er im Keller liegt. Um sich auf dem Markt erfolgreich zu behaupten, folgen auch traditionsreiche Winzer manchen Einflüsterungen des Marketings: Kaum ein hochwertiger Ahr-Burgunder wird noch in Burgunderflaschen abgefüllt, weil die Bordeaux-Flasche gerade bei ahnungslosen Käufern besser angesehen ist. Schon gibt es Riesling, der wie Pinot Grigio in glasklare Flaschen abgefüllt wird, und Fantasiegeschöpfe wie die schlanken Kegelflaschen. Die spanischen Goldfädennetze um Rotweinflaschen aus Mayschoß stehen vorläufig noch aus. Doch als einmal versehentlich Dornfelder von der Ahr in tintenblaue italienische Flaschen abgefüllt wurde (und aus eben diesem Grund nur in den Ausschank geraten durfte) wurde aus dem irregeleiteten Tropfen von der Ahr ein Kultobjekt und Sammlerstück. Wie sehr das Gros der Ahrbesucher den Ahrwein schätzt, können die Winzer erzählen, die nach schönen Wochenenden fremdes Leergut aus ihren Rebenhängen sammeln müssen: Vom spanischen Sekt bis zum toskanischen Galestro ist alles, als Leergut, versammelt, leere Bierbehälter sowieso, Ahrweinflaschen sind die Ausnahme.

Unausweichlich berühren sich die Interessen der Winzer und ihre akuten Probleme mit denen der Gastronomie und des Tourismus überhaupt: Wird beim einen Winzerfest darauf geachtet, dass nur Qualitätswein angeboten wird, und nur im Glas, so dulden andere bei ihren Weinfesten im Vierer- oder Fünferpack auch Bierzapfstände auf der Straße. Arbeiten die einen engagiert daran, das Bild des Ahrtourismus und des Ahrweins aufzubessern, so bedienen andere doch immer wieder neu das liebgewonnene Klischee des „Ahr-Schwärmers", für den noch immer, so wie einst, der paradoxe Lehrsatz des Deliriums besteht: Wer an der Ahr war und weiß, dass er an der Ahr war, der war nicht an der Ahr.

Schon Kinkel hat die Risiken des Winzerdaseins ohne Vorurteil beschrieben. Gemessen an der Armut und dem Elend an der Oberahr seien die Voraussetzungen zwar durch den Weinbau günstiger. Indes: „Der Weinstock ist eine so zarte Pflanze, dass er ganz und gar von der Witterung beherrscht wird." Denn: „Ein einziger Maifrost verzehrt die Hoffnung eines Jahres." Die Misere nach den schlechten Ernten in den letzten Jahren hatte er auf seinen Wanderungen mit eigenen Augen gesehen. Und in den guten, ertragreichen Jahren konnten umgekehrt die Händler leicht durch Absprachen die Preise drücken „Die kleinen Weinbauern kommen also auch in guten Jahren auf keinen grünen Zweig...". Hinzukam, dass die Grenze um den anfangs preußischen Zollverband, dann deutschen Zollverein die Winzer an der Ahr von ihren alten Handelspartnern in Frankreich und Belgien trennte und obendrein die Konkurrenz mit deutschem Wein anderer Herkunft erzwang.

Erst 1869, nach vier nur scheinbar „reichen" Ernten, die den Preis ins Bodenlose sinken ließen, wehrten sich die Winzer gegen soviel Willkür und nahmen den Verkauf in die eigene Hand: In Mayschoß gründeten sie die erste Winzergenossenschaft Deutschlands, bald folgten Walporzheim und Dernau. Der Bau der Eisenbahn erleichterte den Handel überdies. 1892 gab es

Licht bringt
Öchsle

an der Ahr 17 Winzervereine mit mehr als 1000 Mitgliedern. Zeitweise stieg die Zahl sogar auf 20. Inzwischen haben zahlreiche Zusammenlegungen die Kräfte konzentriert. Heute gibt es an der Ahr noch fünf Genossenschaften. Zu ihnen gehören rund 80 Prozent der ungefähr 450 Besitzer von Rebflächen, weitere elf Prozent entfallen auf Weingüter, die ihre Weine selbst vermarkten, nur neun Prozent verkaufen im Herbst ihre Trauben noch an Weinhändler.

Eine erhebliche Strukturverbesserung bedeutete die Rebflurbereinigung, mit der 1957 in Ehlingen begonnen worden war und die das ganze Tal der Unterahr betraf. Die Zusammenlegung zersplitterter und unrentabler Kleinparzellen und die Verbesserung des Wegenetzes sollte den notwendigen Arbeitsaufwand für die Winzer deutlich senken: von 3000 auf 1500 Stunden pro Jahr und Hektar. Dass derartige geländebauliche Eingriffe in die Landschaft ökologischen Zielsetzungen in mehrfacher Weise zuwiderlaufen, das Mikroklima wie den Wasserhaushalt nachhaltig verändern können und durch die neue Intensivnutzung die Artenvielfalt mindern, ist letztlich unbestritten. Recht früh indes begrenzen die natürlichen Gegebenheiten der Hänge an der Ahr die lockende Versuchung, die Weinberge durch Landschaftsgärtnerei im großen Stil in eine monotone Produktionsstätte für Trauben zu verwandeln. Und noch immer gibt es, etwa auf dem rechten Ufer, Kleinparzellen, die nicht anders als von Hand beackert werden können.

Trotz mancher Modernisierungen ist der Ertrag an der Ahr nicht gewachsen. Vielmehr ist er in den letzten Jahren in einer geradezu beziehungsreichen Entsprechung zur Halbierung des Arbeitsaufwandes gleichfalls auf die Hälfte abgesenkt worden: 7 Millionen Litern Ahrwein 1992 standen 1995 nur noch 4,5 Millionen Liter gegenüber. Statt auf die Masse setzt man nun auf Klasse: Der frühe und beherzte Schnitt der Reben jedes Jahr vermindert zwar die Menge, aber steigert deren Qualität.

Die Großlage „Klosterberg", alles, was die Ahr an Wein zu bieten hat, besteht aus 43 Einzellagen, die sich vom Ehlinger „Kapellenberg" bis hin zum Pützfelder „Übigberg" erstrecken. Im Großen und Ganzen ist das noch derselbe Bereich, in dem schon zu karolingischer Zeit der Weinbau an der Ahr betrieben wurde. Kinkel fand noch Wein in Hönningen und lobte namentlich die Qualität in Bodendorf. Die Reblaus, die nach 1881 u.a. in Sinzig, Westum, Kripp und Bodendorf auftrat, verschärfte die Lage der Winzer, namentlich in den verseuchten Randgebieten. Auch wirtschaftliche Veränderungen führten dazu, dass mancherorts der Weinbau aufgegeben wurde: Aufgelassene Weinbergsterrassen findet der aufmerksame Wanderer beinahe noch auf Schritt und Tritt – selbst auf dem „Rotweinwanderweg". Vor allem aber kann man dort im jahreszeitlichen Wechsel die typischen Arbeitsschritte im Weinberg studieren: Den Rückschnitt der Fruchtruten im Januar und Februar, das Aufbinden der Reben in März und April, die Lockerung des Bodens, auch das Spritzen im Mai, das Ausbrechen der Reben in der Weinblüte im Juni zugunsten des Ertrags, der Rückschnitt des Weinlaubs im Hochsommer, um den Sonnenschein nicht bei seinem Öchsle bringenden Geschäft zu behindern. Zuletzt der Höhepunkt: die Weinlese in Oktober und November, wenn das Laub sich färbt und sich die Reben unter dunklen Lasten biegen, nach Kinkel „der Gipfel der Freude".

Damals durfte man indes zur Zeit der Lese nicht die Weinberge betreten. Ein aufgestellter Strohwisch markierte das Verbot am Weg, und sogenannte „Traubenschützen" hielten Wacht. Kinkel sprach wohl aus Erfahrung, als er seinen Unmut sprechen ließ: „In der Tat hat diese übertriebene Traubenwache etwas Lächerliches und oft Höchstverdrießliches." Doch seinem Rat („es ist dem Fremden im Herbst jederzeit anzuraten, sich immer auf den Hauptstraßen zu halten") braucht heute niemand mehr zu folgen: Auf dem „Rotweinwanderweg" darf jederzeit gewandert werden.

Winzergenossenschaften an der Ahr

Ahr Winzer eG
Heerstraße 91 – 93 (Bad Neuenahr)
53474 Bad Neuenahr-Ahrweiler
Tel. (02641) 94 72-0
Fax (02641) 94 72-94
ca. 600 Mitglieder, 150 Ha Rebfläche

Winzergenossenschaft Mayschoß-Altenahr e.G.
Ahrrotweinstr. 42 (Mayschoß)
53508 Mayschoß
Tel. (02643) 93 60-0
Fax (02643) 93 60-93
280 Mitglieder, 120 Ha Rebfläche

Winzer-Verein Marienthal
Marienthaler Str. 13
53507 Marienthal

Winzergebossenschaft Walporzheim eG
Walporzheimer Str. 173 (Walporzheim)
53474 Bad Neuenahr-Ahrweiler
Tel. (02641) 3 47 63
Fax (02641) 3 14 10
ca. 110 Mitglieder, 20 Ha Rebfläche

Ahrweiler Winzer-Verein e.G.
Walporzheimer Str. 19 (Ahrweiler)
53474 Bad Neuenahr-Ahrweiler
Tel. (02641) 3 43 76
Fax (02641) 3 73 76
ca. 50 Mitglieder, 17 Ha Rebfläche

Tel. (02641) 3 48 15
Fax (02641) 3 71 04
18 Mitglieder, 6 Ha Rebfläche

Quellen der Gesundheit

Mineralwasser im Ahrtal

Den Arbeitern im Weinberg des Herrn Kreuzberg, auf halbem Wege zwischen Wadenheim und Heppingen gelegen, erging es anders als den biblischen Kollegen aus dem Neuen Testament: Ein prickelndes Gefühl stach ihnen in die Nase, wenn sie gruben, um dem schlappen Zustand ihrer Reben auf den Grund zu gehen. Und wer ein Schwefelhölzchen zündete, erlebte, dass es gleich erlosch. „Stickluft" nannte man das Gas. Das wurde untersucht, entpuppte sich als CO_2, und als der findige Herr Kreuzberg ihm mit einer Bohrung auf den Grund ging, stieß er bald auf warmes Wasser und taufte es nach einem Bildstock in der Nähe und dem Heiligen darin: Apollinaris. „The Queen of Table Waters" war geboren.

So etwa liest sich, leicht verkürzt, die einzigartige Erfolgsgeschichte von Bad Neuenahr. Sie ist, als eine Art unendlicher Geschichte, die späte Folge des tertiären und quartärzeitlichen Vulkanismus der Region: Das Magma in der Tiefe scheidet beim Erkalten Kohlendioxid aus, das durch Klüfte und Kavernen aufstiegt und sich im Grundwasser zu Kohlensäure löst. Aus der Tiefe nimmt es Mineralstoffe und Spurenelemente mit, und wenn es dann mit Schmelz- und Regenwasser wieder auf die Erde kommt, dann schmeckt es hart nach Kalcium oder salzig nach Natrium, bitter nach Magnesium oder erdig nach Hydrocarbonat: jeweils nach seiner Umgebung. Eisen, das im Wasser vorkommt, hilft dem Blut; Sulfate entgiften die Leber und regen, wie Chlorid, die menschliche Verdauung an; Kalcium macht gute Zähne, Magnesium stärkt Muskeln und Nervenkostüm, Jodid, Chlorit und Fluorit, kurz, all die Stoffe, die wir heute von den Flaschenetiketten kennen, tragen maßvoll zur Gesundheit bei.

Das wussten und das schätzten schon die Römer – daheim in Rom und auch am Rhein. Sie opferten den Geistern an den Heilquellen, und als sie in Germanien ihr Reich durch einen Palisadenzaun befestigten, den Limes, führten sie ihn so, dass alle schon bekannten Quellen diesseits lagen.

Eine Schrift des 16. Jahrhunderts („Commentarius de balneis et aquis medicatis") nennt bereits fünf „Sauerbrunnen" zwischen Brohl und Ahr, und der Arzt und Apotheker Jacob Theodor, der sich nach seiner Geburtsstadt Bergzabern „Tabernaemontanus" nannte, bestätigt 1584 ebenfalls drei Sauerbrunnen an der Ahr.

Neben einer heute nicht bekannten Quelle bei Ahrweiler sind das „ein anderer guter heylsamer Sauwerbrunnen [...] nit weit von dem Schlossz Landskron unden am Berg" sowie ein „guter und herrlicher Sauwerbrunn bei dem Staettlein Syntzig", welcher „von dem gemeinen Landvolck zum täglichen gemeinen Speißtranck gebraucht" werde.

Herr des
Wassers:
Apollinaris

Vor der Karriere vom „täglichen gemeinen Speißtranck" zur „Queen of Table Waters" für die ganze Welt, zum Life-Style-Drink der Fit-for-Fun-Gesellschaft, stand die Erfindung von geeigneten Versandgefäßen: Noch gab es lange nicht die grünen Keulen von „Perrier", nicht die tintenblauen Apothekerflaschen des walischen Designerwässerchen „Ty Nant", nicht den Klassiker der Mehrwegwasserflasche deutscher Brunnen, und erst recht nicht ihre neue federleichte Plastik-Konkurrenz aus PET.

Mit Krügen aus dem Kannebäckerland begann das Industriezeitalter für das Wasser von der Ahr. Doch erst mit Flaschen und mit Füllmaschinen ging es dann voran. Der Kaufmann Georg Kreuzberg, 1831 noch „Eisen- und Borthändler zu Ahrweiler", offenbar ein Unternehmer aus dem Lehrbuch, verlegte sein Geschäft nach seinem Fund von Wadenheim von Wein auf Wasser und machte Neuenahr, das anfangs noch gar nicht so hieß, zum weltberühmten Bad und zur Quelle für die ganze Welt. 1864 entwickelte er ein Verfahren, um Mineralwasser mit seiner eigenen Quellenkohlensäure zu versetzen, was aus dem Wasser „Sprudelwasser" machte und wodurch sich seine Haltbarkeit verbesserte. Der Kaufmann Eduard Steinkopff übernahm 1878 mit seiner und Kreuzbergs „Apollinaris Company Limited, London" den Auslandsverkauf und machte das Wasser von der Ahr auch in Amerika, Ostin-

Die zeitlose Eleganz des „Wiener Cafés" im Kurhaus in Bad Neuenahr

Entdecker Georg Kreuzberg

dien und auf den fernen Südseeinseln zur Königin der Tafelwasser. Als Georg Kreuzberg starb, im Jahre 1873, wurden zwei Millionen Einheiten pro Jahr gefüllt, vierzig Jahre später war es zwanzigmal so viel.

Ebenfalls im Jahre 1873 gingen auch die beiden bekannten Heppinger Heilbrunnen in den Besitz der Apollinarisbrunnen-Gesellschaft über, und heute sprudelt auch der bekannte Nachbar aus Sinzig unter dem großen Dach der Firmengruppe Apollinaris-Schweppes mit Sitz in Hamburg: ein wenig Globalisierung im Kleinen.

Der Sinziger Brunnen ist seit je berühmt als einer der ganz wenigen in Deutschland, die nicht eisenhaltig sind. Nach einer Beschreibung von 1856 wurde auch sein Wasser schon nach auswärts expediert. Außerdem gab es in Sinzig, vor Bad Neuenahr, schon 1857 einen regelrechten Kurbetrieb. Ein Arzt mit dem wassergerechten Namen Dr. Strahl praktizierte hier als Badearzt, 225 Kurgäste besuchten Sinzig in seiner ersten Saison.

Der Niedergang als Badeort kam rasch, und er kam aus Neuenahr: Dort hatte Kreuzberg rechts der Ahr, in Beul, inzwischen systematisch nach weiteren Quellen gebohrt, am 28. Juli 1858 weihte Prinzessin Augusta von Preußen, die spätere Kaiserin, die Victoria- und die Augusta-Quelle ein. Das war der Startschuss zum modischen Badebetrieb. Die Dörfer Beul und Wadenheim wuchsen zum Kurort zusammen und gaben sich den Namen „Neuenahr". Kein Mensch sprach mehr von Sinzig, und gegen eine Abfindung erklärte sich sogar der damalige Eigentümer des Sinziger Brunnens bereit, seiner Quelle den Hahn abzudrehen: Dreißig Jahre lang, so der Vertrag, war Sinziger Wasser nicht mehr zu kaufen. Die Dürreperiode reichte für den Nachbarn aus, um weltberühmt zu werden, zum Imperium mit eigener Kistenfertigung, Kronen-Korken-Herstellung und Glasfabrik – in Sinzig. 1903 entstand das

Kurhaus, 1909 das klassizistische „Thermal-Badehaus", 1928 wurde Neuenahr zum Bad, 1948, ausgerechnet im Jahr der Währungsreform, erhielt es sein Spielkasino. 1951 wurde dann Bad Neuenahr zur Stadt, und 1969 verdrängte es das altehrwürdige Ahrweiler hinter den Bindestrich der Kommunalreform und auf die Nummernschilder mit der Spottbedeutung „Armer Winzer". Das Stadtbild am gezähmten Fluss verbreitet nach wie vor die elegante Atmosphäre, wie man sie sich denkt für eine Zeit, die einst die „gute alte" war. 1877 kurte hier Karl Marx, und Boxweltmeister Henry Maske kam von der Oder bis hierher, um sich für seinen Gegner fit zu machen – mit Erfolg. Das Heilbad an der Ahr, seit 1858 organisiert als Aktiengesellschaft, ist angezeigt bei Haut- und Stoffwechselproblemen, Gelenkverschleiß, bei Schwierigkeit mit Herz und Nieren – oder einfach bei ein wenig Laune auf Zerstreuung und Entspannung. Die weitläufigen „Ahr-Thermen" von 1993 markieren den Versuch der Wende nach dem Abschwung des Kurbetriebs von einst durch ein Konzept von „Wellness" und Entspannung. Unter ihrem kühn geschwungenen Holzdach (2100 Quadratmeter bei 53 Meter Durchmesser) vereinigen sich in einer der nach wie vor aufwendigsten Thermal-Badelandschaften Europas vier Becken (28 und 31 Grad Celsius) und vier

Bischof an
der Quelle:
Apollinaris

Aus der Tiefe

Neben der Mineralwasserflasche und dem Thermalbad gibt es an der Ahr auch eine dritte Erscheinungsform der traditionsreichen „Sauerbrunnen": die Wasserentnahmestelle. In Sinzig-Bad Bodendorf gibt es je eine Entnahmestelle im Kurpark und im Thermalbad. Im Kurpark von Bad Neuenahr fließt zu bestimmten Trinkstunden das Wasser in der Trinkhalle im Ehrenhof. In Heppingen findet sich schließlich eine Entnahmestelle an der „Landskroner Straße" (B 266) hinter dem Weingut „Burggarten", in Richtung Bad Bodendorf auf der rechten Straßenseite, gegenüber dem „Bürgerhaus Heppingen" und dem renovierten weißen Brunnenhaus.

Whirl-Pools, und durch eine Schleuse geht es in ein weiteres Becken, draußen vor der Tür, und sommers wie winters 31 Grad warm. Die Wasseroberfläche insgesamt beträgt mehr als 650 Quadratmeter. Das Wasser der Walburgisquelle, 359 Meter tief erbohrt, wird täglich um ein Siebtel ausgewechselt, umgerechnet sind das in jeder Woche eine Million Sprudelwasserflaschen.

Durch die Eingemeindung Bodendorfs im Jahre 1969, „Bad" Bodendorf seit 1972, hat Sinzig wieder Kurbetrieb: Angezeigt ist der „St.Josef-Sprudel" bei Stoffwechselerkrankungen, Problemen an Magen, Leber, Darm und Gallenweg sowie bei Herz- und bei Gefäßerkrankungen. Daneben gibt es, nicht so bekannt und modisch wie die „Ahr-Thermen", im Kurviertel auch ein Thermalfreibad von 30 x 10 Meter mit unentwegt frischem Wasser, vom Eisen befreit und 26 Grad warm als eine beliebte Alternative zu dem berühmten Nachbarn, vor allem für Familien.

Die Gesundheitsreform der vergangenen Jahre hat mit dem Geldhahn auch manchen Hahn mit Kurmitteln gedrosselt und den Aufenthalt im Kurort vielfach der privaten Initiative anvertraut. Ungemindert aber setzt sich daneben die Erfolgsgeschichte des „Sprudelwassers" fort: 1960 trank der Bundesdeutsche acht Liter Mineralwasser im Schnitt, zehn Jahre darauf war die Zahl schon um mehr als die Hälfte gestiegen: 12,5 Liter für 1970. Nur abermals zehn Jahre später, 1980, hatte sich die Zahl verdreifacht (39,6 Liter), und seit 1990 (mit 82, 7 Litern) stieg der Verbrauch – zumindest im Westen – beharrlich der Hundert entgegen und überwand sie 1994. Mit 103,3 Litern zuletzt haben wir nun zu den Spitzenreitern Frankreich (115 Liter) und Italien (124 Liter) aufgeschlossen. Der alte Sauerbrunnen ist zum Modedrink geworden: „light" von Hause aus, wie eh und je noch immer hergestellt nach dem Reinheitsgebot von Mutter Erde.

Zügig in die Eifel
Die Ahrtalbahn

Für den wirtschaftlichen Aufschwung kam sie viel zu spät und für den Krieg zu langsam: Die Geschichte der Eisenbahn im Ahrtal ist die Geschichte einer Verspätung, darin ganz der Sonderfall des Schicksals, das die Eifel hatte. Die Eisenbahn als Herold einer neuen Zeit für Produktion und Handel machte, wie zuvor die Straßen auch, um die Eifel lange einen säuberlichen Bogen: von Köln nach Aachen 1841 und über Bonn nach Koblenz 1858. Zwar hatte König Friedrich Wilhelm schon 1853 landesherrlich eine Konzession für eine „Eifel-Eisenbahn-Gesellschaft" erteilt, doch Schienen sah man in der Eifel nicht vor 1864, und erst 1871 fuhr die Bahn von Köln auf geradem Wege bis nach Trier. Die Eisenbahngesellschaften der Boom-Zeit waren Aktiengesellschaften, sie gaben Geld nur gegen Aussicht auf Profit. Die Eifel bot dagegen eine Gleichung an, die jedermann das Fürchten lehrte: Wenig Menschen, wenig Industrie, nur Berg und Tal im Überfluß, das roch nach allzu großem Risiko!

Dabei hätte man die Eisenbahn doch gerade hier gebraucht: „Schleppender Gang des alltäglichen Lebens", so hieß es 1861 über Dollendorf bei Blankenheim, „Alles, alles will sich nicht besser gestalten": das Wetter nicht und nicht die Ernte. Und ganz zuletzt die Pointe: „keine außergewöhnlichen Bauten wurden ins Leben gerufen..." – etwa Bauten wie die Eisenbahn, die links und rechts des Bahndamms blühende Landschaften sah, während sonst die Wirtschaft in der Eifel, Eisenhütten und Textilindustrie, am Boden lag. Noch zwanzig Jahre später zeigten beide Ahrtal-Kreise Ahrweiler und Adenau samt ihren sämtlichen Gemeinden dem preußischen „Minister der öffentlichen Arbeiten" nichts als leere Taschen vor und baten dennoch um den Weiterbau der Eisenbahn: anders seien diese Teile Preußens nicht „vor gänzlichem Ruin" zu retten.

Schon 1862 war in Ahrweiler ein „Eisenbahn-Komité" gegründet worden, doch die ersten Züge rollten erst die Ahr hinauf, als am 1.4.1880 die Rheinische Eisenbahn verstaatlicht worden war. Unter Bismarck galt nicht nur Rendite, sondern erstmals auch die Fürsorge des Staates für die Bürger. Die einheitliche Staatsbahn, so die Überlegung, konnte immerhin der Einheit eines neuen Reiches dienlich sein. Daneben schuf die Eisenbahn auch Arbeit, wo es vorher keine gab, landwirtschaftliche Überschussgüter wie Kartoffeln, Nutzholz, Milchprodukte waren erstmals günstig an den fernen Mann zu bringen. Und schließlich nutzten nun auch Fremde den fremden Verkehr: Mit der Bahn gedieh auch der Tourismus. Die Rettung kam tatsächlich, als die Not am größten war: 1882, im Jahr der größten Missernte nach vielen schlechten Jahren, erlebte die Eifel die größte Massenauswanderung ihrer

Am Start des Rotweinwanderwegs: Bahnhof Bad Bodendorf

Dampflok
über Ahr

Geschichte. Inzwischen aber wurde überall am Schienennetz gebaut. Und im selben Jahr, in dem die Ahrtalbahn als „Sekundärbahn" Adenau erreichte, wurde am Dienstag nach Pfingsten in Bad Bertrich der „Eifelklub" gegründet, der Eifelverein. Die Übereinstimmung im Datum, obendrein noch im Dreikaiserjahr von 1888, war Zufall; doch als Zufall war sie bezeichnend genug. Der Eifelindustrie war mit der Eisenbahn nicht mehr zu helfen. Der Tourismus aber blühte mit ihr auf. Schon als die erste Ahrtalbahn von Remagen nach Ahrweiler am 17. September 1880 feierlich eröffnet wurde, gab die „Königliche Direction" bekannt, dass an Sonntagen der letzte Zug am Vormittag und am Abend der letzte zurück „ohne Wagenwechsel durchgeführt wird": Man stieg in Köln um 11 Uhr ein und um 13.05 Uhr in Ahrweiler erst wieder aus, entsprechend am Abend um 21.00 Uhr zurück. Jetzt war der Ausflug an die Ahr von Bonn oder Köln aus zum Kinderspiel geworden! Das Romantische einer solchen Reise spiegeln die Bahnhofsbauten wieder, die in vielen Fällen noch erhalten sind, auch wenn nicht überall als Bahnhof: hübsches Fachwerk über einem Erdgeschoss aus Bruchstein, steile Dächer, Holzverzierung in den Giebeln. Der Weinbau und der junge Kurbetrieb in Neuenahr belebten das Geschäft, vom 1.12.1886 an fuhr die Bahn bis Altenahr, und am 15.7.1888 wurde schließlich auch das vorerst letzte Stück der Ahrtalbahn bis Adenau eröffnet. Das lag zwar nicht mehr an der Ahr, aber wie zuvor beim Straßenbau setzte man auch für die Bahn den Lauf des Ahrtals scheinbar mit dem Tal des Adenauer Baches fort.

Das letzte Stück der eigentlichen Ahrtalbahn entstand erst mit dem Weitblick militärischer Strategen. Unter General von Schlieffen stieg die Eisenbahn zum Bündnispartner auf, zum Faktor für den Sieg. Schon 1871 hatte man die neue Eifeleisenbahn zum Abtransport der eigenen Verwundeten und von 70.000 französischen Kriegsgefangenen benutzt – so eilig und so wenig vorbereitet, dass man darüber gar die zeremonielle Eröffnung vergessen hatte. Künftig wollte man den Bahnverkehr auch in der umgekehrten Richtung nutzen, um schnell Soldaten an die Front zu bringen. Der Bahnbau wurde Angelegenheit des Kriegsministers. 1906 begann man an der Oberahr mit den Vermessungen, 1909 begann der Bau der Strecke Dümpelfeld –

Ahrdorf – Hillesheim – Jünkerath – St. Vith mit Anschluss an die „Vennbahn" und den Truppenübungsplatz von Elsenborn. Drei Jahre später wurde sie ihrer Bestimmung übergeben – buchstäblich zweigleisig nach dem Wunsch der Militärs.

Das Anschlussstück im Ahrtal war 1888 noch ausdrücklich als „Sekundärbahn" eingerichtet worden, an zwei Übergängen gar ganz ohne Schranken: Hier hatten die Züge regelmäßig anzuhalten und die Vorfahrt zu beachten! Das sollte künftig anders werden, auch für das untere Ahrtal begann der Bau des zweiten Gleises an die Front, während tief im Herzen der Eifel das Städtchen Blankenheim eine eigene Masche im nunmehr engen Netz der Eifeleisenbahn von Ahrdorf aus erhielt. Am 2. Mai 1913 wurde dieses letzte Teilstück in Betrieb genommen. Jetzt gab es eine Ahrtalbahn, die ihrem Namen erstmals ganz gerecht wurde.

Sie fuhr nicht einmal fünfzig Jahre lang. Noch vor dem zweiten Gleis bei Ahrweiler und Dernau kam der Krieg, danach verbaten sich die Sieger seinen Weiterbau. Im zweiten Weltkrieg war die Bahn, ihrer buchstäblich tragenden Rolle gemäß, zum Kriegsopfer geworden; allein im Oberahrtal lagen 14 Brücken zerstört. Die Pendler und Besucher waren auf die Omnibusse angewiesen, auch nach der Wiederherstellung der Brücken fuhren nur noch Güterwagen an der Oberahr – und in die roten Zahlen. So entschloss die Bahn sich 1961 konsequent, die Gleisanlagen abzubauen. Eine kurze Blüteperiode brachte noch der Ahr-Tourismus der 50er und 60er Jahre, als Dernau neben seinem Bahnhof am westlichen Ortsrand einen zweiten Haltepunkt an der Brücke bekam, um die Ausflügler von Rhein und Ruhr nicht aufzuhalten. 1986 wurde auch das Teilstück Kreuzberg-Adenau aufgegeben.

Die Ahrtalbahn ist wieder, wie vor hundert Jahren, eine reine Stichbahn, Kursbuchstrecke 477: 29 Kilometer lang, von Remagen bis Walporzheim mit Doppelgleis, den Rest mit einem. Seit dem Sommer 1996 aber ist nicht länger Kreuzberg ihre Endstation, sondern Ahrbrück. Der schöne alte Bahnhof dort ist zwar kein Bahnhof mehr, doch dafür heißt er immer noch wie früher: Brück.

Stationen der Ahrtalbahn

Remagen	Ahrweiler	Rech
Bad Bodendorf	Ahrweiler Markt	Mayschoß
Heimersheim	Walporzheim	Altenahr
Bad Neuenahr	Dernau	Kreuzberg
		Ahrbrück

In drei Etappen
Der Rotweinwanderweg

Erste Etappe: Von Bad Bodendorf nach Bad Neuenahr

„Ungefähr vier Stunden reicht dieser Strich, wo der Wanderer auf der Nordseite des Flusses ununterbrochen von Weinbergen begleitet wird." – Bei solcher Eile hätte Gottfried Kinkel an der Ahr nicht viel notieren können; hier sprach der Topograph und nicht der Wanderer. Für das Tal mit seiner schlichten „Kommunalstraße" bis Altenahr mochte diese Zeitangabe, als ein „Nettowert", noch stimmen. Wer damals wanderte, der blieb im Tal. Heute nimmt der Wanderer den „Rotweinwanderweg" (kurz: RWW) am Hang auf halber Höhe, der von Bad Bodendorf am Bahnhof bis nach Altenahr führt. 1972 wurde dieser Weg von Mitgliedern der Dernauer Gruppe des Eifelvereins geschaffen. Es gibt wohl keinen zweiten Wanderweg, nicht nur an der Ahr, der so beliebt und auch so frequentiert ist wie der Rotweinwanderweg. Die Weite im Tal der Unterahr und den windungsreichen, teils auch bizarren, Lauf der Ahr in ihren Felsenklüften oberhalb können kaum besser als zu Fuß „erfahren" beziehungsweise erwandert werden. Im Sommer und im Herbst, zur Zeit der Lese, ist er manchmal übervoll, doch auch im Februar, erst recht an schönen Frühlingstagen, lockt er die Besucher. Was die Weinberge den Reben bieten können, das gewähren sie auch den Passanten: mildes Klima und das Sonnenlicht, vom Schiefer verwandelt in Wärme. Insbesondere im Sommer sollte man entsprechend auf der Hut sein.

Da der Wegverlauf fast alle Taleinschnitte ausfährt, misst er 35 Kilometer. Vier Stunden, wie zu Kinkels Zeiten, reichen heute also nicht mehr aus. Hier wird der Weg, der in der Regel gut markiert ist, in drei Etappen vorgestellt. Wer den Weg in zwei Etappen schaffen möchte, für den ist Ahrweiler mit der Haltestelle „Markt" in beiden Richtungen das lohnende Etappenziel.

Der Weg passiert am Nordhang (fast) alle Orte an der Ahr, die die Wein-Großlage „Klosterberg" ausmachen und nähert sich dabei den Orten auf dem linken Ufer jeweils deutlich an. Da sie zudem in dichter Folge beieinander liegen (der größte Abstand zwischen ihnen beträgt vier Kilometer), bietet der RWW beinahe endlos viele Variationsmöglichkeiten und Abstecher an. Umgekehrt sollte man sich gegebenenfalls darauf einstellen, dass es unmittelbar am Weg nur wenige Einkehrmöglichkeiten (und Toiletten) gibt. Zu den erwähnten (und in der Karte verzeichneten) Einkehrmöglichkeiten (allesamt am RWW zwischen Ahrweiler und Marienthal gelegen sowie bei Burg Are in Altenahr) gibt es in der Saison noch einige Wein- und Ausschankstände am Weg, die aber nicht immer alkoholfreie Getränke anbieten und die grundsätzlich über keine sanitären Einrichtungen verfügen.

An der „Bunten Kuh"

An der
„Bunten Kuh"

Oberhalb der einzelnen Orte sind am Weg mittlerweile Panoramatafeln aufgestellt worden, die die Aussicht erläutern und Hinweise zur Geschichte der jeweiligen Ortschaften geben.

Als Streckenwanderung kann der „Rotweinwanderweg" in beide Richtungen begangen werden. Da er überwiegend ausgebauten Wirtschaftswegen folgt und zu 90 Prozent befestigt ist, ist er vergleichsweise leicht zu gehen, bei jeder Witterung, und auch bedingt für Kinderwagen oder Rollstühle geeignet (hier wären freilich gegebenenfalls die Steigungen zu bedenken – siehe unten). Von allen Orten an der Strecke führen eigens gekennzeichnete Verbindungswege zum Rotweinwanderweg hinauf. Die Ahrtaleisenbahn sorgt zuletzt in allen Fällen für den guten Rückweg. Wir folgen ihm in dieser Darstellung von Ost nach West, beginnen in Bad Bodendorf und haben Altenahr zum Ziel. Das ist die Richtung, die das ganze Buch verfolgt. Sie deckt sich mit dem Lauf, den auch die Sonne nimmt, und sorgt dabei für gute Sicht. Und schließlich empfiehlt auch die heimliche Dramaturgie der Ahrtal-Landschaft diesen Weg: Zwar ist er überall auf seine Weise schön, doch den Erwartungen der meisten Wanderer entsprechen ganz besonders wohl die letzten Kilometer.

Da der Weg in der Natur meist unmissverständlich markiert ist (durch das Symbol der roten Trauben – entweder auf eigenen Schildern oder auf Fels oder Stützmauern gemalt), braucht die Beschreibung des Wegverlaufs bei weitem nicht so detailliert zu sein wie bei den anderen Touren. Vielmehr kann sie auswählen, absehbare Orientierungsschwierigkeiten klären helfen und sich im übrigen auf die Erläuterung der örtlichen Gegebenheiten und Sehenswürdigkeiten beschränken.

**Bad
Bodendorf**

Bahnhof

Bad Bodendorf hat eine mehr als tausendjährige Weinbaugeschichte, sein Wein und namentlich sein Ahr-Champagner waren in der Blütezeit im 19. Jahrhundert sehr beliebt. 1830 wurden davon 50.000 Flaschen hergestellt und aufgrund der Nähe zum Rhein auch abgesetzt. Die Reblaus setzte dieser Tradition ein Ende. Von dem Befall der Jahre 1901 und 1902 hat sich der Bodendorfer Weinbau nicht mehr recht erholt. 1968 wurde hier zum letzten Mal gelesen. Jetzt gibt es nur noch den „Historischen Weinberg" vor dem schönen **Bahnhof**, wo der Rotweinwanderweg beginnt. So ist für viele Ahr-Besucher Bad Bodendorf tatsächlich erst noch zu entdecken. Von allen Orten an der Ahr hat sein alter Kern gewiss die schönste Dorfstraße. Vom

Bahnhof wandern wir die „Bahnhofstraße" hinauf. Links liegt hier, an der Ecke mit der „Hauptstraße", die alte **Wasserburg** des 13. Jahrhunderts, in der heutigen Gestalt von 1753. Rechts führt die „Hauptstraße" dann durch das hübsche alte Dorf zur Kirche. Wir gehen auf der „Hauptstraße" indessen links und nehmen gegenüber gleich den „Heerweg" mit dem Hinweis auf den „Rotweinwanderweg" nach rechts.

Wasserburg

Die beiden Spielstraßen zur Linken, „Weinbergstraße" und „Am Sonnenberg", erinnern an den untergegangenen Weinbau und die berühmte Lage. Vor dem Berg und dem gelben „Haus Sonneneck" schwenkt der Weg nach links und führt den **Sonnenberg** hinauf, vorbei an einem Rastplatz und einem Bildstock aus Basaltlava. Nach knapp 700 Metern, wo der „Heerweg" rechts schwenkt und weiterhin aufsteigt, verlässt der RWW den befestigten Weg nach links und verläuft nun in der Böschung durch Gärten und ehemalige Weinbergsterrassen.

Sonnenberg

Nach einer Wiese geht es durch eine bewaldete Senke, und wieder weiter mit dem freien Hang, ein Stück weit gemeinsam mit dem Rundweg „3", der bald im spitzen Winkel abwärts führt (wer ihm hier folgt, der kürzt die Strecke etwas ab). Gegenüber der Ahr beginnt nun das Weinbaugebiet mit der Ehlinger Ley.

Zwei große Brocken Quarz vor der Hütte am **Lohrsdorfer Kopf** erinnern daran, dass dies Gestein hier einst gebrochen wurde. Der RWW schwenkt rechts in das Kerbtal des Lohrsdorfer Bachs, mehrfach an Abzweigungen nach rechts vorüber, und macht dann eine scharfe Linkskehre bei einer Bank und einem holzgeschnitzten Kruzifix. Ein wenig unterhalb der nächsten Einmündung wächst dann endlich auch **Wein** am Rotweinwanderweg:

Lohrsdorfer Kopf

Wein

Bad Bodendorf

Kruzifix in
Lohrsdorf

Weißwein der Lohrsdorfer Einzellage „Landskrone". Unten dann berührt der RWW, zum einzigen Mal auf der gesamten Strecke, die Ahr-Rotweinstraße (B 266). Schon beim Bildstock von anno 1744 schwenkt er dann rechts in die Straße „Großer Weg". Nach 200 Metern geht es links mit dem „Köhlerhofweg" hinweg über den tief gekerbten Bach. Gleich hinter der Brücke folgt er links ein Stück der „Ritterstraße".

Schöner ist es freilich, an der Talstraße den RWW vorübergehend zu verlassen und statt des „Großen Wegs" dahinter die „Ritterstraße" zu nehmen und mit ihr durchs Dorf zu wandern: Vorbei an der katholischen Kapelle (Haus Nr. 16!), erbaut um 1650, mit Chorteilen aus dem frühen 13. Jahrhundert (Patrozinium des Heiligen Petrus und Marcellinus), und einem sehenswerten Doppelkreuz von 1754 neben der Kapelle mit den Reliefs der beiden Heiligen. Die „Ritterstraße" führt dann an einem Bildstock und der Feuerwehr vorüber und erreicht erneut den RWW. Es geht bergauf. 100 Meter hinter dem „Köhlerhofweg" geht es in enger Kehre links mit einem Fahrweg wieder zum Ahrtal zurück, wo man auf das Rheintal und Bad Bodendorf schauen kann. (Auf diesem Teilstück folgt dem RWW die Wanderung zur Landskrone, Tour 5, der Steigung zur Landskrone wegen freilich in der umgekehrten Richtung). Gegenüber liegen hier nun Green, berühmt für seine Mühlen, und Heimersheim mit der bedeutenden spätromanischen Pfarrkirche St. Mauritius, die, weiß und rot konturiert, lange Zeit dem Blick ins Ahrtal Halt gibt.

Landskrone Bei einem kleinen Eisenkreuz zweigt ein Weg zur **Landskrone** ab, gleich dahinter macht der RWW einen Rechtsschwenk durch eine Geländekerbe. Dann öffnet sich der Blick auf das hier noch weite Ahrtal, das seit 1976 1,5 Kilometer weit von der 54 Meter hohen Ahrtalbrücke der A 61 überspannt wird.

Heppingen Oberhalb von **Heppingen**, im Tal des Leimersdorfer Bachs, verlässt der RWW am Sockel des Vulkankegels der Landskrone die Weinberge und schwenkt rechts in die bewaldete Böschung. Unter Robinien gabelt sich der Weg, hier geht es halblinks weiter mit dem RWW, rechts abermals hinauf zur Landskrone. Gut 120 Meter hinter dieser Gabelung verlässt der RWW den Berg (und die gemeinsame Streckenführung mit Tour 5) und führt nach links und steil hinab über eine Treppe mit grünem Eisengeländer: „137 Stufen" hat einer auf das Schild geschrieben – und ein zweiter: „Stimmt!!". Der Weg verläuft hier einen viertel Kilometer weit gemeinsam mit dem rot beschilderten

Der Ahrtalweg

Soviel Treue wird belohnt: 86 Kilometer weit begleitet er die Ahr, der „Ahrtal-weg", einer der vier „Regionalwanderwege" des Eifelvereins. Von Blankenheim bis an die Mündung in den Rhein führt er dem Wanderer – wie zur Belohnung – die Schönheiten des romantischen Flusslaufs buchstäblich vor Augen, 36 Kilometer lang bis Schuld als Hangweg, besonders malerisch im Engtal zwischen Antweiler, Fuchshofen und Schuld, die restlichen 50 Kilometer lang mehr oder weniger als Uferweg. Hier wird er stellenweise, vor allem am Ufer der mittleren Ahr, auch als Radweg genutzt. Mehrfach, auch in seinem oberen Bereich, nutzt er die alte Trasse der Ahrtalbahn. Gut sichtbar ist der Weg stets mit einem schwarzen „A" auf weißem Grund markiert. Naturgemäß begegnet man ihm auch mit diesem Buch. Der Leser und Wanderer hat ihm gelegentlich zu folgen, daneben aber bietet er durch seinen klaren Verlauf und seine unmiss-verständliche Markierung im Zusammenhang mit den Touren dieses Buchs viel-fach Gelegenheit zu eigenen Abstechern, Kombinationsmöglichkeiten oder Varianten.

MK II und dem „Jakobsweg" des Eifelvereins (Weg „1" mit schwarzem Keil, dessen stumpfe Seite rechts als Pfad hin-auf auf die Landskrone führt).

Wer die 137 Stufen nicht hinuntersteigen möchte, geht geradeaus mit dem Asphaltweg, folgt dann dem Wohnsträßchen „Im Seifelsgraben" links bis an die „Bonner Straße" (gegenüber dem Hotel „Haus am Berg") und wieder links bis auf den „Rotweinplatz" mit zwei ver-zierten Fässern.

Weiter führt der RWW nun links nach Heppingen hinein,

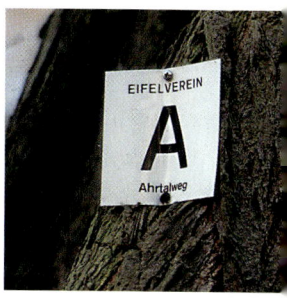

Zeichen des Ahrtalwegs

das zur Frankenzeit womöglich „Havingan" hieß. In der Biegung der Straße gegenüber Haus 35 mit der Kreissparkasse liegt links „Haus Heppingen" (Haus 30), erstmals erwähnt im 16. Jahrhundert, ehemals Besitzung derer von Manderscheid-Blankenheim. Seit 1736 ist „Haus Heppingen" Eigentum der Familie Wolff-Metternich, von der ehemaligen Wasserburg sind nur noch Reste erhalten. Gegenüber dem Torbogen von Haus Heppingen führt der RWW den Asphaltweg hinauf, am Friedhof vorüber.

Noch wächst zur Rechten Wein (der Lagen „Burggarten" und „Berg"), links gibt es eine Bank mit freiem Blick auf Heppingen. Bei der Einmündung der „Jahnstraße" zur Linken, 250 Meter hinter dem **Friedhof**, schwenkt der RWW nach rechts, führt sacht hinauf und 100 Meter weiter wieder links. So geht es unter der Autobahnbrücke hindurch, 200 Meter danach deutlich rechts und weit um das Schwertstal herum, vorüber an der Zufahrt zum

Friedhof

Segelflugpatz und dann entweder links hinab („Im Schwertstal") und jenseits der **„Heerstraße"** rechts zum Bahnhof von Bad Neuenahr, oder oben rechts haltend weiter, rund einen halben Kilometer durch die Weinbergslage „Sonnenberg", und dann in der Geländekerbe mit der kleinen „Bergstraße" links hinab, über die Heerstraße hinweg, ebenso über die Bahn und weiter bis zur „Hauptstraße" und links zum **Bahnhof**.

Variante: Da der RWW zwischen

Beginn des Rotweinwanderwegs

Heppingen und Bad Neuenahr kaum Weinland berührt, durch Felder führt und der Blick obendrein durch die Stelzen der Autobahnbrücke und Gesträuch behindert ist, bietet sich als Variante hier das Teilstück über die Talstraße an, vorüber an der **Apollinarisquelle** mit dem Betriebsgelände des Brunnens: Am Ende der Heppinger Weinberge rechts hinab und auf der gegenüberliegenden Seite der „Landskroner Straße" (B 266) rechts. So erreicht man nach ca. einem halben Kilometer auf der rechten Straßenseite

Apollinarisquelle

Apollinaris inmitten seiner Wasserspiele. Doch aufgepasst: Die Stätte mit Kreuzbergs Büste ist zwar echt, das Wasser aber nicht. Die Fontänen, auch die an der Toreinfahrt gegenüber, warnen vor sich selbst: „Kein Trinkwasser!". Nach der Unterführung der Umgehungsstraße geht es mit der „Hauptstraße" links über die Gleise hinweg und zum Bahnhof von Bad Neuenahr.

In drei Etappen
Der Rotweinwanderweg

Zweite Etappe: Von Bad Neuenahr nach Dernau

Vom **Bahnhof** Bad Neuenahr folgt man der „Hauptstraße" nach rechts bis zur Kreuzung mit der **„Bergstraße"**. Mit ihr geht es wieder rechts, über die Bahnlinie hinweg („Km 10,505"), neben einem kleinen Basaltlavakreuz von 1724 auch über die **„Heerstraße"** hinweg und mit dem Hinweis auf den RWW weiter in der „Bergstraße" hinauf, vorüber an den ersten Reben des Weinguts „Sonnenberg". Wo das Sträßchen schließlich auf den asphaltierten Querweg stößt, ist der RWW erreicht. Nun geht es links („Hinweis „Hemmessener Hütte"), die Steigung wird flacher. Bald hat man Bad Neuenahr vor sich liegen. Nach gut 300 Metern erreicht man so die braune **Schutzhütte „Victoria"** („160 NN"), wo nun auch Ahrweiler ins Bild kommt.

Der asphaltierte RWW läuft von der Hütte sacht abwärts in das Muckental, nach 200 Metern beschreibt er vor dem Wehr zur Wasserregulierung eine Kehre. Hier verlässt der RWW den guten Fahrweg, der nach links hinunterführt, und bleibt unbefestigt auf der Höhe. Es geht ein wenig aufwärts, nach 400 Metern, auf dem Rücken der Höhe vor einem einzelnen Haus verlässt der RWW die Reben und führt nach einem leichten Rechtsschwenk rechts und abwärts durch Gebüsch. Es geht dann über einen asphaltierten Fahrweg

Panoramatafel
über
Walporzheim

Bahnhof
Bergstraße

Heerstraße

Schutzhütte
„Victoria"

Beginn der „romantischen Ahr"

hinweg und weiter in derselben Richtung, sacht hinab. Bei einer grünen Bank verläuft der Weg über eine Bachkerbe und dann im Linksschwenk weiter. Auch in der nächsten kleinen Siefenkerbe knickt der RWW ein wenig links und erreicht dann auf dem nächsten Absatz im Gelände die **„Hemmessener Hütte"**, nach vorne Blockhaus, nach hinten groß und weiß verputzt. Hemmessen war eins der Dörfer, die, wie Beul und Wadenheim, zum Kurbad Neuenahr vereinigt wurden. Noch immer gibt es allerdings die „Bürgergesellschaft Hemmessen e.V.", die diese Hütte hier betreibt mit festen, aber höchst seltenen Öffnungszeiten.

Hemmess-ener Hütte

Vor der Hütte und dem Spielplatz orientieren aufwendig geschnitzte Holzschilder über den Verlauf des RWW. Rechts geht es weiter auf dem splittgestreuten Weg, nun geradewegs auf das Fahrbahn-Gewirr der Autobahn zu und bald mit deutlichem Gefälle abwärts. 400 Meter hinter der Hütte stößt der RWW auf einen Querweg und folgt ihm nun nach rechts, weg vom Ahrtal, auf den Waldrand zu, dann links und mit dem Querweg abermals links. Gleich darauf gabelt sich der Weg, der RWW bleibt rechts und nimmt gleich bei der nächsten Gabelung mit einer grünen Bank den Weg nach links, weg von der Stützmauer und um das letzte Bergstück herum, so dass nun Lantershofen mit modernem Kirchturm in den Blick gerät. Unten geht es mit dem asphaltierten Fahrweg (und dem Rundweg „1" sowie dem Lauf der „Ahr-Radtour") rechts und mit der **Brücke** über die A 573 hinweg, dahinter links bis an die Bundesstraße 266 mit dem **Parkplatz „Am Rotweinwanderweg"**. Vier Kilometer, steht hier, hat man seit dem Bahnhof Bad Neuenahr hinter sich gebracht, drei sind es bis zur Haltestelle „Ahrweiler-Markt".

Brücke

Parkplatz „Am Rotwein-wanderweg"

Vom Parkplatz geht es auf dem Fußweg mit der Straße 150 Meter weit nach links, dann knickt der RWW nach rechts und verlässt nach abermals 100 Metern auch den Weg hinauf nach Lantershofen und führt nun links, ein Stück weit durch die Feldflur. Im Rechtschwenk geht es an einer Plantage des „Grafschafter Obst- und Gemüsegartens" vorüber, dahinter wieder in die Reben. Bei einem Wasserauffangbecken gabelt sich der Weg, hier bleibt der RWW nun links auf dem Asphaltweg ohne Steigung, an der Stützmauer entlang. Von hier aus hat der Neuenahrer Berg schön deutlich die Kegelform seines vulkanischen Ursprungs und sieht zudem der Landskrone recht ähnlich. Bald kommt unten auch der schmucke Bahnhofsbau von Ahrweiler ins Bild. Von hier oben kann man deutlich sehen, dass er gar nicht an den Schienen liegt wie seine Nachbarn: Als er gebaut wurde, fuhr die Ahrtalbahn noch südlich, nah der Ahr, um Ahrweiler herum. Erst mit dem zweiten Gleis wurde die Bahn dann an den Berg verlegt.

Etwa einen Dreiviertelkilometer seit der Gabelung erreicht der RWW einen zweiten Weg, der hier in äußerst spitzem Winkel kreuzt. Links führen Treppenstufen abwärts zu der gewölbten Fußgängerbrücke, über die man links den Bahnhof erreicht. Hier führt der RWW nun rechts, im spitzen Winkel aufwärts, fast ein Stück zurück. Dann geht es auf dem nächsten Querweg links und auf den Umsetzer auf dem Steinräusch-Berg zu. Nach 300 Metern stößt bei einer kleinen Laube ein Weg von rechts hinzu. 150 Meter weiter führt der RWW dann nicht im spitzen Winkel links, aufs Ahrtal zu, sondern weiter geradeaus, sacht steigend in das Seitental, das links als steile Böschung mit Gebüschen abfällt.

Stillstand:
Viaduktpfeiler
im Adenbachtal

Bei der nächsten Einmündung von rechts, noch einmal vor Obstplantagen, kann man den RWW nach links verlassen, der ca. 100 Meter weiter und mit der „Elligstraße" wieder abwärts führt, so dass man ihn auch bei der Abkürzung die Böschung hinab wieder erreicht. So kreuzt man hier die asphaltierte **„Elligstraße"** und dahinter gleich die alte Bahntrasse der einst geplanten Eisenbahn von Liblar bis nach Lothringen (vgl. dazu das Einleitungskapitel zur Ahrtalbahn und Tour 9).

Unmittelbar hinter der **Bahntrasse** knickt der RWW (auch „2") nach links und folgt dem Lauf des Bahndamms, bald vorbei an einer schmalen Unterführung. Nach etwa 400 Metern knickt der RWW nach links, kommt durch die Bahnunterführung hindurch und folgt dahinter rechts erneut dem Lauf des alten Bahndamms. Hier verläuft auch ein Wein-

lehrpfad, der über „Ergänzungstrauben" und „Reben-erziehung" aufklärt. Bald liegt zur Linken Ahrweiler im Tal mit seinem deutlichen Oval der alten Stadtmauer. Wo der Bahndamm rechts des Wegs dann flach geworden ist und nicht mehr zu erkennen, erreicht der RWW die **Weinbergskapelle St. Urban**, die 1995 hier gebaut und zum Erntedank am 1. Oktober geweiht worden ist, daneben eine alte Weinkelter von 1794 und die vertraute Panoramatafel, diesmal mit dem Vogelflugblick auf Ahrweiler und seinen Kranz historischer Gebäude. Im Kerbtal des Adenbachs ragen die niemals vollendeten **Viaduktpfeiler** der Bahnlinie auf, großspurig und zweispurig im Jahre 1910 begonnen, durch den Weltkrieg unterbrochen, 1919 mit Genehmigung der Sieger in halbierter Breite weiter ausgeführt und 1924 endgültig begraben: zumindest die Idee, die Pfeiler selber waren seither nicht mehr zu entsorgen.

Der Weg läuft tief ins **Adenbachtal** hinein, am Ende durch Wald und um den Taleinschnitt herum und bei der Gabelung dahinter links und bergab (auch „A 11") durch lichten Laubmischwald. Bei der nächsten Abzweigung mit vielen holzgeschnitzten Hinweistafeln muss man sich entscheiden: Durch eine doppelte Kehre geht es tiefer ins Tal, zwischen den Pfeilern hindurch und mit dem Weinlehrpfad hinab zum **Haltepunkt der Ahrtalbahn** („Ahrweiler-Markt") oder durch das Adenbachtor nach Ahrweiler hinein. Der Rotweinwanderweg bleibt auf der Höhe, passiert eine grün-weiße Eisenschranke und die Adenbachhütte von 1979 dahinter („200 NN").

Wo dann links der Spielplatz liegt, sieht man rechts im Berg die alte, nun verschlossene, Tunneleinfahrt. Der Weg steigt in der Böschung an, passiert ein kleines Drängelgitter und läuft ein Stück als Hohlweg durch die Büsche, bis er hoch über dem Ahrtal rechts schwenkt und nun mit dem Ahrweiler Weinbaulehrpfad von 1984 weiterführt. Es geht hier knapp einen Dreiviertelkilometer durch die Weinbergslagen Rosenthal und Silberberg, dann in den nächsten Taleinschnitt hinein, herum und oberhalb der **„Römervilla"**, die am Fuß des Silberbergs beim Straßenbau im Jahre 1981 gefunden wurde, an den Fahrweg heran und in der Rechtskehre mit dem markierten Fußweg hinauf bis zum Haus **„Hohenzollern"**. Dahinter geht es, weiter steigend, mit dem Fahrweg durch die Reben. Am kleinen Parkplatz auf der Kuppe verlässt der RWW den asphaltierten Weg („Am Silberberg") und führt nach links, 650

Unterwegs mit Pausen: Altenwegshof

Haltepunkt der Ahrtalbahn

Römervilla

Hohen-zollern

Radeln an der Ahr

Das Ahrtal ist nicht nur ein Paradies für Wanderer, sondern auch ein Dorado für Radfahrer. Der Flusslauf sorgt für ein geruhsames Niveau und hält die Steigungen in Grenzen, und die Ahrtalbahn bringt jeden zuverlässig an den Ausgangspunkt zurück – zumindest ab Ahrbrück (ab 9:00 Uhr kostenlos).

Es gibt auch zwei gut markierte Radwege: Einmal den „Ahr-Radweg" entlang der Ahr von der Mündung bis Schuld, stets nah am Fluss. Er ist für Radfahrer, die am Rhein entlang fahren, schon ab Oberwinter markiert. Sein Zeichen ist ein schwarzes A auf weißem Grund, das als Querbalken einen Radfahrer aufweist, darunter eine Wellenlinie als stilisierte Ahr. Im unteren Bereich der Ahr folgt er dem Verlauf der Eisenbahn, seit dem Herbst 1999 wird der zweite Ahrtunnel bei Mayschoß für diesen Zweck genutzt. Der Radweg endet zwischendurch vorläufig am Bahnhof Mayschoß und folgt bis Altenahr der Ahr-Rotweinstraße. Ein zweiter Radweg, die „Fahrrad-Freizeit-Route Ahr-Rhein-Eifel" führt 225 km durch das Ahrtal, das Brohltal und über die Höhen dazwischen. Sie ist signalisiert mit dem Logo des Touristik-Service „Ahr-Rhein & Eifel" unter einer stilisierten Welle. Zu diesem Weg und zu einer Reihe von Alternativen und Pauschalarrangements gibt es Faltblätter und eine eigene Radwanderkarte, die im Buchhandel und über die örtlichen Verkehrsämter erhältlich ist.

Meter weit, zur überdachten Felsenkanzel **„Bunte Kuh"** und einer Hütte. Der Kuhkopf selber, wie die „Bunte Kuh" bei Arndt noch hieß, ist von hier aus nicht zu sehen.

Bunte Kuh

Zurück zum Fahrweg geht es in Laufrichtung am linken Waldrand bis an den **„Altenwegshof"**, wo nun das asphaltierte Band „Im Teufenbach" heißt. Im weiteren Verlauf des RWW geht es nach 250 Metern bei der Gabelung links am **„Försterhof"** vorüber, bei der nächsten Gabelung, nach 200 Metern, dann rechts (der Fahrweg führt hinab zur Ahr-Rotweinstraße neben der „Bunten Kuh" mit dem gleichnamigen Ausflugsrestaurant). Nach 250 Metern folgt der Pavillon der **„Fischley"** mit Aussicht auf die „Bunte Kuh". Nachdem ein flacher Buckel überwunden ist, erreicht man oberhalb der Edel-Lage „Jesuitengarten" die **Hütte „Trotzenberg 232 NN"** mit schönem Blick aufs Tal und auf Marienthal. Dort gibt es mit dem „Winter-Verein Marienthal" eine der kleinsten Winzergenossenschaften Deutschlands, auf jeden Fall die kleinste an der Ahr, gegründet 1883 und noch heute stolz auf seine Unabhängigkeit. Unten sieht man die Schleife der Ahr, im Seitental die Häuser von **Marienthal**. Nun führt der RWW als Panoramaweg befestigt in das Seitental. Nach 750 Metern beschreibt der Fahrweg eine enge Kehre. Rechts, hinter einer Absperrung, liegt der ehemalige Regierungsbunker (vgl. dazu Tour 9). Mit

Altenwegshof

Försterhof

Fischley

Hütte „Trotzenberg 232 NN"

Marienthal

dem Fahrweg geht es links hinab, vorbei an einer „Sackgasse" und unten neben dem Parkplatz der **Staatlichen Weinbaudomäne** auf die kleine „Klosterstraße". Hier gibt es wieder aufwendig geschnitzte Hinweisschilder, „Dernau" weist fortan die Richtung.

Der RWW führt über die „Klosterstraße" und den kleinen Bachlauf hinweg und rechts mit einem Fahrweg auf ein weißes Einzelhaus zu. Rund 100 Meter nach der „Klosterstraße" geht es

Von hier ab wird's romantisch: die „Bunte Kuh"

dann gleich links und längs der Stützmauer nach **Dernau**, dabei lange steigend. Halb führt der Weg auf halber Höhe um den Ort herum bis an die Brücke für die glücklose Eisenbahn, im Schwenk darunter her und mit der „Bachstraße" hinunter, durch den Ort. Noch vor der Ahr-Rotweinstraße (hier „Schmittmannstraße") führt die „Hauptstraße" nach rechts und auf den **Bahnhof** zu.

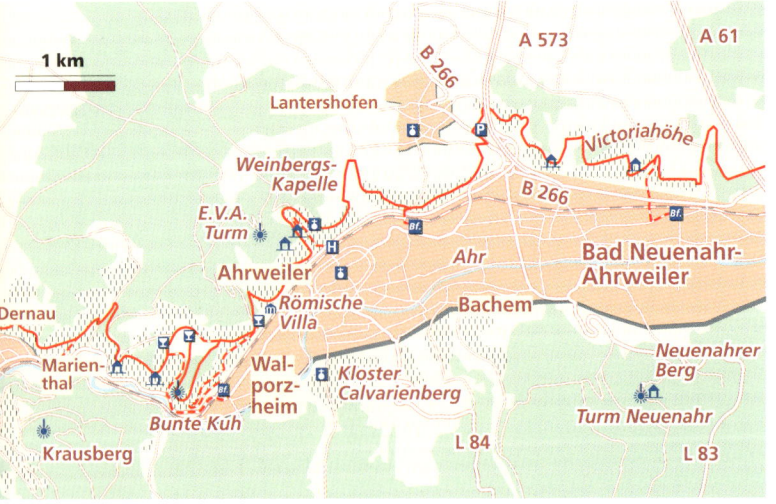

In drei Etappen
Der Rotweinwanderweg

Dritte Etappe: Von Dernau nach Altenahr

Das dritte Teilstück des „Rotweinwanderwegs" (RWW) führt von Dernau über Rech und Mayschoß bis nach Altenahr. Ungeachtet aller Schönheiten des zweiten Teilstücks ist dies dritte zweifellos auch das Filetstück dieses ganzen Wegs. Ganz dazu passend hat man hier den beiden maßgeblichen Wegbereitern des „Rotweinwanderwegs", dem damaligen Dernauer Ortsvorsitzenden des Eifelvereins, Dr. Karl Näkel, und dem Landrat Heinz Korbach je eine Hütte zum Gedächtnis aufgestellt. An beiden führt der Wegabschnitt vorbei. Er ist zugleich das in technischer Hinsicht schwierigste Wegstück mit schmalen Felsensteigen zwischendurch, von daher nicht geeignet für Rollstühle oder Kinderwagen.

In **Dernau** geht es mit der **„Bachstraße"** (nach dem hier verrohrten Irrbach) hinauf, an der Pfarrkirche vorüber und unter einer alten Eisenbahnunterführung hindurch. Auch hier passiert man einen **Tunnel** der unvollendeten Eisenbahnlinie Liblar-Ringen-Mayschoß und also auch den ehemaligen Regierungsbunker (vgl. Tour 9) und erreicht den RWW. Rechts geht es neben der Stützmauer her und bergauf, im Linksschwenk noch einmal vorbei an einem Zugangsbereich zur „Dienststelle".

Dernau

Bachstraße

Tunnel

750 Meter weiter und nach einem Rechtsschwenk passiert man dann den **Wanderparkplatz** an der K 35, der auch ein guter Ausgangspunkt für Wanderer ist. Es geht mit der Straße ein Stück nur links, hinab, dann wieder rechts mit kurzem Aufstieg. An der Gabelung der Wege folgt ein weißer Bildstock. Gleich darauf dreht sich der RWW um einen Hochbehälter herum und passiert am Oberrand der Reben die **„Dr.-Karl-Näkel-Hütte"**. Der Weg ist hier nun wieder eben und befestigt.

Wanderparkplatz

Dr.-Karl-Näkel-Hütte

Wo er dann wenig später in den Wald hinein – und als Pfad hinaufführt, geht es „An der stipe Kirch" vorbei, der steilen Kirche, weil eine Laune der Natur hier einen Fels geformt hat wie ein winziges Kapellchen. Oben geht es durch den Felsendurchlass mit dem Rastplatz an der **„Mosesquelle"**, wo auch das Symbol der roten Trauben ausnahmsweise einmal in den Fels gehauen ist. Ein wenig oberhalb am „Zungertsberg", dem „Zaungartenberg", liegt hier tatsächlich eine Quelle, deren Wasser durch ein Plastikrohr bis hierher geführt wurde – wenn sie nicht im Sommer trocken ist. Bei Bedarf, auch das kommt vor, kann man hier mit etwas Vorbereitung und Logistik auch Moses in den Schatten stellen und aus einer gut getarnten Zapfanlage still und heimlich Rotwein fließen lassen. Noch zwei markante Felsenpunkte folgen auf dem schmalen Stück des Wegs, dauerhaft im Fels verewigt: „Am Hemb" und

Mosesquelle

Blick zurück auf
Dernau

gleich darauf „Am Sackdoch", weil nämlich bei der Planung dieses Teilstücks für den Rotweinwanderweg, der anfangs oberhalb verlief, kein Pflock, kein Fluchtstab und auch kein Trassierband, sondern nur ein Hemdenzipfel und ein Taschentuch als Anhaltspunkte für die Streckenführung dienten. Zwei Kilometer hinter Dernau, einen noch vor Rech, erreicht man dann am

Eremitage
Rotweinwanderweg die kleine **„Eremitage"** des Recher Winzers Bernhard Hostert, von allen ähnlichen Einsiedeleien vermutlich die mit dem meisten Besuch. Von der Eremitenklause hat das kleine Anwesen auf seinem Felsenvorsprung statt der Zurückgezogenheit die Ausrichtung auf die Grundbedürfnisse des Menschen bezogen: Hier sitzt man – nur nach Voranmeldung! – unter einer Pergola und einem kleinen Nussbaum an Tischen mitten in den Weinbergslagen „Dernauer Burggarten" und „Recher Herrenberg", im Duft von Heil- und Würzkräutern bei einer Rast und immer auch mit ein wenig Unterweisung. Einziges Thema: der Wein in seinen vitalen Bezügen.

Rech
Ohne Steigung und Gefälle geht es weiter. Oberhalb von **Rech** erreicht man wieder asphaltierte Wege, es geht hinab und nahe an den Ort heran. Etwa 140 Meter oberhalb des Haltepunkts der Ahrtalbahn verlässt der RWW den kleinen Fahrweg, dreht sich nach rechts und steigt auf unbefestigtem Weg

Saffenburg
aufs Neue bergauf. Schön ist dann der breite Felsensteig auf die **Saffenburg** zu, die noch in ihrem völlig ruinösen Zustand imposant auf einem vorgelagerten Felsbuckel des „Koppen" liegt. Tief unten, nah dem Fluss, erkennt man im Sockel der Felsen das Zwillingspaar der beiden Tunnelöffnungen. Nach den Zerstörungen des zweiten Weltkriegs mit etlichen zerbombten Brücken wurde nur ein Gleis der Ahrtalbahn hier wiederhergestellt. Durch den zweiten Tunnel führt seit dem Herbst des Jahres 1999 der Ahrtal-Radweg. Wo

unten, nah dem Campingplatz, die Ahr-Rotweinstraße den Bahnkörper der Ahrtalbahn unterquert, kann man oberhalb des Wegs die „Windschnuf" entdecken, eine uralte Mauer aus Schiefergestein, die gelegentlich als Grenzsicherung der Saffenburg erläutert wird (und immer noch die Grenze zwischen Rech und Mayschoß markiert), vermutlich aber wohl ein Mauerrriegel war, der den Westwind zähmen sollte, der hier an dieser Engstelle besonders „schnauft" – daher der Name „Windschnuf".

Der RWW tritt nun in die Partie der „Bärlochshardt" ein; bei der Anlage des Rotweinwanderwegs musste er partienweise in den steilen Fels gesprengt werden, die Ähnlichkeit manch vorgefundener Vertiefung mit einer Bärenhöhle aber ist gänzlich spekulativ. Von weniger bekannten Säugetieren ist freilich hier der Siebenschläfer zu entdecken. Der Felsensteig des RWW ist in diesem Abschnitt durch ein grünes Eisengeländer gesichert. Dann führt der Weg an der Korbachhütte vorbei, die ein wenig oberhalb liegt („**Heinz-Korbach-Rast, 1981**"). Unten stört das kreisrunde Klärwerk hart am Fuß der Saffenburg gegenüber den schönen Eindruck der Natur. Schöner sind noch allemal die steilen Weinbergsterrassen der „Mayschosser Trapp", nämlich Mayschosser „Treppe".

Heinz-Korbach-Rast, 1981

Auf einem Felsen oberhalb dem Knick des RWW liegt die kleine **Michaels-Kapelle**. Wie ein kleines Türmchen einer mittelalterlichen Burg lässt sie sich noch lange Zeit beim Blick zurück entdecken. Unverhofft wächst nun der hohe, spitze Turm der Pfarrkirche aus dem „Ahlen Berg". Wie in einer weiten

Michaels-Kapelle

Unterwegs nach Rech

Blick auf
Mayschoß

Mayschoß   Schüssel liegt **Mayschoß** hier im Tal, das von zwei Bachläufen gebildet wird.
Der erste der Bäche, den man am Wendepunkt des RWW oberhalb der Orts-
Eierspütz   lage erreicht, ist der **„Eierspütz"**, vor Jahren die Mayschosser Wasserversor-
gung. (Hier Abstecher zur „Akropolis" möglich.) Der RWW stößt hier auf den
Fahrweg, der hinab zur Kirche führt, folgt ihm gut 100 Meter auf den Hang
zu, schwenkt dann links und folgt nun mehr als einen Kilometer weit dem
Mönchsberg   Weg durch die Reben des **Mönchsbergs**.
Dann kreuzt der RWW den Weg, der mit dem Tanckenbach aus dem Wald
und von der Höhe kommt, führt gleich darauf im Schwenk nach rechts, vom
Ort hinweg, und aufwärts in den Wald. Nach 300 Metern beschreibt er in
der Böschung eine Kehre und steigt nun dem Berg Ümerich entgegen. Nach
etwa 800 Metern, noch vor dem Scheitelpunkt der Höhe, zweigt ein Weg
Ümerich   nach links ab zum Panoramablick vom **Ümerich**. Der RWW steigt noch ein
wenig weiter, vorüber an der Abzweigung nach Reimerzhofen, links, und verläuft nun mit dem Waldrand. Nach 250 Metern biegt rechts der Weg zur
Grillhütte „Eifelblick" ab, der RWW schwenkt mit dem Waldrand links bis an
den nächsten Felsenvorsprung über dem Tal. Dann geht es rechts und wieder durch die Reben mit der Lage „Altenahrer Eck".
Burg Are   Bald gerät **Burg Are** in den Blick, um das Jahr 1100 von Graf Theoderich von
Are gebaut, im 15. und 16. Jahrhundert, auf der Höhepunkt ihrer Bedeutung,
erweitert und saniert zur stolzen Festung auf dem Schieferfels, von den Franzosen 1690 neun Monate hindurch belagert, halb zerstört und ganz erobert,
1714 auf Geheiß des Kölner Erzbischofs gesprengt. Erst in den beiden letzten Jahren des 20. Jahrhunderts wurde die Ruine mit der bemerkenswerten

Doppelkapelle restauriert. Auf Burg Are, dem Stammsitz seiner Familie, wurde Konrad von Hochstaden geboren, der als Erzbischof von Köln 1246 sein Erbe dem Erzstift vermachte und 1248 den Grundstein für den Kölner Dom legte.

Über Tritte im Fels geht es dann hinab und auf den Weg, der auf dem Felsengrat verläuft. 100 Meter weiter links erreicht der Weg dann seinen Höhepunkt, zumindest nach dem Urteil Kinkels: „Es ist keine Stelle, welche den eigentümlichen Zauber der Ahr so tief und mächtig auf den Beschauer wirken ließe wie das weiße Kreuz…". **Das weiße Kreuz** steht so wie einst hoch auf dem blanken Felsen. Ähnlich ist der Blick ein wenig weiter von der Panorama-Terrasse des Hotel-Restaurants „Bergfried".

Das weiße Kreuz

Rechts führt der RWW daran vorüber, als Felsensteig gesichert durch eiserne Geländer, später auch ein dickes Stahlseil. Mehrfach führen Pfade links hinauf zum Grat, doch den wirklichen Zugang zur Burg erreicht man erst im erhaltenen Gemäuer der **„Gymnichporz"**: Hier geht es geradeaus zur Burg, 113 Meter hoch über dem Fluss. Rechts, durch den Bogen, geht es weiter mit dem RWW hinab. Wo man den kleinen Fahrweg kreuzt, steht links das romanische Hoftor eines alten Burghauses, seit 1814 Sitz des preußoschen Bürgermeisters, bis man unten, wo der Rotweinwnaderweg nun endet oder, wenn man will, beginnt, das klassizistische grün-weiße **Rathaus** baute. Mit der Straße „Roßberg" geht es links und auf der „Brückenstraße" rechts zum Fluss und dahinter zum **Bahnhof**.

Gymnichporz

Rathaus

Bahnhof

Der gesamte Rotweinwanderweg

Länge

Die Gesamtlänge des RWW wird von allen offiziellen Stellen mit 35 km angegeben. Berücksichtigt man, dass wohl niemand diese Strecke auf einmal wandert, sind noch die Zugangswege dazuzurechnen. Hier wird deshalb insgesamt von einer Wanderung in drei Etappen und einer Gesamtlänge von 37 km ausgegangen. Empfehlenswert sind drei individuell zu wählende Teilstrecken, die aus den folgenden vier Abschnitten bestehen:

Bad Bodendorf Bf. – Bad Neuenahr Bf	**10,5 km**
Bad Neuenahr Bf – Ahrweiler Bf	**5,5 km**
Ahrweiler Bf – Dernau Bf	**10 km**
Dernau Bf – Altenahr Bf	**11 km**

Bei diesen Streckenabschnitten wurde darauf geachtet, dass Ausgangspunkt und Ziel nah an Bahnhöfen der Ahrtalbahn liegen.

Wanderkarte

Der gesamte RWW findet sich auf der Karte Das Ahrtal 1: 25.000 (= Wanderkarte Nr. 9 des Eifelvereins)

Schutzhütten

Neben den offenen **Schutzhütten** gibt es einzelne Hütten am Weg, die nur partiell offen sind oder gelegentlich bewirtschaftet werden. Zu allen Schutz- und Grillhütten geben die jeweiligen Verkehrsämter Auskunft, in der Regel der Touristik-Service Ahr, Rhein, Eifel e.V. (siehe unten).
Zu einzelnen Hütten gibt es detaillierte Auskunft oder feststehende Öffnungszeiten:

Die **Hemmessener Hütte** ist in der Regel geschlossen. Bewirtschaftet ist sie an folgenden Tagen: Maifeiertag, Christi Himmelfahrt, am 3. Wochenende im August sowie an den Sonntagen im Oktober mit Ausnahme des ersten.
Verantwortlich für die Hütte ist die Bürgergesellschaft Hemmessen e.V., Postfach 100 114, 53439 Bad Neuenahr-Ahrweiler, Auskunft unter Tel. 02641/35574.

Die **Adenbachhütte** kann gemietet werden unter Tel. 02641/ 900 370.

Die **„Akropolis"-Hütte** (nah dem RWW in Mayschoß) ist jeden 2. und 4. Sonntag im Monat bewirtschaftet, Auskunft unter Tel. 02643/1610.

Gasthäuser

Restaurant und Hotel **Hohenzollern**, Am Silberberg 50, Tel. 02641/ 4268 (täglich geöffnet).

Altenwegshof, Im Teufenbach 100, Tel. 02641/34753 (dienstags Ruhetag).

Weingut Försterhof, Im Teufenbach 65, Tel. 02641/35038 (täglich geöffnet).

Eremitage – am Rotweinwanderweg gelegen wie beschrieben (zwischen Moses-Quelle und Rech). Von Februar bis Oktober/ November geöffnet, aber nur bei Voranmeldung (Bernhard Hostert, Nollstr. 31, 53506 Rech, Tel. 02643/7072 Fax 1857 Mobil 0171/ 7862709).

Hotel und Restaurant **Bergfried** – Am weißen Kreuz, Tel. 02643/ 7902 (mittwochs und donnerstags Ruhetag).

Hinweise

Da der Weg, wie auch der Wein, der an ihm wächst, fast ausnahmslos der Sonne ausgesetzt ist, sollte man ggf. entsprechende Vorkehrungen treffen.

Zu berücksichtigen ist auch, dass es nur zwischen Ahrweiler und Marienthal gastronomische Betriebe (und entsprechend Einkehrmöglichkeiten und sanitäre Anlagen gibt).

Auskunft

Tourist-Information Sinzig-Bad Bodendorf
Am Kurgarten, 53489 Sinzig
Tel. 02642/980500, Fax. 02642/980501

Touristik-& Service GmbH Ahr Rhein Eifel
Bad Neuenahr-Ahrweiler
Felix-Rütten-Str. 2, 53474 Bad Neuenahr-Ahrweiler
Tel. 02641/ 97730, Fax 02641/977373

Tourist-Information Altenahr
Bahnhof, Haus des Gastes, 53505 Altenahr
Tel. 02643/8448, Fax 02643/3516

Die untere Ahr

628, 627, 626 und so weiter

An den Rhein und zur Mündung der Ahr

Den Rhein hinab, auf Köln zu oder bis nach Holland, war die Fahrt ein Kinderspiel: Man ließ sich treiben mit der Strömung, man hatte überdies ein Segel für den Wind, und nur bei Flauten mussten auch die Passagiere in die Riemen greifen, damit der Fahrplan eingehalten wurde. Den gab es damals schon. Dem Fließenden entgegen aber war die Reise auf dem Rhein ein mühevolles Unterfangen, romantisch nur für den, der keinen Anteil daran hatte als das Bild, das er sich davon machte: „Schön war es" schrieb der Gymnasiallehrer Joseph Gregor Lang aus Koblenz 1790, „große belastete Schiffe mit zwölf, vierzehn, auch sechzehn Pferden bespannt, die fröhlichen Ufer zu Berge vorbeistreichen zu sehen. Die schnaubenden Pferde, angespornt durch das heisere Geschrei der Halfen und das unaufhörliche Schwingen der fürchterlichen schnalzenden Peitschen, krochen den kiesigen und glitschigen Leinpfad hinan und zogen mit unbeschreiblicher Gewalt, mit gestemmten Füßen und Rücken die Produkte des Nordens nach der mittäglichen Gegend dahin – ein Gemälde, das Aug' und Ohr belebte!"

Das war die Zeit der Treidelschifffahrt; die pittoreske Plackerei den Strom hinauf war seit der Römerzeit und bis ins neunzehnte Jahrhundert die einzige Gelegenheit, per Schiff den Rhein hinaufzukommen. Vom Ufer aus mit Pferdestärken, und wo es heikel wurde, auch zu Fuß, zogen die Treidelknechte ihre schweren Kähne gegen das Wasser. Da gab es eigens einen Weg am Ufer, der nach den Pferden „Rittweg" oder nach den schweren Leinen „Leinpfad" hieß. Es war ein mühsames Geschäft, doch auch ihr einziges, ihr Broterwerb, von dem auch andere zu leben wussten: die Wirte etwa überall am Rhein, bei denen sich die Leinenzieher mit Schoppen für den Durst versorgten und Futter für die Pferde. Da war ein großes Hallo jeden Tag: 1779 fuhren zwischen Mainz und Köln 661 Schiffe den Rheinstrom auf und ab, 2788 Treidelpferde hielt man hier für sie in Futter. Die Pferde sind verschwunden, ihre Wege aber, wo es sie noch gibt, sind heute in besserem Zustand denn je. Sie sind für heute unsere.

Wir beginnen in **Kripp**, wo im Viertelstundentakt das Fährschiff mit polternden Blechen Pendler und Touristen, Radfahrer und Wanderer entlässt. Von hier aus folgen wir der kurzen „Rheinallee" ein Stück weit rheinaufwärts, bis wir links den Rad- und Fußweg nach Koblenz entdecken. Im Knick der Straße

Kripp

Burg Linz

nehmen wir den schmalen Fahrweg geradewegs am Rhein entlang. Ahrtalwanderer mögen hier staunen, warum so nahe an der Mündung die Straße „Quellenstraße" heißt! Natürlich sind ganz andere Quellen gemeint als jene der Ahr, 89 Kilometer weit entfernt: gezähmte mineralische zum Beispiel.

Mit dem Radweg längs der Weidenbüsche erreichen wir die **Mündung der Ahr** mit ihrer neuen Brücke. „Wie lieb ich dich, du wilde Ahr..." so beginnt das alte Ahrlied, und wenn das Wasser heute auch recht zahm ist, so zeigt doch die schöne Holzkonstruktion, womit man hier immerhin rechnet: Sie führt uns hoch hinweg über das Flussbett. Die Ahr hat die letzte natürliche Mündung eines Flusses links des Rheins, unablässig schiebt sie Kies und Kiesel vor sich her, da kann sich jeden Tag der Anblick ändern und die Uferlinie des Rheins: Bei Treidelschiffern war das Flüsschen nicht beliebt, weil es die Fahrrinne weit wegschob von den Leinenziehern.

Wir wandern weiter zwischen Pappeln, bei Stromkilometer 629 schwenkt der Weg ein wenig weg vom Rhein, führt zwischen jungen Walnussbäumen durch die Wiesen, rechts überragt der Wasserturm von Kripp das ebene Gelände. Dann verlassen wir das Naturschutzgebiet der Ahrmündung und bleiben geradeaus am Ufer des Rheins. „Goldene Meile" heißt das Schwemmland neben uns, weil es so fruchtbar ist. Bald kommen wir am Haus des Wassersportvereins von Sinzig vorüber, am Uferparkplatz „Goldene Meile", Leubsdorf gegenüber, und immer wieder an den Kilometersteinen für die Schifffahrt: 628, 627, 626 und so weiter. Unablässig, auch am Sonntag, bringen hier die schweren Schiffe Koks und Kohlenstaub, Öl und Container, Schrott und Traktoren den Rhein hinauf und hinunter.

Verkehrsexperten brüsten sich des Umstands, dass das Tal des Rheins inzwischen ein „Verkehrsband" ist, und zwar nicht irgendeines, sondern das am meisten frequentierte auf der Welt: zwei Bundesstraßen und zwei Schienenstränge, mittendrin der Fluss. Wir sehen davon nur die Schiffe auf dem Rhein und sehen sie, wie 1790 der arglose Lehrer aus Koblenz, als schönes Bild, so schön, wie es Ernst Moritz Arndt gefunden hat, der nichts am Rhein gesehen haben wollte, das schöner war als das „wunderbare Felsenthor, das wie ein durchgehauener Berg aussieht", und der dann Hammerstein und Rheineck links und rechts wie Pfosten sah und Andernach dazwischen.

Bad Breisig So erreichen wir **Bad Breisig**, zunächst den Ausläufer der Uferpromenade, einen Kiesweg zwischen Platanen, danach den Ort, in dem sich alles um das

Wasser dreht, wie schon die Gaststätten verraten, die „Anker" heißen und „Rheinstübchen", „Uferschänke" und „Vater Rhein". Bei Zwiebelkuchen und Federweißem warten wir darauf, dass uns das **Fährschiff „Brisiacum"** hinüberbringt aufs rechte Ufer, hinüber nach **Bad Hönningen** mit der Kirche von Peter und Paul.

Dort wandern wir weiter, zurück bis nach Linz. Wir nehmen den gestreuten Weg links durch die Wiesen am Ufer, am Spielplatz vorbei mit den schönen Kastanien; der Wind rauscht in den Pappeln und den Weiden am Wasser, und immer wieder auf den Bänken Liebespaare, nur nicht in dem Alter, das man sonst für Engumschlungene vermutet: Macht das der Kurbetrieb, ärztlich empfohlen bei Leiden des Herzens, oder hat man doch noch was im Wasser außer Kohlensäure? Beweisen lässt sich nur das Kohlendioxyd, das stärkste Vorkommen in Deutschland, erst 1813 amtlich festgestellt und unter seinem ersten Namen „fixe Luft" zu jener Zeit noch ein Geheimnis. Über uns liegt nun, inmitten von Reben, **Schloss Arenfels**, ums Jahr 1259 dort begonnen, 600 Jahre später aber erst vom Dombaumeister Zwirner in die märchenhafte Form gebracht. Wir wandern an der kleinen Apollonia-Kapelle vorüber, unterqueren dann die Straße und die Eisenbahn: fünf Kilometer sind es mit dem Fahrrad noch bis Linz, so lesen wir auf einem Schild. Hier folgen wir dem „Markenweg" nach links; bei der Kirche verlassen wir die Höhe und steigen „Im Sonnenwinkel" hinab bis vor die Bahn, nehmen rechts die „Rheintalstraße" mit schönen Fachwerkhäusern aus dem 18. Jahrhundert und steigen vor dem „Kühlen Grund" nach rechts erneut hinauf. Durch die „Ariendorfer Straße" kommen wir im Ort voran, wo linker Hand zur Kapelle

Mit dem Fährschiff „Brisiacum" nach Bad Hönningen

Schloss Arenfels

Fähre in Kripp

der Witwe Gamans wieder eine Burg steht, ebenfalls neugotisch aufgebaut von Zwirner. Hinter der Kapelle stoßen wir auf den Rheinhöhenweg („R"), folgen ihm nach links und in Höhe der Burg nach rechts und zum Ort hinaus, der in der Senke unter uns zurückbleibt. Bald geht es links über Tritte – oder weiter geradeaus und durch die Kehre – auf die Höhe der Felsen des Rheintals, rund fünfzig Meter über dem Wasser. Noch sind die Bäume dicht von Schlinggewächsen überfangen, bald aber wandern wir im Wind durch freies Ackerland mit weiten Blicken auf den Rhein und unseren Weg des Beginns und fern auf die Gipfel des Siebengebirges.

Es geht an Obstbaumwiesen und Viehweiden vorüber, vor uns, auf der Höhe, liegt Dattenberg, doch vorher noch Leubsdorf im Tal. Der Rheinhöhenweg bringt uns hinab, am Friedhof vorüber und mit der Straße „Auf der Kehr" hinunter in den Ort. Ein wenig wandern wir die „Bachstraße" hinauf und hinab,

Saalburg am Ende dann weiter, auf den Rhein zu, bis zur **„Saalburg"**, dem alten Burghaus von **Leubsdorf**. Dahinter, am Verkehrsspiegel vor Haus Nummer 12, fol-

Leubsdorf gen wir rechts dem Weg hinauf, vorüber an der Kirche St. Walburga und dahinter, und noch einmal steil, nach links in die Böschung und wieder an den Oberrand des Rheintals. Rasch sind wir höher als das Kirchendach von 1906, nur der Hahn, der golden nach Westen marschiert, kann uns an Höhe überbieten. Wir folgen dem Rheinhöhenweg, schauen hinüber ins Ahrtal

Muttergottes und erreichen gleich die steinere **„Muttergottes vom Grünth"** von

vom Grünth MCMLXXXV mit einer leichten Schutzhütte daneben. Hier gibt es zudem, hart über dem Rhein und dem Stromkilometer 628, eine Felsenkanzel mit einer Bank für die Rast und die Aussicht; dann geht es wieder weiter, nun auf einem schmalen Pfad. Bald kommen wir aus den dichten Büschen heraus,

Brücke über die Ahr

unser Weg schwenkt nach rechts und ein paar Meter hinauf bis an ein schlichtes Holzkreuz an einem Gartenzaun. Hier verlassen wir jetzt den Rheinhöhenweg und verfolgen weiter den Weg längs des Rheins, eine Grasnarbe nur, ein Absatz in der Böschung. Zwischen Haselnussgebüschen gabelt sich der Weg, wir bleiben nun links und bald deutlich bergab, zuletzt an einer alten, schulterhohen Mauer entlang und endlich unten an die Straße. Jenseits der Fahrbahn folgen wir dem Weg auf den Rhein zu und dann, noch vor der Eisenbahn, der kleinen Straße durch Wallen nach Linz. Hier wächst der Wein den Winzern bis an die Terrasse.

Linzer Neutor

Am Ortsbeginn von **Linz** dann halten wir uns links und wandern so am Rhein zurück. Hier ist vom alten Treidelpfad nichts mehr geblieben, statt dessen gibt es hart am Ufer jetzt die Bundesstraße 42 und die Eisenbahn auf einem Viadukt, durch das man unten immerhin den Fluss noch sehen kann. Die Fähre hat inzwischen bunte Lichter aufgesetzt und fährt wie eh und je die Reisenden hinüber und herüber.

Zur selben Zeit, da mit dem Fortschritt in der Technik auch das Biedermeier blühte, bemüht darum, den Fortschritt durch Romantik zu verklären, zur selben Zeit fast, als Schloss Arenfels von Grund auf neu errichtet wurde, kämpften drüben auch die Treidelschiffer gegen die Erscheinungen der neuen Zeit. Die erste Fähre namens „Caledonia" war schon am 11. November 1817 den Rhein hinaufgedampft bis Koblenz, „bei vergeblich sich widersetzendem Südwinde", wie es in Königswinter hieß, womöglich vom Teufel gezogen, aber nicht mehr von Pferden; 1828 klagte dann Johanna Schopenhauer, „die alte ehrliche Wasser-Diligence" sei „aus der Mode gekommen", und in Niederbreisig schrieb der Bürgermeister 1839: „Die Rheinschiffer klagen fortwährend über Mangel an Verdienst und schreiben den Grund davon der sich immer mehr erweiternden Dampfschifffahrt zu." Da hatten sie recht. 1848 kam es am Rhein gar zur Revolution: Im Frühjahr zog das Dampfschleppboot „Matthias Stinnes" erstmals Kohle in Kähnen von Eisen die Strömung hinauf. Die Treidelschiffer überall, auch die in Kripp, empfingen den Fortschritt mit Böllerschüssen, und nicht zum Salut. Mit Flinten und Pistolen schossen sie auf alles, was sich auf dem Rhein von selbst bewegte. Dann starben sie aus wie der Ichthyosaurus zuvor, und 1858 zog die neue Eisenbahn am Rhein den Schlussstrich unter ihre Existenz.

Kurzbeschreibung Tour 1

Anfahrt
Parkplätze an beiden Rheinufern. Mit der Eisenbahn bis Linz; ggf. auch bis Sinzig, Bad Breisig oder Bad Hönningen und entsprechend dort beginnen.

Wegverlauf
Der Weg ist erst als Ahrtalweg „A" markiert, insgesamt aber unmissverständlich, zurück folgt er ab Ariendorf dem Rheinhöhenweg „R".

Dauer
3-4 Stunden

Länge
gut 13 km
Varianten: wegen der guten Eisenbahnverbindungen lässt sich der Weg zwischen einzelnen Bahnstationen auch in Teilstücken gehen.

Wanderkarte
Das Rheintal 1: 25.000 (= Wanderkarte Nr. 8 des Eifelvereins)

Gasthäuser
Zahlreiche in allen Orten.

Hinweise
Die **Personenfähre „Brisiacum"** verkehrt im Sommerhalbjahr halbstündlich, im Winterhalbjahr stündlich zwischen 9.00 und 17.00 Uhr (Winter) bzw. 9:00 und 22.15 Uhr (Sommer). Auskunft: Tel. 02633/95141. Am südlichen Ortsrand verkehrt zusätzlich die **Autofähre** nach Bad Hönningen. Die Autofähre Linz-Kripp verkehrt von 6.00 – 20.00 viertelstündlich, danach bis 24.00 Uhr halbstündlich. Betreiber ist die „Energieversorgung Mittelrhein", Tel. 02644/961550.

Auskunft
Verkehrsamt Bad Breisig, Koblenzer Str. 59, 53498 Bad Breisig, Tel. 02633/4563-0, Fax 4563-50. Verkehrsamt der Stadt Remagen, Kirchstr. 6, 53424 Remagen, Tel. 02642/20187, Fax. 20127

Aufbruch bei Apollinaris

Von Remagen über den Scheidskopf

Der Januar des Jahres 1826 war kalt wie meist, auf dem Rhein krachte das Eis, der Himmel hing grau über der Erpeler Ley, und es sah wohl mal wieder nach Regen aus. Da hätte so leicht niemand im Freien auf Reisende gewartet, aber als sich der Bürgermeister, der Vikar und ihr Begleiter Remagen von Bonn aus näherten, da wurden sie in Unkelstein bereits empfangen, und der Rest ihrer Fahrt war eher ein Triumphzug als eine Prozession. Fünf Tage lang waren die Männer unterwegs gewesen, um aus Düsseldorf das Haupt des heiligen Apollinaris in die Mauern ihrer Stadt zurück zu holen. Die kostbare Reliquie hatte die Franzosenzeit zunächst in Siegburg, dann am Niederrhein verbracht, jetzt kehrte sie zurück nach Hause.

Das freute, schien es, auch den Herrn im Himmel: Noch während des Te-Deum-laudamus brach die Sonne durch die Wolken. Hat da nicht einer laut gerufen: „Ein Wunder! Schon wieder ein Wunder!?"

Überliefert ist der Ausruf nicht, aber das kann auch daran gelegen haben, dass ein Ruf wie dieser selbstverständlich war und nur aus diesem Grund nicht aufgeschrieben wurde.

St. Apollinaris

Ein Wunder hatte nämlich schon Jahrhunderte zuvor die heiligen Gebeine in die Stadt gebracht: Rainald von Dassel, Erzbischof zu Köln, wenn auch noch ohne Priester- oder Bischofsweihe, fuhr zu Schiff stromabwärts, eigentlich nach Hause. Bei der Eroberung von Mailand mit Kaiser Barbarossa waren ihm erhebliche Reliquien zuteil geworden, die Heiligen Drei Könige, die Heiligen Gervasius, Protasius, Apollinaris, Felix und Narbor: „In wohlerzogener Dienstbeflissenheit", so schrieb er an den Klerus und die Bürger seiner Stadt, versprach er ihnen Souvenirs vom Feinsten. So reiste er gen Köln, seit Breisach auf dem Rhein, geschwind mit seiner Fracht zu Tal. Bei Remagen war plötzlich seine Fahrt zu Ende, die Schiffe lagen still und ließen sich partout nicht mehr flussabwärts dirigieren. Es war nach allerlei logistischem Geplänkel ein Fingerzeig des Herrn, der Rainald weiterfahren ließ: Er brachte die Reliquie des Heiligen Apollinaris als eine Art Zoll ans Ufer, die Glocken setzten ein, auch ohne dass sie wer geläutet hätte, und Rainald kam ganz ohne Zwischenfall und mit dem Rest der Knochensammlung heil nach Köln. Es war der 23. Juli 1164, für Remagen der Tag des ersten Wunders. Sollte man bei soviel Bedeutung nicht jeden unverhofften Sonnenstrahl am Tag der zweiten Ankunft ihres Heiligen nicht für ein Wunder, jedenfalls ein Himmelszeichen, halten?

Doch was zuletzt als „Wunder von Remagen" schließlich um die Welt ging, das geschah erst 781 Jahre später, und nicht hier oben, wo das Haupt des Märtyrers in seiner Grabeskirche liegt, sondern unten am Rhein und im Osten der Stadt: Am 7. März 1945 hätte die Eisenbahnbrücke von Remagen im Rhein versinken sollen, die Sprengung war vorbereitet, der Befehl schon gegeben, die Zündung ausgelöst. Aber die Brücke blieb stehen, zehn Tage lang, die Alliierten kamen auf das rechte Ufer, der Krieg war schon im Mai zu Ende, und mancher hat ihn deshalb überlebt – sollte der dann nicht von einem „Wunder" reden dürfen? Vom Parkplatz an der „Birresborner Straße" in Remagen folgen wir dem Hinweis auf die **Kirche**, passieren gleich den „Philosophenweg", kommen zur Kirche und treten ein. Die hohen Wände sind ringsum bemalt im Stil der sogenannten „Nazarener", kein gotisches Beiwerk lenkt ab von dem Hauptzweck dieser Architektur, freie Flächen zu schaffen für große Fresko-Gemälde, die von Jesus, Maria und Apollinaris erzählen. In Gottfried Kinkels Ahrbuch finden wir den Hinweis auf die Arbeit, die damals, 1843 – 1853, gerade von den Künstlern der Düsseldorfer Schule unter-

Der Weg ist nicht das Ziel

nommen wurde: „Eben jetzt werden die Fresken des Inneren gearbeitet." In der Krypta finden wir den Sarkophag, der in seinem Innern das seltene Reliquiar verbirgt.

Gegenüber dem Portal der Kirche steigen wir die Treppe hinauf bis zur Spitze des Felsens, wo ein heiliger Franziskus segnend seine Hand erhebt über das gotische Filigran. So hat Vincenz Statz den Kölner Dom gemalt, als der noch gar nicht fertig war; und die Ähnlichkeit der beiden ungleich großen Kirchen ist denn auch kein Zufall: Graf Franz Egon von Fürstenberg-Stammheim, nach der Aufhebung des Klosters neuer Besitzer, der 1839 hier am Ort der alten den Grundstein für die neue Kirche legte, hatte sich dazu eigens aus Köln den Dombaumeister Zwirner kommen lassen. Der hat von da gleich die Kreuzblumen mitgebracht, wie jeder sehen kann, und einiges mehr, zumindest im Kopf.

„Es wird, wenn es vollendet, ein Prachtwerk und eine der schönsten Zierden am Rheinstrom werden", schrieb 1842 auch der Bürgermeister Queckenberg in seine Chronik, und dasselbe dachten die GIs vom 39. US-Infanterie-Regiment und knipsten sich gegenseitig für die Lieben in der Heimat.

Heiliger
Franziskus

Von hier aus folgen wir nun dem Rheinhöhenweg („R"). Unser Weg am alten Zaun entlang ist nur ein Pfad auf dem schiefrigen Fels. Nach 400 Metern nähern wir uns der Straße und gehen etwa 50 Meter vor ihr rechts durch Wald und Unterholz („R"). Gut 100 Meter weiter schwenkt der Pfad nach links und bringt uns gleich bei einer Bank bis an die Straße, wo sie eine Kurve macht. Sie heißt hier „Rote Erde" wie ihr Gegenstück an der Apollinariskirche, vom roten Bildstock an mit der Marienstatue „Birresdorfer Straße" wie auch unten schon. Dahinter lag einmal das „Waldschlösschen" mit einem Freigehege voller Gartenzwerge, Rehlein und Prinzessinnen aus Gips, jetzt ist dort ein Frisiersalon.

Schon vor dem Haus schwenkt der Rheinhöhenweg nach rechts und führt nach links um dessen Grund herum, vorbei an einem Teich im Wald und etwa 50 Meter vor der Straße weiter mit dem breiten Weg im Wald. Nach 200 Metern erreichen wir die Straße wieder und nehmen hier gleich rechts bei einer grün-weißen Eisenschranke den breiten kiesgestreuten Weg in den

Zipfelmützen
und Fialen:
am Weg

Antonius-
Bildstock

Scheidskopf

Wald („R"). Bei der Gabelung nach 100 Metern geht es links und weiter durch den Wald, mit dem Rheinhöhenweg vorbei an ein, zwei Wegen rechts und links. Es geht vorbei an einem Stück mit Fichtenwald zur Rechten, der Weg fällt hier schon spürbar ab und führt uns dann als Hohlweg durch den lichten Buchenwald. Dann dreht er sich nach links: Unter uns und tief am Fuß der Böschung erkennen wir die wenigen Häuser von **Calmuth**. Hier lag einmal, schon 1580 urkundlich erwähnt, ein Hof des alten Klosters. Nach dem Zweiten Weltkrieg zog hier die „Filmunion" mit ihren Wochenschauen ein und nutzte die Ruhe im Wald, um ausländische Filme zu synchronisieren. Inzwischen aber ist für den Betrieb im Wald der Abspann schon gelaufen.

Vereinzelt ist der Weg auch als „A 4" markiert. Nicht lange, und die beiden Wanderwege trennen sich: Der Rheinhöhenweg verlässt uns in der Böschung oberhalb von Calmuth und steigt nun zügig ab, wir wandern hier noch weiter geradeaus („A 4" an einer Eiche!). Der Weg schwenkt rechts und bringt uns in der Böschung weiter und führt dann ebenfalls hinab, knickt unten kurz nach rechts und stößt dann unten vor einer weißen Baracke auf einen Querweg. Ihm folgen wir nach links und haben Calmuth hier schon wieder hinter uns gelassen.

In einer Kerbe des Geländes steigt der Weg nun stetig an, dreht sich in einer Serpentine höher und führt im Buchenwald hinauf. Wo er gleich darauf in einer engen Kehre links schwenkt, entdecken wir die Leitplanken der Straße über uns: Hier steigen wir nun geradewegs, und wenn auch ohne Weg, die Böschung hinan, links vorbei am alten Sockel eines ehemaligen **Antonius-Bildstock**s, in Laub und Gras hinauf, bis an die Leitplanke heran. Schräg gegenüber und ein wenig rechts am Waldrand neben einer großen Wiese, gegenüber dem Hinweis auf die „L 79", mündet mit einer Eisenschranke ein Weg, der schräg verlaufend in den Wald führt.

Ihm folgen wir, fast einen halben Kilometer lang durch Lärchenwald mit hohen Buchen, sacht steigend dem Scheidskopf entgegen, gelegentlich auf altem Pflaster. Dann sehen wir zur Linken, was vom **Scheidskopf** noch geblieben ist: „Steinbruch", warnt die „Basalt AG" zu Linz. „Betreten verboten. Lebensgefahr".

Hier oben hatte 1855 ein Kölner Unternehmer das Steinebrechen angefangen. Sah wohl auch mancher drunten in der Stadt das ganze Unterfangen noch mit scheelen Blicken an, weil es den einzig nennenswerten Berg im

Stadtgebiet auf Dauer abzuräumen drohte, so war man doch stolz auf das Pflaster in den Gassen, für das der Basalt nun frank und frei geliefert wurde, zwanzig Schachtruten in jedem Jahr, die neue Straße nach Birresdorf gar nicht gerechnet.

Der Eingang in den alten Steinbruch ist mit einem Erdwall verschlossen. Hier schwenkt unser Weg ein wenig rechts und bringt uns nun durch Fichtenwald, an den letzten Spuren des Steinbruchs vorüber. 300 Meter nach dem Eingang dreht sich der Weg noch einmal rechts, dann stoßen wir auf einen breiten Weg im Wald. Zur Rechten führt ein Weg von hier bis an die Straße, wir gehen weiter in der bisherigen Richtung mit den vereinzelten Hinweisen „A 4". So erreichen wir nach rund 200 Metern den gut markierten Wanderweg 1 des Eifelvereins und folgen seinem Keil im spitzen Winkel nach links.

Bei der ersten Gabelung bleiben wir links. Rund 100 Meter weiter knickt dann der markierte Wanderweg im rechten Winkel links: Hier gehen wir nun weiter geradeaus und folgen einem neuen Zeichen, dem grün-weißen Hinweis auf den Weg „A 1" in Richtung seiner Pfeilspitze. Der Weg im Buchenhaubergwald mit Ilex am Boden ist kaum zu sehen, aber immer wieder gut markiert. Es geht an der Flanke des Weißenbergs hinab, erst sacht, dann deutlicher, bis wir nach ungefähr 600 Metern vor dem Waldrand eine Blockhütte erreichen. Hier bringt der Weg „A 1" uns gleich zum Wald hinaus, am Waldrand weiter längs der Weidefläche, an einer grünen Bank vorbei und nach **Kirchdaun**.

Kirchdaun

Die Brücke von Remagen

Das alte „Dune" oder „Dunum" war im Mittelalter schon bekannt, und seine Kirche St. Lamberti 1131 schon erwähnt. Durch dieses Örtchen führte einst die Straße von Frankfurt nach Aachen als Hohlweg, die alte Krönungsstraße der deutschen Könige, und eine Straße heißt wie zum Beweis bis heute hier „Am Königsgraben".

Am Friedhofstor und der alten, kleinen Kirche vorüber, folgen wir der „Kirchstraße" hinunter durch den Ort, an der Feuerwehr und einem kleinen Spielplatz vorbei. Dann nehmen wir die „Brunnenstraße" nach links, vorbei am alten Backes von 1928, und folgen ihr bis in den Rechtsknick vor dem alten Brunnen. Zwischen Haus 12 zur Linken und dem Brunnen folgen wir dem kleinen Fußweg weiter, nehmen dann die Wohnstraße „Am Weißen Berg" nur ein paar Meter rechts und folgen gegenüber gleich dem Weg zum Ort hinaus und längs des Ackers weiter.

Nach einem halben Kilometer stoßen wir so in der freien Feldflur auf den Querweg mit dem Wanderweg mit Keil. Links oben liegt am Waldrand die dunkle Schutzhütte „Am Scheidskopf". Wir gehen hier nach rechts, überqueren gleich darauf die Kreisstraße und wandern weiter geradeaus, vorbei an einem kleinen Waldstück auf der Höhe. Von hier aus und beim Weiterwandern reicht der Blick nun weit ins hier schon breite Tal der Ahr. Wir sehen den Kegel der Landskrone, bald den Neuenahrer Berg und wenig später auch den Krausberg mit dem Turm.

Wir kommen über einen Weg hinweg und an den Landskroner Hof heran, wo uns der gut markierte Wanderweg verlässt. Hier wenden wir uns auf dem Querweg nun nach links und wandern nun drei Kilometer weit und weiter bis an den Ausgangspunkt zurück: Wir überqueren einen Fahrweg, passieren dann ein kleines Waldstück, wenig später eine **Straußenfarm**, und kommen schließlich auf ein asphaltiertes Wegstück („Ahrweiler Weg"). So kommen wir am Forsthaus Erlenbusch vorüber und weiter durch die freie Flur, nun schon ein Stück weit mit dem Weg „A 3". Dann schwenkt der asphaltierte Weg nach rechts. Wir wandern hier an einer Bank vorüber und mit dem Feldweg weiter geradeaus, bis wir die spitzen Turmfialen der Apollinariskirche entdecken. „Blankertshohl" heißt unser Weg der letzten halben Stunde auf dem Straßenschild, bei dem wir links hinuntersteigen müssen bis zum Wanderparkplatz an der „Birresdorfer Strasse". „Blankertshohl": Das ist der alte „Blankerts Hohlweg", wie ihn auch die Karte kennt, im Volksmund oft noch verballhornt als „Blankertse Höll". Doch selbst der Name auf dem Schild verbirgt den eigentlichen Namen. Denn der hieß einmal einfach „Weg ins Freie", in die Ebene, 1482 in dem Latein der Zeit „up planis": Es ist der alte, kurze Weg von Remagen hinüber an die Ahr, der Weg, den Gottfried Kinkel einst gegangen ist.

**Straußen-
farm**

Kurzbeschreibung Tour

Anfahrt
Wanderparkplatz unterhalb der Apollinariskirche. Der Weg zum „Friedensmuseum" in der „Brücke von Remagen" ist im Ort beschildert.

Wegverlauf
Anfangs „R", nur vereinzelt „A 4", kurz Keil des Wegs „1", mit „A 1" bis Kirchdaun, mit Keil bis Landskroner Hof, zuletzt „A 3" und „R".

Dauer
3,5 Stunden

Länge
12 km
Varianten: Der Weg lässt sich ideal mit Tour 5 verbinden oder mit RWW bis Bad Bodendorf und „R" zurück zu einer großen Runde (vgl. Karte). en: 1 und 5

Wanderkarte
Das Rheintal 1: 25.000 (= Wanderkarte Nr. 8 des Eifelvereins)

Gasthäuser
„Waldschlösschen" montags und dienstags Ruhetag, werktags ab 16.00, samstags ab 12, sonntags ab 10.30 geöffnet. Tel. 02642/21250. Daneben in Remagen zahlreiche.

Hinweise
Der Weg kann je nach Witterung stellenweise sehr morastig sein. **Friedensmuseum** Brücke von Remagen, von März bis November täglich geöffnet von 10.00 bis 17.00 Uhr, Auskunft über Verkehrsamt.

Auskunft
Verkehrsamt der Stadt Remagen, Kirchstraße 6, 53424 Remagen, Tel. 02642/20187, Fax. 02642/20127
für Kirchdaun: Touristik-Service Ahr, Rhein, Eifel, Bäder-, Wein-, & Wanderland e.V., Felix-Rütten-Str. 2, 53474 Bad Neuenahr-Ahrweiler, Tel. 02641/97730, Fax 02641/977374

Sankt Peter und der „Tote Leichnam"

Von Sinzig zur Mönchsheide

Kaiser Rotbart lobesam war viermal hier – und als Denkmal an der „Barbarossastraße" ist er es noch immer. Vielleicht bekannter als der Kaiser ist der „Vogt von Sinzig", eine Mumie in einem Steinsarg in der schönen Kirche von Sankt Peter. Für Kinkel war sie gar nichts weniger als „Sinzigs Wahrzeichen". Er liegt mit einem weißen Lendenschurz in einer Ecke im Nordosten unter Glas und gibt seit Hunderten von Jahren Rätsel auf: Man soll ihn in der Ahr gefunden haben oder in der Gruft, man weiß es nicht. Nur dass er tot ist: Das sieht jeder gleich. Und deshalb heißt er auch der „Tote Leichnam" oder der „Heilige Vogt": das erste ist so sicher wie das zweite ungewiss. Im 18. Jahrhundert hat man den Ötzi aus dem Ahrtal im Karneval herumgeführt, und einmal sollen ihn auch böse Buben einer geizigen Nachbarin vor die Tür gestellt haben. Ein Blick genügt, um ihren Schrecken zu erahnen. 1797 schließlich wurde er die leichte Beute der Franzosen und kam erst 1815 wieder an den Rhein. Das war dann ungefähr die Zeit, als der wandernde Professor Ernst Moritz Arndt das alte Städtchen Sinzig „einsam und verfallen" fand. Sinzig ist heute ein schmuckes, kleines Städtchen, das seinen größten Schmuck weit sichtbar in die Höhe hält: die Kirche von Sankt Peter, ein Kleinod staufischer Romanik, lachsrot und leuchtend weiß verziert. Das ist ein schöner Startpunkt und ein schönes Ziel.

Vom **Chor der Kirche** folgen wir dem Zeichen des Rheinhöhenwegs („R") hinab, am wiederhergestellten Zehnthof vorüber und durch die kleine Grünanlage, unten mit der „Zehnthofstraße" weiter. Vor dem Rest der alten

St. Peter in Sinzig

Stadtmauer überqueren wir die Straße und wandern weiter geradeaus, die Mauer nun zur Rechten.

Ein alter Meilenstein mit Adler gibt uns wenig später Auskunft: Köln 7 Meilen, Coblenz 4 1/2, Mainz 16 1/2 Meilen. Das war nun freilich eine Zeit, als eine preußische Meile akkurate 7.532,50 Meter maß. Hier halten wir uns links, hinweg über das Sträßchen „Lohpförtchen", und folgen gegenüber dem „Brauhaus" dann rechts der „Helenenbergstraße". Wo sich diese Straße gabelt, halten wir uns wieder rechts und kommen so zum Ort hinaus („R" und „3").

Nach kurzem Steigen stoßen wir auf einen zweiten Asphaltweg und gehen links. Beim Blick zurück entdecken wir dann von der freien Höhe aus Sankt Peter über allem hinter uns. Unterhalb des **„Ziemerthäuschens"**, der Schutzhütte der freiwilligen Feuerwehr von Sinzig, führt uns der Rheinhöhenweg dann in den Wald, vorbei an einem Mosaikporträt der Muttergottes, hinauf auf die Höhe des Ziemert und im Schwenk ein wenig links, ohne Steigung weiter durch den Wald. **Ziemert-häuschen**

Nach einem 750 Metern schwenkt der Weg ein wenig rechts um eine Senke und führt uns weiter, lange geradeaus. Gut einen Kilometer weiter, müssen wir dann achtgeben: Von rechts kommt erst ein zweiter Weg hinzu („7"), 100 Meter später dann verlassen uns die wohlvertrauten Zeichen: Der Rheinhöhenweg („R") und der Weg „3" knicken links ab. Wir wandern weiter geradeaus („Rundwanderweg Mönchsheide") und erreichen bald die Freifläche der **Mönchsheide**. Im Hintergrund erhebt sich aus dem Dunst die Silhouette von Burg Olbrück. Wir wandern weiter geradeaus, den Wald zur Linken und den **Sportflugplatz** zur Rechten. Bald kommt von links der uns bekannte Weg „3" erneut hinzu, wir bleiben weiterhin am Rand der Freifläche um den alten Gutshof Mönchsheide und erreichen so den Waldparkplatz am Lauftreff von Bad Breisig. Nur ein paar Schritte weiter, wo das Gelände abfällt, halten wir uns rechts in Richtung „Flugplatzcasino Mönchsheide". Am Waldrand geht es wieder auf die Start- und Landepiste zu („3"). **Mönchsheide**

Sportflug-platz

Es geht vorüber an der Zufahrt zum Mönchsheider Hof und weiter geradeaus, entlang am fein gemähten Flugplatz. Bei einer Abzweigung nach links verlässt uns endgültig Weg „3", und wir erreichen bald darauf die kleinen Flughafengebäude. Das erste, was wir sehen, sind die Kisten für die fliegenden Kisten, Rechteckkästen oder lange Röhren, abgestellt am Zaun. Wir kehren ein auf eine Rast, dann setzen wir die Runde um den Flugplatz fort.

Es geht durch einen Streifen Wald, gleich darauf erneut ins Freie. 250 Meter hinter dem Waldrand verlassen wir die Zufahrtstraße und nehmen links den grob geschotterten Weg in die frische Saat, wenden uns nach 100 Metern rechts und wandern parallel zur Straße weiter. An einem kleinen Waldstück passieren wir die „Kranzhütte" der Feuerwehr von Franken, dahinter einen

Franken

**Michaels-
Kirche**

Bildstock mit einer Muttergottes. So kommen wir nach **Franken** und auf der „Frankenstraße" durch den Ort. Es gibt hier eine sehenswerte kleine **Michaels-Kirche** mit romanischem Turm, allemal einen Abstecher wert. Unser Weg folgt vorher schon der „Töpfergasse" rechts hinauf, vorüber an der „Dorfschänke" und nahe dem Friedhof nach rechts und dann im Linksschwenk an die Straße.

Hier gehen wir nach rechts, unterqueren das breite Hochspannungssystem und wandern dann, wo auf der rechten Seite ein Asphaltweg auf die Straße stößt, nach links und durch die Felder auf den Wald zu („6").

Bei einem Hochsitz haben wir den Wald erreicht und treten ein; gut zwanzig Meter weiter knickt unser Weg nach links und führt uns neben jungen Fichten talwärts. Neben uns verläuft der kleine Sonnenbach, anfangs nur ein dünner Wasserfaden durch das Laub, der in der Sonne glänzt. Im Talgrund reicht das Wasser dann zu einem Sumpf mit Schilf und einem Entenhaus; daneben immer weiter unser Weg, der hier am Fuß des Berges arg morastig sein kann. So kommen wir im Talgrund an **Schloss Ahrental** heran und wandern weiter geradeaus am Fuß der Böschung. Wir sehen die barocken Pavillons und bald darauf, beim Weitergehen, wo sich von rechts ein Weg mit unserem vereinigt, auch das Wohnhaus von 1890. Am jenseitigen Rand des Grundstücks halten wir uns links, kommen hinweg über den Bach und an die Straße. Hier halten wir uns 150 Meter links, gehen an der alten Vorderfront der Wirtschaftsgebäude von 1750 entlang und steigen gegenüber, an der Pferdekoppel, mit dem Weg den Hang hinauf.

**Schloss
Ahrental**

Koisdorf

In **Kehren** geht es auf die Höhe, dann über einen Querweg hinweg und geradeaus am Wendelinushof mit einem Ententeich vorüber („5"). Vorbei an einem neuen Bildstock mit Maria, kommen wir nach **Koisdorf** mit schönem Lava-Kreuz (Haus 41) und wandern auf der „Ahrentaler Straße" durch den Ort, vorüber an der Wendelinuskirche und im Rechtsschwenk an der „Wendelinusstube" – oder auch hinein: Es lohnt sich. Wo wir dann im weiteren Verlauf des Wegs die Kreissparkasse und die Bushaltestelle mit einer

Wendelinus-
kapelle Koisdorf

Muttergottes daneben passieren, kommen wir über die Höhe hinweg und wandern weiter, mit der „Koisdorfer Straße" zum Ort hinaus. Wenige Meter vor dem Ortsausgangsschild verlassen wir die Straße und nehmen rechts den asphaltierten Weg ins Wohngebiet.

Der Weg schwenkt links und führt uns bei Haus 53 nach rechts und geradewegs auf Sinzig und Sankt Peter zu, gut einen Kilometer weit entfernt. Jedem, der die schöne Kirche sieht, will sie bekannt erscheinen, da ist ein wenig Köln mit Sankt Andreas, ein wenig Limburg und ein wenig auch das Bonner Münster mitgebaut, doch denen allen ist sie überlegen durch die Lage auf dem Hügel. Es geht nun lange mit der Straße sacht hinab, schließlich stoßen wir auf die „Harbachstraße", halten uns hier links und nehmen bei der Ampel gleich die „Ausdorfer Straße" nach rechts, nicht aus dem Dorf, im Gegenteil: hinein, erneut vorüber an dem Rest der alten Mauer, und auf der „Bachovenstraße" schließlich zurück.

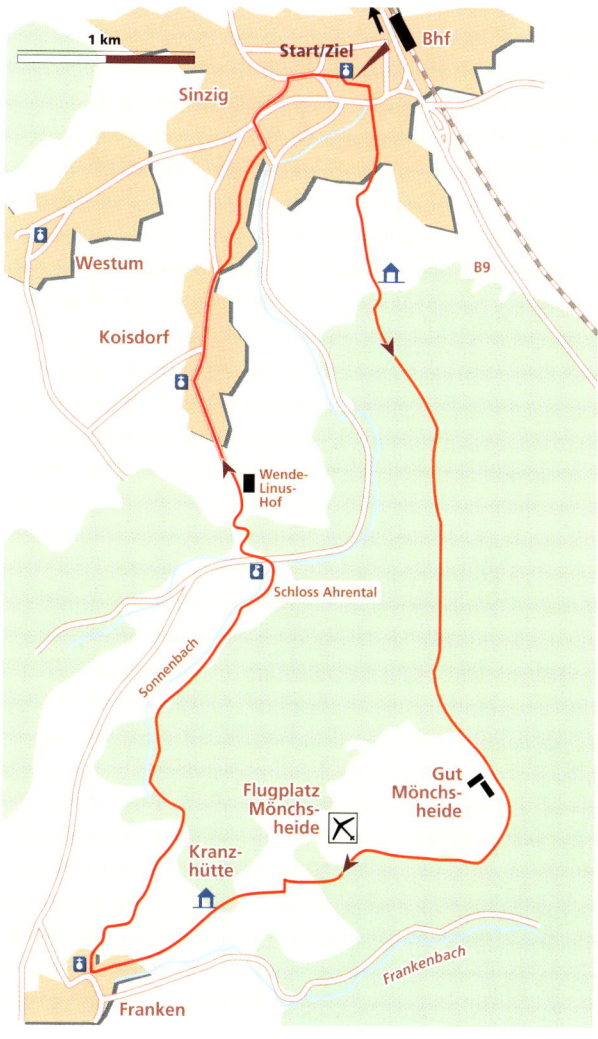

Kurzbeschreibung Tour 3

Anfahrt	Mit der Eisenbahn bis Sinzig, am Bahnhof die B 9 unterqueren und mit der „Barbarossastraße" (Winkel) bis zur Treppe, dort links hinauf zur Kirche St. Peter (ca. 350 m).
Wegverlauf	Mit Rheinhöhenweg „R" und später Rundweg „3" zum Flugplatz Mönchsheide, auf unmarkierten Wegen nach Franken, von dort mit Rundweg „6" bis Schloss Ahrenthal, von dort mit Rundweg „5" über Koisdorf zurück.
Dauer	4 Stunden
Länge	gut 14 km. Anschlusswanderungen: Tour 4
Wanderkarte	Das Rheintal 1: 25.000 (=Wanderkarte Nr. 8 des Eifelvereins)
Gasthäuser	In Sinzig zahlreiche. Das **Flugplatzcasino Mönchsheide** ist samstags, sonntags und an Feiertagen ab 11.00 Uhr geöffnet, Telefon 02633/95362. Empfehlenswert am Weg ist der Landgasthof **„Wendelinusstuben"** (mit Hotel) in Koisdorf, Tel. 02642/45225 oder 4 316, Fax. 44075 (dienstags Ruhetag).
Hinweise	Der Weg kann im Bereich von Schloss Ahrenthal arg morastig sein.
Auskunft	Tourist-Information Sinzig-Bad Bodendorf, Am Kurgarten, 53489 Sinzig, Tel. 2642/9805-00, Fax. 9805-01 Verkehrsamt Bad Breisig, Koblenzer Str. 59, 53498 Bad Breisig, Tel. 02633/4563-0, Fax 4563-50

Wein, Alabaster und Salpeter

Zum „Winzerhäuschen" und zum „Feltenturm"

Von der Kanzel mochten sich die Weinhändler die Predigten des Heimersheimer Pfarrers noch gefallen lassen: da ging es letzten Endes nur um ihrer aller Seelenheil. Was aber in den Zeitungen von Bonn und Köln vom selben Pfarrer Winter zu vernehmen war, das rührte tiefer, nämlich ans Geschäft: Der schlimmste Feind der Rotweinbauern, hieß es, sei der billige Verschnitt, wie ihn die Händler an der Ahr in Massen wohlfeil anzubieten hätten, Roter aus Italien mit schlechtem Wein vom Rhein gemischt, bisweilen gar gefärbt mit Heidelbeeren, den Ausflüglern kredenzt als Spätburgunder von der Ahr. Der Pfarrer wußte wohl, wovon er sprach, er stammte von der Saar und war in Heimersheim zugleich der Direktor des Winzervereins. Womöglich sah er sich bei seinem Zwist mit den Händlern und seiner Obhut für die Arbeiter im Weinberg in biblischen Bezügen; beliebter wurde er nicht an der Ahr, viele der verzagten Winzer kuschten lieber vor den großen Händlern. Acht Jahre später, 1911, wurde er versetzt nach Klüsserath an die Mosel, wahrschein-

Die Richtung stimmt: Schild am Start

Bildstock in
Westum

lich mit Hintergedanken, denn das war ebenfalls ein Weindorf.

Der Wein ist seither immer wieder in die Schlagzeilen geraten, die Winzer an der Ahr sind eher klein geblieben – und mühsam das Geschäft. An der **Schmickler-Hütte** oberhalb von Heimersheim und Ehlingen beginnen wir den Weg: Unser Ziel sind, vorläufig, die ersten oder letzten Rebenhänge an der Ahr, seit in Bad Bodendorf der Weinbau aufgegeben wurde. Wir folgen bei der Gabelung am Ausgang des Parkplatzes dem linken Weg („4") geradewegs durch die Böschung eines Kiefernwalds, an einem Kahlschlag vorüber und dann weiter durch Mischwald; links durch die Stämme schimmert Heimersheim.

Dann erreichen wir am Waldrand eine Einfahrt und das **„Winzerhäuschen"** am Oberrand des Ehlinger „Kapellenbergs", wie hier die Lage heißt. Wir wandern weiter, links am Zaun entlang und in die Weinberge hinab. Hier öffnet sich der Blick, wir sehen alle Dörfer bis Bad Neuenahr, die Ahrtalbrücke für den eiligen Verkehr, rechts den gleichmäßigen Kegel der Landeskrone. Die Weinstöcke am Weg sind aufgebunden an gespannten Drähten. Beim ersten Wegkreuz halten wir uns rechts, verlassen kurz die Weinbergflächen, kommen durch Gärten und Wiesen hindurch, und dann, wenn wir den nächsten Weinberg erreichen, links hinab, geradewegs auf die Landeskrone zu. Unser Weg dreht sich hier sacht nach rechts durch die Reben, wo mit roten und gelben Signalen schon die Routen für den Sprüh-Hubschrauber vorgezeichnet sind.

Das immerhin gab es nicht in Pfarrer Winters guter alter Zeit, der Helikopter war noch nicht erfunden, und die Lilienthals hätten sich dafür bedankt, über anderem Grund als über griffigem Gras ihre Kreise zu ziehen. Zu Winters Zeiten musste man das Gift noch mit der Kanne schleppen, und manches gab man nicht nur an die Trauben: Am 26. Mai des Jahres 1820 legte sich der Bodendorfer Küfer Mathias Bauer ein Büchlein an, in dem er mit gestochen scharfer Schrift alle die Finessen festhielt, die er bei Herrn Deinhard in Koblenz hatte lernen können, beispielsweise für den Fall „Wen ein Wein fett wäre und sich nicht geben wollte": „Laßet ein viertel pfund Salpeter, und eben so viel Salz rösten, bis es gelb wird. Wen es kalt geworden ist. machet es zu pulver und thut dazu 1 virtelpfund präpariertes Weinsteinpulfer und eben so viel präpariertes Alabasterpulfer..." Das alles kam dann in den Wein und musste da nur noch mit einer Kette um und um geschlagen werden, bis man „Prosit" sagen konnte. Auch wie man sauren Wein mit Honig süßt und wie man mit Alaun den „Rothen Franzwein" schönt, wie man Most mit Geißenmilch verbessert, Muskateller mit geriebenem Hirschhorn und wie man sich bei „Schimmelithen Wein zu helfen" hat, ist sorgsam überliefert. Als er genug gelernt hatte, zog Bauer zurück an die Ahr und gründete in Bodendorf ein Weinlokal, das heute noch besteht: das „Hotel-Restaurant Oberbillig" – ein Schelm, wer sich bei diesem Namen Schlechtes denkt!

Bei einer Schutzhütte im Weinberg kommen wir auf den geteerten Weg und halten uns hier rechts. Vor uns haben wir schon lange unser erstes Ziel entdeckt: das **Kreuz auf der Ehlinger Ley**. Es geht hier hügelan bis zu einer Kunststoffbank vor einer Grundstücksgrenze, dann folgen wir links dem Wiesenweg hinüber zum Kreuz. Die Felsenkanzel ist mit allerlei Gebüsch bewachsen, dazwischen gibt es immer wieder kleine Schneisen für den Blick auf die Ahr. So sehen wir zur Linken Ehlingen, das „Adalinghovo" von 853, im Würgegriff der Autobahn wie einst Laokoon inmitten seiner Schlangen – und doch mit hübschen Ecken, wenn man erst einmal dort unten ist. Gleich unterhalb des Kreuzes wartet immer noch die Trasse auf den Sprung durch das Ahrtal bei Bodendorf und hinüber zum Rhein, in allen Karten schon gestrichelt eingezeichnet, und doch das Bodendenkmal einer längst begrabenen Idee: Die kam im Jahre 1962 auf und nannte sich possierlich „Querspange". Man sollte sie wohl für ein Schmuckstück halten. Gemeint war eine groß- und vierspurige Verbindung der alten Autobahn nach Frankfurt mit der nach Ludwigshafen über eine neue Remagener Brücke. „Lebenswichtig" nannte auch der Landrat 1965 den asphaltierten Damm, der das Ahrtal „erschließen" sollte für den fremden Verkehr.

Doch die Bodendorfer litten es nicht, sie hatten lieber Fremdenverkehr, und nun hätte man sie glattweg abgeschnitten von der Ahr, und ob man nicht die Straße hinter ihnen, in den Bergen, bauen könne, womöglich unterirdisch? So ging es hin und her, der eine Vorschlag war zu teuer, der andere nicht zu billigen, 1972 wurde Bodendorf zum „Bad" erhoben, und 1986 wurde dann die Lebenswichtigkeit der Querspange vertagt bis ins nächste Jahrtausend. Wir wandern zurück bis zu der Bank, bleiben nun auf der Höhe und folgen dem Weg am dünnstämmigen Haubergwald entlang, am Oberrand der Reben. Wo er sich gabelt bleiben wir dann rechts, weiter längs der Weinberge und nicht zu früh in den Wald, vorüber an der kleinen Hütte „Ehlingen" (zuweilen Zeichen „2"). Dann gabelt sich bei einer Eiche abermals der Weg, wo rechts der Berg des Heimersheimer Winzers Toni Nelles liegt: Hier halten wir uns links, kommen durch den lichten Wald, an dunklem Fichtenwald vorüber und bei dem Wegkreuz dann weiter geradeaus auf einem Weg, den Pferde

Ehlinger Ley

Feltens Turm

nicht betreten dürfen: So kommen wir noch einmal an das „Winzerhäuschen" heran, das uns durch manches „W" an Stämmen schon versprochen ist. Wir folgen – nach der Einkehr oder ohne sie – nun dem Weg „2", gehen neben dem Haupttor fünf Meter am Zaun entlang in Richtung auf den Wald und nehmen dann den Pfad quer zu der Richtung, aus der wir angekommen sind, und geradewegs in den hohen Fichtenwald. Bald stoßen wir auf den breiteren Querweg „1" und folgen ihm nach links bis zu einer Wegespinne mit einer Schutzhütte daneben. Hier halten wir uns rechts, weiter auf Weg „1" in Richtung auf den „Feltenturm" und die „Cäciliahütte", wie die Schilder verraten.

Bald gabelt sich der Weg, wir bleiben rechts und steigen sacht bergan. Nach einem Stück mit Fichten geht es durch sonnigen Laubwald, vor dem Eintritt in die nächste Fichtenpartie wandern wir links hinab zu einer Eiche, die in kaum erlebter Weise das ist, was man gerne „knorrig" nennt. Das ist die **„Stump-Eiche"**, und dass sie krumm und knorrig ist, hat vor uns ein „E. W." bereits entdeckt und dauerhaft in Verse gebracht: „Seht Euch diese Arbeit an / vom Specht, des Waldes Zimmermann. / Es haut mit seinem starken Schnabel / die schönste Wohnung ohne Tadel. / Ist sie auch ein wenig klein, so ist sie doch sein Eigenheim."

Von der Eiche folgen wir im Wald der Bodenrinne sacht bergauf und bei einer Bank dann wieder an den Weg heran, der seit längerem nun schon der Weg „10" zu sein verspricht. Bei der nächsten Gabelung bleiben wir noch rechts, erst wo der Hochwald endet, verlassen wir Weg „10" und gehen links. Hier sind wir auf dem Wanderweg 11 des Eifelvereins, dem „Ahr-Venn-Weg", und folgen nun seinem Winkel in Richtung der offenen Seite. Rechts liegt in einer Lichtung ein Fußballplatz, dahinter ein Spielplatz im Wald. Wir wandern auf das Ahrtal zu und mit der Ahr dem Rhein entgegen. Wo das Gelände vor uns abfällt, dreht sich der Weg sacht nach rechts, wir kommen durch die breite Schneise der Hochspannungsleitung, passieren den Parkplatz im Wald und kommen dann auf dem geteerten Hohlweg weiter talwärts, bis wir in der Linkskurve den Wanderweg nach rechts verlassen und

Turm und Cäcilia-Hütte

am Ende einer schmalen Wiese den **Turm** und die **Cäcilia-Hütte** erreichen. Als es dem Sinziger Touristik-Unternehmer Josef Felten nicht mehr genügte, seinen Mitbewohnern die Schönheiten der weiten Welt zu zeigen, baute er

gemeinsam mit der Stadt hier oben diesen Turm, damit man auch die Schönheiten der Heimat recht bewundern kann, und tatsächlich ist hier oben viel
zu entdecken: der Rhein mit Linz bis fern zum Krankenhaus, links die Erpeler
Ley, vor uns Sinzig mit St. Peter und dem Mineralbrunnen zur Linken, gut zu
sehen auch das heimelige Schloss, von Vincenz Statz in den sechziger
Jahren des vergangenen Jahrhunderts für einen Kölner Kaufmann gebaut,
heute das Sinziger Heimatmuseum. Links hinter uns Bad Bodendorf, des-
gleichen rechts dann Westum, unser nächstes Ziel.

Vier Jahre nach dem Turm, im Jahre 1976, wurde dann daneben das Lokal
gebaut, das sich immer noch bescheiden „Hütte" nennt, und donnerstags,
des Abends, schmettert hier der Sinziger Gesangverein von 1859 beim Pro-
ben für diverse „Freundschaftssingen" laut sein „Holla", „Hussa" und „Juch-
he!", ohne irgendeinen Nachbarn je zu stören.

Von hier aus wandern wir zurück zum Bildstock am Ende der Wiese. Hier
zeigt uns Josef mit Zimmermannswinkel anschaulich das Motto, das dar-
übersteht: Bete und arbeite. Am Wegkreuz dahinter folgen wir ein kurzes
Stück dem unbefestigten Weg „4". Rechts unter uns liegt der Asphaltweg,
auf dem wir angekommen sind. Dann gabelt sich der Weg, wir bleiben links
und folgen dem Pfad in der Böschung („4"). Bald erreichen wir eine Straße
im Scheitelpunkt der Kurve: Rechts führt der Weg sogleich zu „Änne", einer
weitgerühmten Einkehrmöglichkeit. Der Rundweg führt uns aber links hinab
und mit der „Waldstraße" nach **Westum**, das fränkische „Wistrikesheim". **Westum**

Dort folgen wir der „Angerstraße" links am Friedhof vorüber und zwischen
„Brunnen-" und „Kegelbahnstraße" mit einem Bildstock rechter Hand weiter
bis zum Brunnen an der „Bachstraße". Links liegt die Kirche, daneben das Gasthaus des Winzer-Vereins. Das Fachwerkhaus davor trägt den Erfahrungs-
schatz im Balken eingekerbt: „Bist Du beim Zechen, / so bleibe dabei. /
Deine Alte wird schimpfen / um elf wie um drei."

Wir nehmen neben der Kirche mit dem Grundstein im Turm vom 30.10.
1868 die „Turmstraße" nach rechts hinauf, kreuzen die „Westumer Straße"
am Gasthof „Zur Post" und folgen der „Sternstraße" bergauf bis an den Ortsrand. Durch die Sackgasse „Oststraße" kommen wir nach links zum Ort hinaus. Wo der Belag hier bei den letzten Häusern endet, nehmen wir den Wiesenweg vor Obstweiden nach rechts hinauf und durch die Felder und
Wiesen ins Freie. Rasch haben wir den Ort tief unter uns gelassen.

Beim Steigen wächst zur Linken Koisdorf aus dem Acker, wir kreuzen zwei, drei
Feldwege, dann stoßen wir auf einen asphaltierten Fahrweg und halten uns
hier rechts, bergauf und gleich am „Heinrichshof" vorüber, der hier links liegt.
Bei einem Holzkreuz neben einem Überrest von einem Steinkreuz queren wir
den Fahrweg, der zurück nach Westum führt. Wir wandern weiter geradeaus,

bald auch hinweg über einen weiteren Weg, und folgen dann dem Waldrand vor der Kuppe des Sinzigkopfs. Hier wird auf einem Stein St. Jodokus verehrt, ein Heiliger der Picardie, zu Hause in der Nähe von Calais.

Wo bei einer Apfelbaumwiese der Weg nach links in den Wald führt, halten wir uns rechts, kommen in den Wiesen etwas hinab und folgen dann dem Weg nach links, bis wir auf den nächsten Fahrweg, der links hinüberführt zum Beulerhof. Hier wandern wir nun rechts hinab ins Tal, geradewegs auf die Landskrone zu. In der Quellmulde des Hellenbachs, bei einem Kreuz am Wege, lag einmal die Hofstatt Krechelheim, nun lange schon die „Wüstung Krechelheim" und mit dem bloßen Auge nicht mehr zu erkennen. Hier wandern wir vom Kreuz den Hang nach links hinauf, kommen im Rechtsschwenk unter der Hochspannungsleitung hinweg, am Reiterhof vorüber und am Lindenhof daneben. Hier senkt der Weg sich sacht durch eine feuchte Mulde mit dem Ilkenhof,

Löhndorf steigt an und fällt dann ab nach „Luinheim", heute **Löhndorf**.

Noch oberhalb des hübschen Orts passieren wir das alte Kreuz bei einer Eiche und wandern geradewegs dann mit der Straße „Am Landgraben" und vielen neuen Häusern durch den Ort. Vor dem Gasthaus „Zur Krähe" steht eine alte Wegkapelle, wir wandern weiter geradeaus, kreuzen die „Vehner Straße" und kommen „Auf der Albach" wieder sacht hinauf. In der Rechtskurve zweigt schließlich links ein Weg ab, der hinüberführt zum Bildstock und zum Wanderweg 11 mit dem Winkel. Hier halten wir uns rechts, kreuzen die Straße und folgen dann dem Zufahrtsweg zurück zum Ausgangspunkt.

Kurzbeschreibung Tour 4

Anfahrt

Wanderparkplatz an der Schmicklerhütte (Hinweis „P 200 m"). Mit der Eisenbahn bis Sinzig und vom Bhf. mit Wanderweg 11 2 km weit bis an den Rundweg oberhalb des Feltenturms heran.

Wegverlauf

Anfangs Rundweg „4", vom „Winzerhäuschen" „1" bis auf Wanderweg 11 des Eifelvereins (Winkel) und in Richtung der offenen Winkelseite bis an den Feltenturm heran. Mit „4" und „Waldstraße" nach Westum. Auf unmarkierten Wegen durch die Felder an Koisdorf heran und nach Löhndorf und zuletzt mit Winkel des Wegs 11 zurück.

Dauer

4 Stunden

Länge

ca. 15 km
Varianten: Der Weg lässt sich über den Wanderweg 11 (Winkel) vom Feltenturm und über den Fahrweg von der Koisdorfer „Marienstraße" nach Südwest mit Tour 3 zu einem großen Rundweg verbinden. Anschlusswanderungen: Touren 3 und 5

Wanderkarte

Das Rheintal 1: 25.000 (=Wanderkarte Nr. 8 des Eifelvereins)

Gasthäuser

„Winzerhäuschen" des Weinguts Bertold Linden, geöffnet in den Sommermonaten von 14.00 Uhr (sonntags 10.00 Uhr) bis zur Dämmerung, montags und dienstags geschlossen. Auskunft: Weingut Linden, Ringstr. 11, 53474 Heimersheim, Tel. 02641/26940. Die **„Cäciliahütte"** ist ganzjährig sonn- und feiertags geöffnet und bewirtschaftet. Weitere Auskünfte Tel. 02642/41167 (Weber).
„Zum Ännchen", geöffnet von April bis Oktober, werktags ab 14.00 Uhr, sonntags ab 11.00 Uhr (freitags Ruhetag); Auskunft Tel. 02642/42410 (Alfter). Hotel-Restaurant **Oberbillig**, Hauptstr. 54, Bad Bodendorf, Tel. 02642/42889 (mittwochs Ruhetag).
Sinzig-Westum: **„Zur Post"**, Westumer Str. 141, Tel. 02642/43115 (dienstags Ruhetag). Sinzig-Löhndorf: **„Zur Krähe"**, Am Landgraben 15a, Tel. 02642/41317 (Dienstag Ruhetag).
In Bad Neuenahr-Ehlingen (vom „Winzerhäuschen" auch zu Fuß leicht zu erreichen): **Weingut Franz Schäfer**, Bodendorfer Str. 11, Tel. 02641/94660 (Montag und Dienstag Ruhetag).

Hinweise

Der **Feltenturm** ist ganzjährig geöffnet. Von Karfreitag bis Oktober ist das angenehme und äußerst preisgünstige **Thermalbad in Bad Bodendorf** geöffnet (täglich von 7.00 bis 19.00 bzw. 20.00 Uhr, „Am Kurgarten", Tel. 02642/5087.
Heimatmuseum Sinzig, Barbarossastr. 35, geöffnet sonntags 10.00 bis 12.00 Uhr, Eintritt frei. Auskunft: 02642/40010.

Auskunft

Tourist-Information Sinzig-Bad Bodendorf, Am Kurgarten, 53489 Sinzig, Tel. 02642/980500, Fax. 02642/980501

Die armen Jungfern an der Kante

Von Gimmigen zur Landskrone

Der Schwabenkönig Philipp traute seinen Augen nicht. Da war er tagelang geritten von der Alb daheim bis an die fremde Ahr, und nun sah er vor sich einen Berg, der nicht nur an Höhe seine Nachbarn überragte: Der war so ebenmäßig und so kegelförmig wie der Hohenstaufen fern im Schwabenland. Und dann die Aussicht auf die Aussicht von dort oben! „Das ist des Landes Krone", rief er aus, was ebenso schmeichelhaft wie voreilig war, denn Philipp war ja eben erst hier angekommen. Er kannte die Umgebung nicht, aber sah schon, dass es viel davon gab. Hier wollte er sich Hütten bauen, und weil er König war, wurde gleich eine Burg daraus. Ihr Name stand schon fest, Burg Landskron auf der Landskrone, vormals Gimmiger Berg, 272 Meter hoch, als „mons gimmiche" schon früh und urkundlich erwähnt. Die Burg ist seit Jahrhunderten Ruine, aber der Kegelstumpf ragt noch immer unverwechselbar hinter der Straße hinauf, als wir uns Heppingen von Bad Neuenahr nähern, und unter dem Gipfel leuchtet noch immer weiß die Kapelle. Aber das ist eine andere Geschichte und hat noch etwas Zeit, knapp eine Stunde, so lange dauert der Aufstieg.

Gimmigen Wir beginnen unseren Rundweg in **Gimmigen**, wo es auch eine Kapelle gibt. Ein Stück weit geht es mit dem Rundweg „A 2" auf der „Bonner Straße" zurück, schon bei der ersten Gelegenheit biegen wir nach links ein in die Straße „An der Burgpforte": Wir lesen das als einen Hinweis, dass wir richtig sind. Vorüber an der Einmündung des Wohnsträßchens „Im Seifelsgraben" verlassen wir den Ort, der Weg wird zu einem schmalen Hohlweg, der zwischen Obstbaumwiesen aufwärts führt. Dies ist nun auch der „MK II", der „Medizinische Kurweg" von Bad Neuenahr, rot beschildert als ein Hinweis, dass die Belastung 150 Watt und mehr erreichen kann. Oben stoßen wir dann auf den Querweg mit dem „Jakobsweg" des Eifelvereins, dem Wanderweg „1", markiert durch einen schwarzen Keil, und folgen den vereinten Zeichen nun nach rechts.

Die Hälfte des Aufstiegs haben wir hier bereits bewältigt, jetzt folgen noch neunzig Meter bis zum Gipfel, den wir nun vor uns haben. Am festen Querweg nach gut 300 Metern verlässt uns vorerst der „A 2" nach links. Wir gehen rechts, der Landskrone entgegen, und mit dem Keil des Wanderwegs vorüber an zwei Steinkreuzen (grüner Hinweis „Zur Kapelle"). Es geht vorbei an einer Eisenschranke und vorerst auch vorüber an den Zeichen für den Abstieg; dann stehen wir vor der **Kapelle**, weiß, mit Schiefer gedeckt, auf der ein vergoldeter Hahn wacker nach Osten schreitet.

Weiße Kapelle

Hier war vor Zeiten nichts als Felsen und Gestrüpp. Nur oben wohnte ein Graf in der Burg, der hatte drei Töchter, deren Liebreiz sich herumgesprochen hatte. Der Burgherr der Tomburg nahe Rheinbach hätte eine gerne zur Frau gehabt, aber jede gab ihm einen Korb. Einen hätte der Tomberger vielleicht noch hingenommen, aber den dritten nahm er doch persönlich. Er besetzte die Burg, als der Graf auf der Jagd war, die Jungfern flohen an die Kante ihres Felsens und saßen in der Klemme. Der Ritter freilich auch; bei etwas Überlegung hätte man wohl abwarten können, wie sich der Ungestüme aus dieser Peinlichkeit nun wieder hinauskomplimentieren würde: Schließlich war er nicht auf einen Harem aus, sondern nur auf eine Ehefrau. Zumindest springen hätte man immer noch können. Doch wer denkt schon nach, wenn es romantisch wird und sagenhaft? Die drei Verfolgten fassten sich ein Herz und bei den Händen und sprangen in die Tiefe. Riefen sie „Maria, hilf"? Man weiß es nicht. Man weiß nur: Sie stürzten nicht ab. Sie schwebten vielmehr engelgleich hinab, der Felsen nahm sie auf, öffnete und schloss sich, den Tomburger erschlug der heimgekehrte Vater. Drei Tage später gab der Fels die Töchter frei, und der Graf errichtete am Ort ihrer Errettung eine Kapelle, die tatsächlich heute noch wie aus dem Fels gewachsen dasteht.

Die Landskrone

Golfplatz
Köhlerhof

Aber wie passt es dazu, dass die Kapelle – wie es auf der Bronzetafel heißt – schon 1212 erwähnt wird, also gar nicht später als die Burg entstanden sein kann? Und weshalb heißt sie seit 1470 die Kapelle der fünf Jungfrauen? Hat da vielleicht ein späterer Tomburger mit seinem Urahn renommieren wollen?

Die Kapelle gibt uns keine Antwort, sie lässt uns nicht einmal hinein. Nur Geld für ihre Restaurierung dürfen wir durch einen Schlitz im Blechschild auf der Tür bugsieren. Wir müssen zunächst ein paar Schritte zurück, dann geht es rechts hinauf bis auf den Gipfel. Seit 1682 liegt hier das Basaltgemäuer längs der Wege. „Sie haben Ihr Ziel erreicht", lässt uns die Kurverwaltung von Bad Neuenahr auf einer Schrifttafel bestellen. Die Bank vor dem **Gipfelkreuz** ist wahrlich ein Ziel. Philipp, Kaiser Rotbarts Sohn, hat nicht zuviel versprochen. Dabei konnte er im Jahr 1206 noch nicht einmal die Autobahn auf Stelzen durch das Ahrtal laufen sehen, so wie wir. Aber die Eifel war hier trefflich zu bewachen, bis Sinzig konnte man dem Flüsschen folgen, ohne einen Meter weit zu reiten, und wenn Besuch kam, war noch Zeit genug, um sich zu wappnen, so oder so. Mit dem schwarzen Keil des Wanderwegs geht es nun in engen Serpentinen abwärts durch den Wald. Dann stoßen wir auf einen asphaltierten Wirtschaftsweg, und statt nun weiter mit dem „Jakobsweg" über viele Treppenstufen geradewegs zum Rotweinplatz hinabzulaufen, halten wir uns links und folgen lange nun dem Rotweinwanderweg mit einer roten Traube als Symbol.

Wir kommen rasch aus dem Wald hinaus, oben über den Rebhängen schimmern die weiße Kapelle und die Felsen des Landskron-Gipfels. Gegenüber Heimersheim mit der schönen Mauritiusbasilika biegt sich der Weg in einen leichten Taleinschnitt hinein. An seinem Ende zweigt bei einem Eisenkreuz ein Weg ab, der noch einmal zur Landskrone führt. Wir bleiben weiter längs der Reben. Die steilen Hänge sind mit Schieferbruch bestreut, um die Sonnenenergie zu speichern.

Bei Lohrsdorf öffnet sich das Ahrtal mit Obstbaumwiesen bis an die letzten Hänge des Lohrsdorfer Kopfes. Vor uns sehen wir die letzten Rebenhänge links der Ahr. Der Rotweinwanderweg schwenkt bei einer markanten Antenne nach links ein Stück ins Quertal. Schon nach wenig mehr als 100 Meter, einen Steinwurf weit entfernt von einer knorrigen Kastanie mit Wegkreuz, stößt der Rundweg „A 2" zu unserem hinzu. Wir kommen rechts durch eine scharfe Kehre , geradewegs auf **Lohrsdorf** zu, und hätten mit der

„Ritterstraße" nun Gelegenheit zu einem Abstecher in dieses hübsche Dorf. **Abstecher**
Zum Weiterwandern folgen wir der „Ritterstraße" links bis an den „Köhler- **nach**
hofweg" vor dem tief gekerbten Lorsdorfer Bach heran und nehmen dann **Lohrsdorf**
den „Großen Weg" den Bach hinauf, den wir dabei zweimal überqueren. Hier
haben wir den Rotweinwanderweg verlassen und sind nun wieder auf dem
Weg „A 2", den wir schon lange kennen. Nach einem guten Kilometer
schwenkt der Weg nach rechts, kreuzt noch einmal den Bach und trifft hier
auf den Fahrweg „Kleiner Weg". So kommen wir nun links nach einem halben Kilometer an den **„Köhlerhof"**. Hier bot man einst, so Gottfried Kinkel,
„auf kühlem Rasen dem Wanderer einen Schluck labender Milch". Heute **Köhlerhof**
wird auf diesem Rasen Golf gespielt, und laben mag man sich, auch ohne
jedes Handicap, am „Ahr-Menu" aus feiner Küche. Um den Rundweg fortzusetzen, wenden wir uns auf dem festen Querweg abermals nach links, an
„Pro Shop" und Parkplatz vorüber und dann im sachten Schwenk nach links
einen Dreiviertelkilometer weit bis zum Landskroner Hof.
Hier kämen wir sehr schnell halblinks nach Gimmigen zurück. Wir aber folgen weiter dem „A 2" noch mehr als einen Kilometer geradeaus. Wir kommen an ein Waldstück mit Lärchen, Birken und Gesträuch; aus dieser Per-
spektive sieht die Landskrone tatsächlich wie ein schwäbischer Gipfel aus.
Wenn wir wieder aus dem Wald heraus sind und die Bergkuppe hinter uns
haben, tauchen rechts die Häuser von Kirchdaun auf. Hier endlich schwenkt
der Weg „A 2" nach links. Und durch die Felder kommen wir nun sacht bergab, bis wir am Ortsbeginn die Straße erreichen und mit der „Bonner Straße"
bald auch die „Kapellenstraße" und den Ausgangspunkt.

Heppingen

Kurzbeschreibung Tour 5

Anfahrt	Parkmöglichkeiten an der Kapelle in Gimmigen.
Wegverlauf	Anfangs „A 2", mit Wanderweg „1" des Eifelvereins (Keil) zum Landskrongipfel und hinab bis Rotweinwanderweg und ihm folgen (Traube), von Lohrsdorf „A 2" über Köhlerhof zurück.
Dauer	3 Stunden
Länge	10 km. Anstiege: langer Aufstieg bis zum Landskrongipfel, ca. 170 Meter Höhenunterschied. Varianten: Der Weg lässt sich, wie angedeutet, verkürzen. Er lässt sich andererseits mit Tour 2 zu einer großen Runde verbinden. Anschlusswanderungen: Tour 2
Wanderkarte	Das Rheintal 1: 25.000 (=Wanderkarte Nr. 8 des Eifelvereins) oder Das Ahrtal 1: 25.000 (=Wanderkarte Nr. 9 des Eifelvereins).
Gasthäuser	Gaststätten nur in Heimersheim: „**Hummel's Zum Stern**", Johannisstr. 15, Tel. 02641/946550. **Weinhaus Nelles – Restaurant Freudenreich**, Göppinger Str. 13, Tel. 02641/6868 (Montag und Dienstag Ruhetag). Zwei Gourmettipps, entsprechend kostspielig: Golfclub-Restaurant **Köhlerhof**, Remagener Weg, 53474 Bad Neuenahr-Ahrweiler/ Lohrsdorf, Tel. 02641/6693. Steinheuers Restaurant „**Zur Alten Post**", Landgasthof „**Poststuben**", Heppingen, Landskroner Str. 108-110, Tel. 02641/ 94860 (Dienstag und Mittwochmittag geschlossen).
Hinweise	Am Fuß der Landskrone liegt das **Weingut Burggarten** im ehemaligen Gebäude des Heppinger Winzervereins (Straußwirtschaft auf Nachfrage hin geöffnet). Inhaber: Paul Schäfer, Landskroner Str. 61, Tel. 02641/21280
Auskunft	Touristik-& Service GmbH Ahr Rhein Eifel Bad Neuenahr-Ahrweiler, Felix-Rütten-Str. 2, 53474 Bad Neuenahr-Ahrweiler, Tel. 02641/ 97730, Fax 02641/977373

Finito, nicht Pfingsten

Durch das Königsfelder Ländchen

Hier irrte Simrock: Der Bonner Dichter und Gelehrte schrieb 1838 den Namen „Vinxtbach" so, als käme er von „Pfingsten" – ganz ohne jegliche Begründung. Begründen lässt sich aber eine andere Version: Germanien war römische Provinz, geteilt zum Zweck der besseren Verwaltung. Die Grenze zwischen beiden Hälften war der Bach „ad fines", dort wo das Land dem Namen nach zu Ende ging. So hieß am Ende auch das Wasser, und als man kein Latein mehr konnte in der Eifel, mochte daraus „Vinxtbach" werden: Finito also, nichts von Pfingsten! Doch schon im nächsten Satz hat Simrock recht: „Hier war von jeher ein Scheide der Völker." Grenzland war das Land am Vinxtbach über die Jahrhunderte hinweg, noch heute hart am Rand der Kunst-gemeinde „Brohltal", Sitz in Niederzissen, im Mittelalter nur dem König unter-tan; und weil es Ackerboden war, den Eifelhöhen mühsam abgetrotzt, hieß eine frühe Siedlung Königsfeld, 992 urkundlich als „Cuningsfeld" erwähnt. So abgelegen und dabei so nah ist heutzutage wenig, und deshalb ist das alte „Königsfelder Ländchen" in der Eifel nah am Rhein für Wanderfreunde eine schöne Rarität. In **Königsfeld**, am Knick der Straße oberhalb der Kirche, beginnen wir den Weg. Auch hier verrät der Name die Geschichte: „Auf dem Graben" heißt es hier: Dies war der Graben vor der nördlichen Umwallung, denn Königsfeld war einst von einem Mauerring umgeben. Das alte Stadt-recht stammte aus dem Jahre 1336, seit 1398 war auch eine Burg gewiss

Königsfeld

Der Königssee

St. Nikolaus

im Ort. Die wurde 1830 abgerissen, und aus den Steinen baute man die Schule. Vom Parkplatz folgen wir ein Stückchen der „Bad Neuenahrer Straße" den Berg hinauf und biegen dann nach hundert Metern rechts in die „Schulstraße" ein. Wir kommen über einen Bach hinweg, am Ende des Asphaltbelags folgen wir dem Schotterweg vorüber an den letzten Häusern und weiter geradeaus, sacht steigend in der Böschung.

Wir berühren noch einmal den Verlauf des kleinen Bachs. Im Laubwald gabelt sich der Weg, wir steigen rechts die Böschung hinauf. Links unterhalb im Wald liegt eingezäunt der kleine jüdische Friedhof, das letzte Zeugnis einer starken jüdischen Gemeinde in Königsfeld. Der Weg im Mischwald bringt uns auf die Höhe, oben geht es quer durch die freie Schneise der Hochspannungsleitung, am Gittermast vorbei und drüben wieder in den Wald. Nach etwa fünfzig Metern knickt der Weg dann ein wenig nach links, durch lichtes Holz mit Kiefern dazwischen. Dann erreichen wir den Rand einer Apfelbaumwiese und finden vor uns auch ein Zeichen („1"). Dem folgen wir nun lange Zeit.

Wir gehen auf der Weide geradeaus und dann auf dem deutlichen Querweg ein paar Schritte nach rechts und mit dem neuen Weg gleich links, nun parallel zum Waldrand. Nach dreihundert Metern erreichen wir ein Wegkreuz; hier halten wir uns links („1"), es geht hinab, auf den Hochsitz zu. Es geht an einem zweiten Hochsitz vorbei, dann links hinweg über die freie Fläche und hinauf, vorbei am Ende eines Asphaltwegs und weiter geradeaus bis an die Straße nach Bad Neuenahr.

Ihr folgen wir nur wenig mehr als hundert Meter nach links; dann bringt uns rechts der Fahrweg „Im Strohdell" hinauf, vorbei an einem Wirtschaftsweg nach links und geradewegs bis auf die Höhe. Beim Kreuz von 1767 überqueren wir die Wegespinne und wandern geradeaus, an der Hecke entlang und dann mit dem Verlauf der Grundstücksgrenze nach rechts, hinab ins Tal des Vinxtbachs und nach Schalkenbach. Bald hat der Weg Asphaltbelag und einen Namen: „Lieberichsweg". Mit der Straße „Im Rahlert" kommen wir dann links an die Talstraße („Hauptstraße") heran und folgen ihr nach rechts, vorbei an der Maschinenfabrik. Die alte Grenze ist hier nicht einmal zu ahnen, sogar der Vinxtbach ist für kurze Zeit verschwunden. In der Biegung der Talstraße nehmen wir gegenüber die „Dorfstraße" nach links; wo sie sich gleich darauf mit dem „Mühlenborn" vereint, haben wir den Wanderweg „1" des Eifelvereins erreicht, den „Jakobsweg", und folgen nun dem schwarzen Keil in Richtung seiner Spitze. Es geht vorbei an der Kapelle von 1748, dann weiter sacht bergauf. Gegenüber Haus Nummer 30 verlassen wir die „Dorfstraße" und folgen links dem schmalen „Stocksweg" rasch bergauf. Nach einem Viertelkilometer knickt der Weg bei einer Bank scharf nach rechts, dann geht es bei der nächsten Kehre links hinauf, dass uns das Königsfelder Ländchen wunderschön zu Füßen liegt („1").

Beim Steigen unterqueren wir die Hochspannungsleitung, der Weg berührt den Waldrand und führt noch immer aufwärts. Am Hochsitz gabelt er sich dann; hier halten wir uns rechts, am Wasserbehälter vorüber und weiter steigend wie der Waldrand. Zuletzt, und ehe wir die Höhe ganz erreichen, weist der Keil uns nach rechts in den Wald, und wir wandern hart an der Kuppe des **Stucksbergs** vorbei. Vierhundert Meter sind wir hier nun hoch. **Stucksberg**

Vor dem Eintritt in den Wald gehörte fern der Drachenfels zum Panorama. Vierhundert Meter später, den Wald erneut im Rücken, haben wir den hohen Turm der **Burgruine Olbrück** vor uns. Hier wölbt sich das Gelände, die Feldflur modelliert die Formen. Beim sachten Abstieg vereinigt sich der Wanderweg „1" mit einem zweiten, der von links kommt, und führt uns weiter geradeaus, am Waldrand wie am Böschungsrand entlang. Gut hundert Meter tiefer liegt zur Linken Dedenbach im Tal. **Burgruine Olbrück**

Dann führt der Weg vor hohem Fichtenwald uns an ein Wegdreieck; hier halten wir uns rechts und folgen dem gesperrten Fahrweg in der Biegung wieder in den Wald. Bald haben wir auch dieses Waldstück hinter uns gelassen; wir wandern weiter durch freies Gelände, links ist der Weg hier von Ginster gesäumt. Es geht an einem Hochsitz vorüber und auf ein Wegkreuz dahinter mit einer Kiefer in der Mitte. Hier knickt der Wanderweg nach links und dreht sich dann gemächlich rechts, bis wir den letzten Streifen Wald verlassen und abermals den Olbrück-Kegel vor uns haben. Davor liegt **Oberdürenbach**. Wo vor dem Ort am Wegkreuz der asphaltierte Weg beginnt, verlassen wir den **Oberdürenbach**

Schön seit 1816: in Königsfeld

„Jakobsweg" mit seinem schwarzen Keil und halten uns nun links. Nach knapp vierhundert Metern zweigt nach links ein Asphaltweg ab, wir wandern weiter geradeaus und nutzen rechts den Abstecher zum **Königssee**. Hier war einmal ein Berg, der „Steinberg" hieß nach dem, was hier zu holen war. Der Stein war Basalt, überall zu gebrauchen, so blieb vom Berg zuletzt ein Loch, dem immerhin sein Name Glanz verlieh: der Königssee.

Wieder auf dem Weg, wandern wir weiter, vorüber an dem Basaltlavakreuz von Johannes Schneider, wo der Asphaltweg rechts schwenkt. Wir aber halten uns hier geradeaus, am Waldrand vorüber mit Blick auf **Dedenbach** im Tal, darüber in der Ferne **Königsfeld**. Wo dann der Wald bei einem Wegkreuz zu Ende ist, wandern wir noch immer weiter geradeaus, um nicht zu früh an Höhe zu verlieren und um den Fernblick weiter zu genießen: das Siebengebirge im Norden und fern vor uns die Höhen über Linz am Rhein. Knapp einen halben Kilometer weg vom Wald, folgen wir halblinks dem Lauf der Hecke sacht ins Tal. Dreihundert Meter später, bei einem Steinkreuz, gabelt sich der Weg erneut; hier halten wir uns abermals halblinks und wandern weiter längs der Hecke („2"). So überqueren wir die Straße und wandern weiter geradeaus und geradewegs ins Tal, nach Dedenbach.

Bei einem Schuppen treffen wir auf einen Fahrweg und wandern mit ihm weiter, bei einem Kreuz unter der Stromleitung her und in den Ort. Hinter den ersten Häusern stoßen wir auf eine Straße, hier halten wir uns rechts und gehen links hinauf durch die „Kapellenstraße", vorbei an der Gaststätte „Ockenfels". Hart an der Böschung kommen wir so auf geradem Weg nach oben, vorbei an der Kapelle und weiter hinauf, bis wir oben bei dem Kreuz von 1921 die Hauptstraße erreichen („Königsfelder Straße").

Gleich gegenüber gehen wir in die „Ahrweiler Straße", doch nur, um sie im Knick schon wieder zu verlassen und rechts, nun parallel zur Hauptstraße, zum Ort hinauszuwandern, auf ein Waldstück zu, das schon mit seinem Namen zu erkennen gibt, warum es wohl die Bauern nicht gerodet haben: „Steinebüschelchen". Es geht über ein Wegkreuz hinweg und weiter geradeaus, bis wir die bewachsene Kuppe mit dem Bildstock neben uns haben. Rechts führt uns der asphaltierte Weg dann bis nach Königsfeld. Dicht vor dem Vinxtbach geht es noch einmal nach rechts, am Schießstand vorüber, hinweg über den Bach und jenseits der Talstraße links hinauf zur Kirche, vorbei an der Gaststätte „Fleischer". Das Schießen wird in Königsfeld seit 1478 im Verein betrieben, die Königsfelder Kirmes wird schon 1397 urkundlich erwähnt, und seit dem Jahre 1986 tragen dann die Königsfelder Junggesellen ihr historisches Habit, das der Geschichte ihres Ortes Rechnung trägt: nichts Römisches, auch nichts Germanisches wie Lorbeer oder Bärenfell, doch weinrote Baretts und ebensolche Kragen – die Uniform von 1336.

Kurzbeschreibung Tour **6**

Anfahrt

Parkplatz im Knick der „Bad Neuenahrer Straße" vor dem Ortskern Königsfeld („Auf dem Graben").

Wegverlauf

Mit „1" nordwärts und gegen den Uhrzeigersinn bis Schalkenbach. Mit Wanderweg „1" (Keil) bis vor Oberdürenbach: links, rechts Abstecher zum Königssee, nach Dedenbach und über „Steinebüschelchen" zurück.

Dauer

4 Stunden

Länge

14 km

Wanderkarte

Das Rheintal 1: 25.000 (= Wanderkarte Nr. 8 des Eifelvereins), ebenfalls Nr. 9 („Das Ahrtal") oder Nr. 10 („Das Brohltal").

Gasthäuser

in Königsfeld: Gasthaus **Fleischer**, Hauptstr. 19, 53426 Königsfeld, Tel. 02646/317 und 820 (Ruhetag Mittwoch). In Dedenbach: Gasthof **Ockenfels**, Kapellenstr. 11, 53426 Dedenbach, Tel. 02646/696 (Ruhetag Montag). **Leo's Schmiede**, Seifer Weg 11, 53426 Dedenbach, Tel. 02646/913550.

Hinweise

Königsfeld (Kirche) ist auch Ausgangspunkt eines neu eingerichteten **geologischen Lehrpfads (Vinxtbachtal-Route)**, der an insgesamt 30 Punkten die Geologie, Naturkunde und Kulturgeschichte der Region erläutert. Mit zwei Varianten dieser Strecke werden auch die Stationen dieser Tippeltour Schalkenbach (Erweiterung S) und Dedenbach (Erweiterung D) berührt. Im Bereich des „Steinebüschelchen" ist ein „Keramikpfad" eingerichtet worden.

Auskunft

Fremdenverkehrsverband Brohltal e.V., Kapellenstr. 12, 56651 Niederzissen. Tel. 02636/19433, Fax 02636/80146.

Gold im Brunnen

Auf den Neuenahrer Berg

In den märchenhaften Zeiten, als das Wünschen noch geholfen hat, wünschte sich der Kaufmann Georg Kreuzberg von der preußischen Regierung die Erlaubnis, Wasser „innerlich wie äußerlich zu verabreichen". Das war 1856 an der Ahr. Das Wasser dazu hatte er gefunden: 1852 bei Wadenheim die Apollinaris-Quelle, wenig später auf dem anderen Ufer bei Beul die Victoria- und die Augusta-Quelle. Das eine ging als „Queen of Table Waters" bald darauf in alle Welt, das andere lockte zum Bade. 1858 wurde eine Trinkhalle errichtet, im Jahr darauf das erste Badehaus – mit 200 Gästen in der ersten Saison begann in diesem Jahr der Kurbetrieb. Eine günstige Verkehrsanbindung brauchte man sich gar nicht mehr zu wünschen, seit 1858 fuhr die neue Eisenbahn von Köln bis Remagen und brachte alle Welt ins Tal der Ahr. Dort wünschten

Bad Neuenahr

sich die alten Dörfer Beul, Hemmessen und Wadenheim bald einen neuen Namen für den Boom und nannten sich seit 1875 „Neuenahr", seit 1927 endlich dann: **„Bad Neuenahr"** und 1951: „Stadt".

neoklassizistisches Thermal-Badehaus

Der Kurort mit der Eleganz aus der Jahrhundertwende ist heute unser Ziel und Ausgangspunkt. Im Herzen des belebten Ortes, am **neo-klassizistischen Thermal-Badehaus** von 1899, beginnen wir den Weg. Hier, auf der „Kurgartenstraße", entdecken wir den schwarzen Keil des Wanderwegs 1 und folgen ihm nach Süden, hinweg von der Ahr und über die „Mittelstraße" hinüber. Als „Willibrodusstraße" führt uns nun die Straße vorüber an der Stadtbibliothek in der alten Rentmeisterei von 1710 und bald zur Willibroduskirche, der alten

Sportlich in der Ahr

Pfarrkirche von Beul mit romanischen Resten im Turm. Der Weg führt mitten durch den Friedhof und vorüber am Servatiuskreuz von 1959 im Gedenken

an die Pest von 1638. Dann schwenkt er links und führt uns in den Wald. Schon nach etwa 50 Metern verlässt der mit dem Keil markierte Wanderweg den breiteren Weg nach rechts und führt als „Kaiserweg" im Zickzack durch den Buchenhaubergwald hinauf. Bald überqueren wir die Königsfelder Straße und steigen weiter mit dem schwarzen Keil. Im Hochwald unter Buchen und Eichen kreuzen wir einen asphaltierten Weg und haben nun den vulkanischen Kegel des **Neuenahrer Bergs** als dunkle Silhouette über uns. Basaltgeröll liegt auf dem Steilhang wie geschüttet. Unmittelbar unter dem Gipfel nehmen wir den asphaltierten Weg nach rechts und auf die Kuppe mit der Hütte und dem Aussichtsturm. Der wurde 1972 hier gebaut und 1973 als **„Langer Köbes"** eingeweiht zur buchstäblich höheren Ehre des eher kleinwüchsigen Ortsvorsitzenden des Eifelvereins, Jakob Steinborn. Von der 15 Meter hohen Aussichtsplattform überblicken wir das Ahrtal bis zum Rhein mit Linz und links bis an den Krausberg gegenüber Dernau; wir sehen hinter uns die Olbrück und unter uns im Kurbereich das runde blaue Dach der neuen Ahr-Thermen, wo man sich nach der Wanderung im warmen Mineralwasser erholen kann.

Wieder unten auf dem Gipfel, 341 Meter hoch, folgen wir dem Keil am Turm vorbei und sehen deutlich im Gelände die Spuren von **Burg Neuenahr**. Die Grafenburg des frühen 13. Jahrhunderts wurde 1372 von den Kölnern und den Ahrweilern zerstört und zur Franzosenzeit geschleift. Zurück blieb tief im Brunnen nur ein sagenhafter Pflug aus Gold. Jeder darf ihn heben, der ihn findet, vorausgesetzt, er tut es schweigend. Ein Bauer war dem Schatz schon einmal nahe, da trat ein Riese auf, der Bauer schrie vor Schreck: Den Rest kann man sich denken. Später, als im Tal der Kurbetrieb in Blüte stand, wurde auf den alten Resten dieser Burg ein erster Aussichtsturm gebaut, dessen marode Ruine 1958 gesprengt werden musste. Auch dabei fand man keinen Schatz.

Wir kommen durch den Burgbering und verlassen dann den Kegel mit dem Wanderweg. Auf dem Asphaltweg halten wir uns rechts und kommen weiter durch den schönen Wald. Wo dieser feste Weg bald links knickt, halten wir uns sacht nach rechts und wandern weiter mit dem Keil. Am Wegdreieck gleich darauf heißt unser Weg „Graf-Otto-Weg" und weist halbrechts mit seinem Zeichen. Es geht am Ende eines asphaltierten Wegs vorüber und weiter, lange sacht hinauf.

Nach mehr als einem Kilometer erreichen wir ein Wegkreuz: Unser Weg verläuft nach rechts, doch vorher machen wir noch einen kurzen Abstecher nach links zum **„schwarzen Kreuz"** von 1721. Dann folgen wir vom Wegkreuz dem Wanderweg in Richtung Steckenberg. Im Schwenk nach links und über Querwege hinweg, erreichen wir den flachen Gipfel, 371 Meter hoch, mit einer Hütte, die den Förster Bungarten verewigt, sowie dem runden Turm aus Naturstein.

Er wurde erstmals 1914 hier gebaut. Im zweiten Weltkrieg diente er als Flakstellung der Wehrmacht. Das ist dem Berg nicht gut bekommen; er musste nach dem Krieg erst wieder aufgeforstet werden, und der Turm entstand erst wieder 1959. Inzwischen ist die Fernsicht zugewachsen, wir sehen Ahrweiler,

Neuenahrer Berg

Langer Köbes

Burg Neuenahr

Schwarzes
Kreuz (oben)
und Stecken-
bergturm

**Lourdes-
Kapelle**

Bachem

die Tomburg, weiß die Häuser von Meckenheim und im Dunst die sieben Berge. Vom Kölner Dom ist immerhin die Blickrichtung in weißer Farbe festgehalten.

Von hier aus folgen wir dem Keil in Richtung „Wilhelm-Bloser-Hütte", benannt nach einem Bürgermeister von Bad Neuenahr; der Weg läuft schnurgerade durch den Wald; nach weniger als einem halben Kilometer stößt er auf die alte Königsfelder Straße, einen breiten, gut gestreuten Weg im Wald, mit der Hütte gegenüber. Hier verlassen wir den Wanderweg 1, der weiter dem Verlauf der alten Straße folgt, und gehen gegenüber mit dem „Lennéweg" in Richtung „Andertalhütte" („4" und „6"). Nach etwa 350 Metern kreuzen wir einen breiteren Weg mit Bank und Hinweisstein. Von hier aus böte der Weg „8" in Pfeilrichtung noch eine zusätzliche Runde bis zum „Buchenrondell". Wir halten uns halbrechts mit den beiden Wegen „4" und „6" und gehen keine 100 Meter weiter abermals nach rechts bis an den Fünfweg mit der eher provisorischen Andertalhütte, 335 Meter hoch. Hier überqueren wir im Schwenk nach rechts den „Kreuzrastweg", folgen dem Weg mit dem größten Gefälle hinab und nehmen gleich den Weg halbrechts hinab („11").

Knapp zwei Kilometer geht es nun stetig bergab, über sandige Querwege hinweg, bis wir im Tal des Bachemer Bachs auf die Fahrbahn und, nach ein paar Schritten links, auf die **Lourdes-Kapelle** stoßen. Ein Bachemer Bürger hatte im Krieg das Gelübde getan, eine Kapelle zu stiften, wenn er heil nach Hause kommen sollte. 1949 war es dann soweit, und seither brennen in der winzigen Kapelle und der belüfteten Grotte dahinter immerzu die roten Opferlichter.

Von hier aus folgen wir dem Fahrweg und dem Bach 600 Meter weit bis in den Ort, dann steigen wir mit einem Stück der „Himmelsburger Straße" in der Böschung aufwärts und kommen in die Weinberge. Vielen, die die Ahr bereisten, war **Bachem** nicht einmal eine Erwähnung wert; dabei hat der rote Wein vom Karlskopf, überwiegend Frühburgunder, wegen seines schiefrigen Geschmacks einen besonderen Ruf. Der Wirtschaftsweg bringt uns im Schwenk um den Karlskopf herum und weiter durch die Reben, bis wir am Rand des Weingebiets auf eine asphaltierte Straße stoßen, die sich bergwärts gabelt. Hier wenden wir uns scharf nach links und folgen ihr hinab bis in den Ort („5", „12"). Unten, und nach ein paar Schritten rechts, gehen wir links durch die „Königsstraße", überqueren am alten Spritzenhaus mit Wehr den Bach und passieren die Rückfront des Bachemer Winzervereins. Wohlbegründet, wenn auch nicht ganz ernst gemeint, ist der Reimvers auf das alte „Baachem":

„Bachem ist ein heiliger Ort. / Es stehen drei Kapellen dort." Die Leonardus-kapelle von 1716 erreichen wir am Ende der Königsstraße; rechts an der Ecke steht der alte Backes von 1650, der mit dem Ofen früher auch der Schule Heimrecht gab; jetzt dient er als Bachemer Winzermuseum. Wir folgen hier nun rechts der „Annastraße", vorbei an der „Bachemer Bürgerstu-be", vormals der Stätte des Winzervereins, abermals über den Bach und weiter bis an die St.-Anna-Kapelle, die dritte Kapelle im Ort und die älteste von allen, mit Ursprüngen des 13. Jahrhunderts. Noch vorher nehmen wir den „Pfarrweg" nach links, folgen dann ein Stück noch der „St.-Pius-Straße" nach rechts, bis uns hinter dem neuen Jugendgästehaus die Straße „St.-Pius-Brücke" auf die neue Backsteinkirche zu und bis an die Ahr bringt.

Hier steigen wir hinab ans rechte Ufer (auf dem linken läuft ein Radweg!) und folgen dem gezähmten Fluss. Bis in die Mitte des vergangenen Jahrhunderts floss die Ahr in immer neuen Armen wild zu Tal, jedes Frühjahr brachte Hochwasser – und jedes Hochwasser ein neues Un-glück. Erst der Kurbe-trieb verordnete dem Fluss Erholung und ein neues Bett, und seither sind die bei-den hochgelegten Uf-erwege eine hübsche Promenade für Besu-cher. Durch den Kur-garten geht es zurück, und wenn hier Eintritt zu bezahlen wäre, hilft Maria: Dann neh-men wir die kleine Maria-Hilf-Brücke über den Fluss und gehen auf dem linken Ufer und über die Kur-gartenbrücke zurück.

Kurzbeschreibung Tour 7

Anfahrt

Mit der Ahrtalbahn bis Bad Neuenahr und über die „Hauptstraße" und durch die Fußgängerzone zum Kurbereich. Mehrere Parkgelegenheiten im Ort, am günstigsten im (kostenpflichtigen) Parkhaus hinter den Ahr-Thermen, von dort am Spielcasino links vorüber bis zum Kurpark mit dem Ausgangspunkt.

Wegverlauf

Wanderweg 1 des Eifelvereins (Keil) über beide Berge bis erwähnte Bloser-Hütte, Lennéweg bis Andertalhütte, rechts zurück mit Rundweg „11". Von Lourdes-Kapelle Fahrweg Richtung Bachem, nach 600 m rechts „Himmelsburger Straße" und durch die Weinberge nach Bachem und über beschilderte Straße zurück.

Dauer

4 Stunden

Länge

Gut 12 km. Anstiege: relativ kurzer, aber steiler Aufstieg bis zum Neuenahrer Berg (220 Höhenmeter Unterschied). Varianten: Der Weg wird durch die erwähnte Erweiterung (Rundweg „8") um 3,5 km länger. Wenn man von der Bloser-Hütte dem Wanderweg 1 (Keil) weiter folgt, erreicht man nach ca. 1,5 den Weg 11 des Eifelvereins (Winkel), der westwärts über Ramersbach auf der Höhe des Ahrgebirges verläuft und den Turm auf dem „Häuschen" (Tour 8) berührt sowie die Touren 11 und 15, so dass von daher viele lange Varianten möglich sind. Anschlusswanderungen: 6 und 8

Wanderkarte

Das Ahrtal 1: 25.000 (= Wanderkarte Nr. 9 des Eifelvereins)

Gasthäuser

Zahlreich; am Weg etwa: **„Bachemer Bürgerstube"**, Tel. 02641/901850, werktags ab 16.00 Uhr geöffnet (Ruhetag Dienstag).

Hinweise

Auskunft über das **Winzermuseum** im Bachemer Backes: Tel. 02641/34165.

Auskunft

Touristik-& Service GmbH Ahr Rhein Eifel
Bad Neuenahr-Ahrweiler
Felix-Rütten-Str. 2, 53474 Bad Neuenahr-Ahrweiler
Tel. 02641/ 97730, Fax 02641/977373

Ursulinen und Gehenkte

Vom Kloster Calvarienberg in Ahrweiler auf das „Häuschen"

Wer in der Welt herumkommt, kann vergleichen; und wer auf Wallfahrt in Jerusalem gewesen ist, der findet leicht in jedem Hügel vor dem Stadttor Golgatha. So kam vor langer Zeit ein Ritter an die Ahr und sah ein wenig außerhalb des Mauerrings von Ahrweiler, gut eine Viertelstunde Fußwegs von der Kirche Sankt Laurentius entfernt, den Richtplatz auf dem „Kop" mit Rad und Galgen. „Kop" war der Name eines Felsenbuckels, wie er ihn zuletzt auf Palästinafahrt gesehen hatte. Sollte der nicht auch, wie Golgatha, zum Zeichen werden können? Der Galgen musste fort, stattdessen wurde eine hölzerne Kapelle auf den Berg gebaut – zum Besten der Gehenkten: Zwar wurde weiter hingerichtet an der Ahr, in Zukunft unterhalb, am Fuß der alten Stätte, das Kreuz jedoch besänftigte fortan die ruhelosen Seelen der Verdammten. Und wo der Wanderer zuvor nur bangen Muts vorbeigezogen war, dort schaute er nun festen Auges auf den Berg und schlug sein Kreuz. Soweit die fromme Überlieferung. Wem sie beim Wandern an der Ahr begegnet, der sieht, was aus dem einfachen Kapellenbau von 1505 so alles werden konnte: ein Klotz von einem Kloster, ein neogotischer Hochsicherheitstrakt, uneinnehmbar aufgetürmt nach dem Geschmack des Jahres 1897, inzwischen längst bestraft durch den modernen Anbau, der sich vergeblich in die Böschung duckt.

Hier machen wir uns auf den Weg. Vom Wanderparkplatz oberhalb des **Klosters** wandern wir dem Berg entgegen und gehen bei der ersten Gabelung gleich rechts ins Tal. Hier überqueren wir den Wingsbach, passieren einen Fahrweg, der scharf rechts abzweigt, und wandern dann bachaufwärts weiter. Nach 100 Metern dann verlassen wir den asphaltierten Weg und folgen nun, im spitzen Winkel rechts zurück, dem Weg „A 8", der in der Böschung aufwärts steigt (entgegen der markierten Laufrichtung!). So geht es um den Berg herum; bei der Gabelung nach 250 Metern halten wir uns links, kreuzen bald darauf den Rundweg „15" und steigen in der Böschung weiter an. Keine 200 Meter weiter knickt unser Weg nach links und führt auf eine Lichtung mit einer Wiese zu. Hier schwenkt der Wanderweg nach rechts und führt nun breit und zwischen Kiefern weiter aufwärts.

Nach etwa 700 Metern geht es nochmals links, bis dann der Weg 200 Meter später, bei einer grünen Bank, erneut nach rechts schwenkt („A 8") und uns nun durch Erika und Heidelbeeren, zwischen Lärchenwald und Kiefern, höher

bringt, an einer zweiten Bank vorbei, vorüber an zwei unmarkierten Wegen, die nach links verlaufen. Nach einem Schwenk nach rechts erreichen wir die Höhe mit einer Schutzhütte am Weg. Dahinter, auf dem markanten Buckel **Steinthalskopf**, steht ein dreistöckiger Aussichtsturm aus Holz. Exakt 417,80 Meter sind wir hoch, den Turm dabei noch nicht gerechnet (der Turm ist zur Zeit gesperrt). An seinem Fuß steht schwarz ein ge-

Meist mit C: Der Calvarienberg

schmiedetes Kreuz, das Werk von jungen Schlossern aus dem Jahre 1959. Vom Turmgerüst hinab, an der Hütte vorüber, überqueren wir geradewegs das Wegekreuz und folgen weiterhin derselben Richtung. Der Weg „A 8" läuft ohne Steigung weiter, schwenkt sacht nach links und bringt uns dann bei einer braunen Bank an ein Wegdreieck. Hier wandern wir nun rechts und wie auf

Steinthalskopf

einer Höhenlinie mehr als einen Kilometer weit, ohne links und rechts auf Querwege zu achten. Zweimal steht am Rand des Weges eine Bank für die Rast; am Ende schwenkt der Weg nach links und um die flache Kuppe herum, und wir erreichen eine Hütte und das **„Schwarze Kreuz"**. Fünf Wege laufen hier zusammen. Links ragt das alte Basaltlavakreuz aus einem Haufen von

Schwarzes Kreuz

Steinen heraus und kündet noch nach mehr als drei Jahrhunderten buchstäblich lapidar von einem Todesfall in Heckenbach im Sommer 1682: „Stephanvs Mohr avs H.Bach TOD". Vom Kreuz aus wandern wir rechts an der Schutzhütte vorüber (Hinweis „Steinerberghaus") und in derselben Richtung weiter. Bald nach einem Schwenk stößt unser Weg auf einen breiten Querweg. Hier wenden wir uns rechts und wandern nun schnurgeradeaus und weiter mit dem Weg „A 8", zur Rechten Laubwald, Fichten links. Nicht lange, und wir kreuzen einen Weg, der schräg zu unserem verläuft. Mit ihm beginnt nachher der Rückweg. Doch vorher halten wir uns geradeaus, das letzte Stück nun deutlich aufwärts, bis wir auf dem **„Häuschen"** stehen, der höchsten Stelle dieser Tour mit Schutzhütte. Der Holzturm, der hier einmal stand, ist abgerissen worden, doch es gibt schon Pläne für den Wiederaufbau. 507 Meter hoch ist der Vermessungsstein am Boden, 400 Meter höher als die Ahr.

Bei der Hütte haben wir den Wendepunkt erreicht. Von hier aus gehen wir zurück, vom „Häuschen" rasch hinab, bis wir nach etwa 150 Metern, an der bereits bekannten Kreuzung, links dem Zeichen des Wegs „17" folgen (auch diesmal gegen die markierte Richtung). Es geht im Buchenwald hinab; nach wieder 150 Metern stoßen wir auf einen breiten, geschotterten Weg. Hier gilt erhöhte Wachsamkeit: Nur etwa 35 Meter gehen wir mit ihm nach rechts, gleich hinter dem Hinweis auf den Rundweg „17" rechts am Baum verlassen wir den breiten Weg (der geradewegs zum Schwarzen Kreuz hinüberführt) nach links und folgen in der Böschung abwärts einer Spur im Gras, kaum einem Pfad, bis wir nach 150 Metern neben einer Bank aufs neue einen festen Weg erreichen. Er bringt uns nun nach rechts, zwei Kilometer weit im Mischwald und dabei immer deutlich abwärts. Zur Linken liegt das Geisbachtal, das sich am Ende mit dem Heckental vereint. Mehrfach stoßen Abfuhrwege für die Forstwirtschaft auf unseren bequemen Weg, bei einer Bank dann auch der Rundweg „16" auf den Steinthalskopf.

Eine Bank markiert auch den Verbindungsweg ins Geisbachtal. Als wir dann zur Linken statt der Böschung einen Felsenbuckel vor uns haben, verlassen wir den breiten Weg und folgen links dem Pfad zur Katzley oder **Katzenley**. Nach dem ersten Buckel folgt ein zweiter, dann ein dritter: Erst auf dem vierten sitzt der Panorama-Pavillon wie auf dem Katzenbuckel, noch immer gut und gerne 100 Meter über dem Fluss.

Kloster
Calvarienberg

Gegenüber liegt die Aussichtskanzel **„Bunte Kuh"**. Tief unter uns entdecken wir dann auch den Felsenriegel dieses Namens hoch über dem Fluss und der Straße, der seit jeher für die Reisenden im Tal den Eintritt in das enge Felsgewirr der Ahr markiert. Wir gehen nun zurück und mit dem „Medizinischen Kurweg" („MK IV") ahrabwärts in die Böschung (auch „17"). Es geht in weitem Zickzacklauf hinunter bis zu einer Bank im Tal. Hier folgen wir dem Fluss bis an den Parkplatz „Josefsruh"; dort überqueren wir den Fluss und wandern drüben in der Sonne weiter, ahrabwärts mit der „Herrestorfstraße". Hier wächst am Fluss der Walporzheimer Rote, bei dem sogar Franzosen mit der Zunge schnalzten. Im 17. Jahrhunderts kamen Ludwigs Truppen immer wieder an die Ahr, legten Ahrweiler zweimal in Asche, aber lobten immerhin den Wein: „C'est bon de gout". Die Winzer konnten kein Französisch, noch gab es nicht das Internat auf dem Calvarienberg, und weil die Eisenbahn noch nicht erfunden war, verstanden sie bei „bon de goût" nicht Bahnhof, sondern Sächsisch, nämlich „Bunte Kuh". Erst zu Beginn des 19. Jahrhunderts kam eine Schule auf den Berg: Anfangs wurden in dem aufgelösten Franziskanerkloster Knaben unterrichtet, 1838 zogen hier die Ursulinen ein, heute ist das Kloster Ahrweiler das Mutterhaus des Ordens mit Mädchen-Internat, Gymnasium, Realschule und Kindergarten.

Die kleine Brücke bringt uns über die Ahr und links hinauf zum Kloster mit dem alten Kreuzweg in die Stadt. Dann kehren wir zurück, folgen dem Weg „16" die Mauer entlang, ein Stück der Ahr entgegen und unterhalb der Schulgebäude weiter, knapp einen halben Kilometer weit und bis zum Parkplatz linker Hand die „Maibach-Klamm" hinauf: So hieß und heißt der eingekerbte

Weg am Wingsbach unter Eingeborenen noch heute. An seinem Ende gab es einst die Hühnerfarm Maibach mit Ausflugslokal, erschwinglich für verliebte Ursulinenzöglinge und ihre männliche Begleitung, die auf dem schmalen Pfad mit seinen ungezählten kleinen Brücken unter hohen Eschen immer wieder Schattenplätzchen fanden, auf denen sie einander näherkommen konnten.

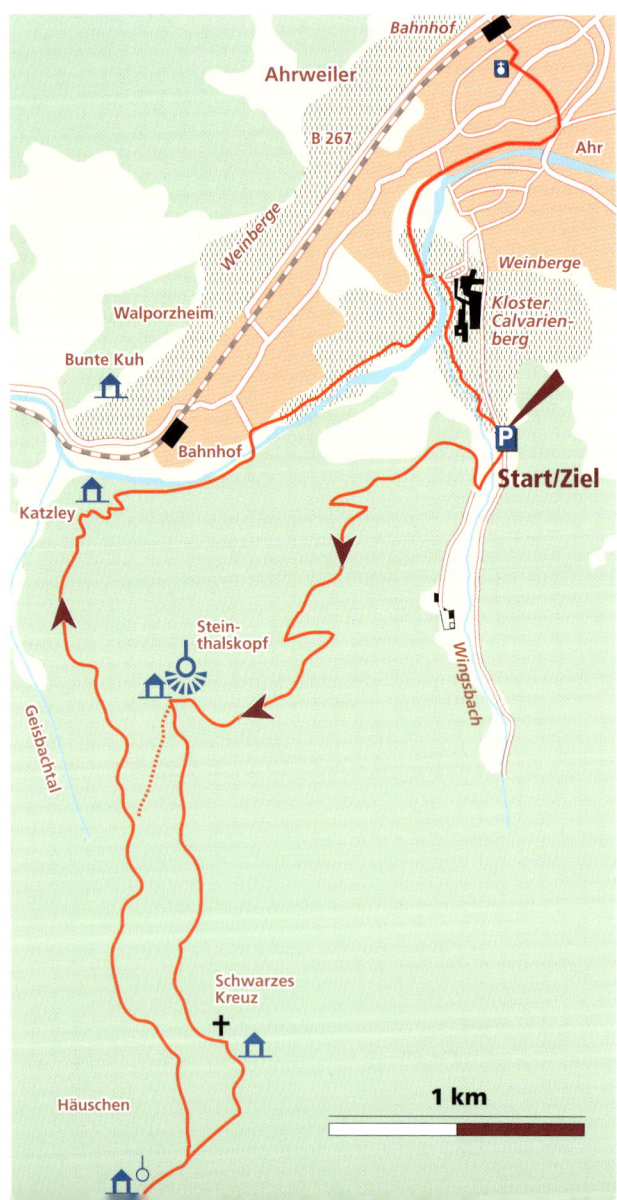

Kurzbeschreibung Tour 8

Anfahrt

Mit der Ahrtalbahn am besten bis Walporzheim und dort beginnen (oder von Ahrweiler-Markt durch die Stadt zum ausgeschilderten „Calvarienberg"). Mit dem Auto der Beschilderung über die „Blandine-Merten-Straße" (benannt nach der 1987 seliggesprochenen Ursulinenschwester) zum Wanderparkplatz auf dem Calvarienberg folgen.

Wegverlauf

„A 8" entgegen der markierten Laufrichtung bis Häuschen, zurück „17" bis Katzley und Josefsbrücke, dann über die Brücke und mit Ahrtalweg „A" zurück.

Dauer

3 – 4 Stunden

Länge

gut 11 km
Anstiege: langer Aufstieg bis zum Steinthalskopf mit gut 300 Meter Höhenunterschied, zum Häuschen weitere 90 Meter.
Varianten: Der Weg wird beträchtlich kürzer, wenn man vom Steinthalskopf halbrechts mit „16" absteigt und weiter „17" verfolgt. Der Wanderweg 11 des Eifelvereins (Winkel) verbindet den Turm auf dem „Häuschen" in westlicher Richtung mit den Touren 11 und 15, so dass von daher viele Varianten möglich sind, etwa der Abstieg nach Rech oder Altenahr und die Rückfahrt mit der Ahrtalbahn. In östlicher Richtung führt Weg 11 über Ramersbach zur Kreuzung mit Weg 1 des Eifelvereins (Keil), über den Anschluß an Tour 7 möglich ist (siehe dort). Anschlusswanderungen: 7 und 10.

Wanderkarte

Das Ahrtal 1: 25.000 (= Wanderkarte Nr. 9 des Eifelvereins)

Gasthäuser

Keine Einkehrmöglichkeit unmittelbar am Weg. Von der Josefsbrücke aus ist Walporzheim leicht zu erreichen. Dort unter anderen: Brogsitter's Gasthaus **Sanct Peter** mit Restaurants, Vinothek und Kaminstube, Walporzheimer Str. 134, Tel. 02641/97750.
Winzergenossenschaft Walporzheim, Walporzheimer Str. 173, Tel. 02641/34763

Auskunft

Touristik & Service GmbH Ahr Rhein Eifel
Bad Neuenahr-Ahrweiler
Felix-Rütten-Str. 2, 53474 Bad Neuenahr-Ahrweiler
Tel. 02641/ 97730, Fax 02641/977373

Der Kyffhäuser im Weinberg

Von Ahrweiler nach Marienthal

Was andernorts der bunte Hund, das ist im Tal der Ahr die „Bunte Kuh": bekannt bei jedermann und sprichwörtlich berühmt seit alters her, auf jeden Fall seit 1846: „Dieses Felsentor zwischen Mergenthal und Walporzheim", schrieb damals der Professor und Dichter Ernst Moritz Arndt, „schließt die erhabene Ahr zu, und mit Walporzheim und dem weiter und breiter geöffneten Blick über Ahrweiler hin öffnet sich die ‚schöne Ahr'."

Damals stand der Ahrtourismus in der ersten Blüte, seit 1830 gab es eine Straße längs des Flusses, damit die Fremden leichter kämen; jetzt gibt es bei Altenahr schon eine zweite, damit sie nicht mehr alle kommen. So ändern sich die Zeiten, geblieben ist der alte Andrang, geblieben ist auch das Motiv, seit 1602 sogar mit Urkunde bestätigt im Ahrweiler Ratsbuch: „Der Wein ist hiesiger Gegend führnehmste Nahrung."

Bereinigte Flur bei Marienthal

Wir wollen heute wandern wie in alter Zeit: von **Ahrweiler**, dem „Arwilere" des Jahres 893, bis nach Marienthal, das „Mergenthal" des Bonner Gelehr-

ten, immer durch die Rebenhänge hin und über die Höhe zurück. Für allerlei Verführung längs der Strecke ist gesorgt, für reichliche Begleitung ebenso, vor allem an einem „recht heiteren Tag", wie ihn Arndts Kollege Gottfried Kinkel für einen solchen Weg empfahl. Wir wandern durch das rundliche Oval der alten Stadt in ihrer mittelalterlichen Mauer bis zum alten Rathausbau in ihrem Mittelpunkt, von dort aus an der prächtig-gelben Laurentiuskirche vorbei und mit der „Adenbachhutstraße" auf die Weinberge zu und aus dem Ring der Stadt hinaus.

Hinter dem Adenbachtor überqueren wir die Eisenbahn mit dem Haltepunkt „Ahrweiler-Markt", danach die vielbefahrene Umgehungsstraße, dann erreichen wir den Weg ins Adenbachtal, den Zugang zum Rotweinwanderweg, der uns als Weinbaulehrpfad klug den Hang hinauf begleitet. Die schönen Portugiesertrauben wie der Spätburgunder längs der Route sind dem Zugriff der Besucher vorsorglich durch Maschendraht entzogen. Der Wirtschaftsweg führt uns hier geradewegs hinauf zwischen die **Betonpfeiler eines Eisenbahnviadukts**, das niemals weiter gedieh als bis zu diesen Stümpfen. 1910 ist hier mit Schwung begonnen worden. Es sollte eine Strecke werden, die von Trier bis Liblar führte und so das Erz aus Lothringen bequem bis an die Eisenschmelzen an der Ruhr befördern konnte. Auf diesen Gleisen hätte man indes auch leicht Soldaten in die umgekehrte Richtung bringen können. Das war der eigentliche Plan, der nach dem Chef des Generalstabs Schlieffen seinen Namen hatte. Der Krieg kam aber schneller als die Eisenbahn, und aus dem ausgedachten Blitzsieg der Strategen wurde nach vier Jahren eine Niederlage. Gemäß dem Frieden von Versailles kam 1919 Elsaß-Lothringen zurück an Frankreich, nun floss von hier kein Erz mehr an die Ruhr, und die Soldaten wollten sich die Sieger auch vom Halse halten. Die Strecke wurde für die Zukunft nur mit einem Gleis gestattet: Verkehrsberuhigung nach Siegerart. Die Arbeit wurde zwar noch einmal trotzig wiederaufgenommen, doch 1924 sah man ein, dass diese Strecke gar nicht mehr zu brauchen wäre. So blieben nur die Stümpfe, kriegsversehrte Reste aus der Kaiserzeit mit einem schmalen Weiterbau auf halber Höhe, Garanten des Friedens auf ewig oder doch für fünfzehn Jahre.

Gleich hinter den Pfeilern steigen wir links in der Kehre hinauf bis an den Rotweinwanderweg mit dem Traubensymbol. Ihm folgen wir nun dort, wo wir ihn treffen, nach links und lange Zeit durchs Tal der Ahr.

Gegenüber leuchtet das **Kloster Calvarienberg** in der Sonne. Der Weg bringt uns der Enge des Ahrtals entgegen, bald kommen wir in eine Kerbe im Gelände und hinab in einer Kehre, drüben dann erneut hinauf, auf dem Fahrweg zunächst, in der Rechtskehre dann auf dem Fußweg weiter bis zum Haus „Hohenzollern". Der Rotweinwanderweg führt uns an der immer gut-

Betonpfeiler eines Eisenbahnviadukts

Panorama auf Kloster Calvarienberg

In Ahrweiler

besuchten Herberge vorüber und weiter durch die Reben. Ein Stück noch steigen wir, dann haben wir die Kuppe erreicht mit einem kleinen Parkplatz. Hier verlassen wir den asphaltierten Weg („Am Silberberg") und gehen links, am Rand des Waldstücks entlang und zuletzt durch Eichenpartien zur Aussichtsstätte **„Bunte Kuh"**. Wir finden eine Hütte vor, 235 Meter hoch, daneben eine runde, überdachte Kanzel für den Ausblick auf die Ahrromantik mit der Katzley gegenüber und dem braunen Fluss am Grund. Der Kuhkopf selber, wie die „Bunte Kuh" bei Arndt noch hieß, liegt unsichtbar tief unter uns. Im Übermut, so geht die Sage, soll einer dort hinaufgeklettert sein, um eine Flasche Wein zu trinken, erstens, und zweitens, seine Socken auf dem Fels zu wechseln. Es galt da nämlich eine Wette zu gewinnen, und weil er beides schaffte, war nun die vereinbarte Belohnung fällig: Eine Kuh, man ahnt es, eine bunte – und seither hat der Felsen, sagt man, seinen neuen Namen. Noch einmal hinaufzuklettern, kann man nicht empfehlen. Der Schieferfelsen hat inzwischen Nöte mit dem eigenen Gewicht. Längst ist er mit Beton gesichert, und von der Straße aus erkennt man gut jene stählernen Anker, die das Wahrzeichen des Ahrteils in der Höhe halten.

Wer die Erzählung, nebenbei, nicht glauben mag: Wie wenig mag der erst auf eine zweite Sage geben! Ein Ritter, heißt es da, lag auf dem nämlichen Gestein auf Lauer und war auf Raub aus! Oben auf dem Fels, wo niemand je vorüberkam! Er aber hörte aus der Ferne ein Geräusch und dann ein feines Bimmeln. Statt nachzuschauen, wie es jeder Bauernbub gehalten hätte, glaubte er, es komme da ein Priester mit Monstranz, mit Messdiener und Christi Leib in Hostienformat. Womöglich glaubte er beim Läuten gar, sein letztes Stündlein habe da geschlagen! Er warf sich jedenfalls vornüber in den Staub und betete um seine Seele. Doch was er schließlich kommen sah, war eine Kuh – mit Glöckchen um den Hals! Jetzt wurde aus dem Ritter Rumpelstilzchen und aus der Kuh – Ragout! Er soll sie glatt hinabgeworfen haben. Ob er noch, der Überlieferung zuliebe, gerufen hat, jetzt sei es ihm aber zu bunt, hat niemand je notiert. Dennoch, sagt man, heißt der Felsen seither so. Und nur wer das nicht glauben mag, für den erzählt die 8. Tour in diesem Buch die dritte Variante – und eine von weit besserem Geschmack: nämlich bon de goût!

Wir wandern nun vom Pavillon zurück, geradewegs durch einen Streifen Wald und dann am Wald entlang bis zum Fahrweg am „Altenwegshof", wo das Sträßchen gerade seinen Namen wechselt: Nach links heißt er „Im Teufenbach", nach rechts, woher wir kommen, noch „Am Silberberg".

Zweimal haben wir hier nun Gelegenheit zur Rast. Unter Nussbäumen und auf der schönen Terrasse mit Linden sitzt man im „Altenwegshof", rund einen Viertelkilometer weiter lockt der umgebaute „Försterhof" mit Formen, die an die Natur und Disneyland zugleich erinnern. Dort gabelt sich der Weg: Wir folgen nun dem Rotweinzeichen links am „Försterhof" vorbei und wenig später rechts, nicht steil hinab nach Walporzheim. Auch an der „Fischley" wenig später gibt es einen Pavillon, acht Meter höher als die „Bunte Kuh", deren Felsennase wir nun unten sehen können. So wandern wir weiter auf dem Weg mit dem Traubensymbol, bald über einen Buckel hinweg, so dass wir bei der Hütte „Trotzenberg 232 NN" und einer Panoramatafel wenig unterhalb auch schon den Wendepunkt entdecken: Marienthal, das gleich darauf, als hier der Weg nach rechts schwenkt, eingerahmt von Rebenhängen zu erkennen ist. Graf Adolf von der nahen Saffenburg begünstigte die Gründung eines **Augustinerklosters** im Seitental der Ahr, 1137 zogen hier die frommen Schwestern ein. Die Aufhebung im Jahre 1802 hat dieses Kloster nicht mehr rückgängig gemacht, seit 1925 ist es Sitz der Staatlichen Weinbaudomäne. Wir sehen unten die barocken Bauten, die Kirchenruine und hinter der Ahrschleife Dernau im Tal. Wo beim Weitergehen mit dem Rotweinwanderweg über uns zuletzt der Wald beginnt, stoßen wir auf eine Serpentine. Hier halten wir uns links, hinab und fühlen uns beobachtet und unbehaglich: Wir sehen Überwachungskameras und Stacheldraht und einen weißen Zweckbau in der Senke. Wir stehen vor der „Dienststelle Marienthal", dem „Ausweichsitz" gemäß dem Sprachgebrauch der Mächtigen, der selber mehr ausweicht als sitzt. Dies war einmal, im Klartext, der **Regierungsbunker** für den Vorfall, der in jener Sprache V-Fall heißt: den nächsten Krieg, ob mit oder ohne Atom. Von hier aus ziehen sich die Stollen dreißig Kilometer

**Augustiner-
kloster
Marienthal**

**Regierungs-
bunker**

Ahrweiler

Adenbachtor

durch die Schieferfelsen mit Wohn- und Arbeitsraum für Kabinett und Parlament, für Militär und eine vielköpfige, doch jedenfalls nicht kopflose Verwaltung: 10 000 Menschen oder auch nur 3000 nach einer zweiten Quelle insgesamt. Der größere Rest der Bevölkerung hatte keinen Bunkerplatz. So wäre also nach dem Krieg das Parlament aus seinem Loch gekrochen und hätte sich ein neues Volk gewählt. 83.000 Quadratmeter, gigantische 367.000 Kubikmeter war dieser Kyffhäuser des Kalten Krieges groß. Inzwischen ist er sein eigenes Denkmal – und obendrein das Gegenstück zu jenen Stümpfen vom Beginn des Wegs, denn so wie jene einst als Viadukt, so war der Bunker zu Beginn des Bahnprojekts als Tunnel konzipiert. Im zweiten Weltkrieg mussten hier KZ-Häftlinge in Zwangsarbeit die sogenannte Waffe der Vergeltung bauen, Fertigungs- Nummer „A 4", besser bekannt als „V 2", des größten Führers aller Zeiten letzten Heuler. Das brachte dann im Gegenzug dem schönen Ahrtal alliierte Bomben ein, und diesmal nutzten sie das Tunnelloch zum ersten Mal als Bunker.

Wir wandern an dem Milliardenloch vorüber, durch die Kurve hinab bis an den Fahrweg und dann rechts der Straße nach, an verspiegelten Scheiben vorbei und an Felsenwänden links und rechts mit großen Toreinfahrten. Nach über einem halben Kilometer, gut 100 Meter hinter dem Linksknick der Straße, verlassen wir sie dann nach rechts, kommen an künstlichen Teichen vorüber und auf dem splittgestreuten Weg in den Wald. Hier halten wir uns linker Hand und steigen dann im Siefental für lange Zeit hinauf, am kleinen Wasserlauf zur Rechten entlang. Mehrfach steigen wir hier über umgestürzte Bäume. Dann wird die Mulde flacher, das Rinnsal rechts zur Suhle, dann kommen wir in hohen Laubwald, die Böschung ebnet sich zur Linken, und der Weg schwenkt sacht und trocken rechts, dann links und auf den Waldrand zu. Wir haben die Höhe erreicht.

Hier steht an einer krummen Eiche das „Holzweiler Kreuz", 296 Meter hoch. Fern liegt Lantershofen, vor uns Felder auf der Höhe. Wir halten uns am Waldrand rechts, nach hundert Metern nehmen wir den Weg nach links und durch den Acker, auf den Hochsitz zu am Waldrand gegenüber. Von dort aus folgen wir nun rechts dem Waldrand, bis zuletzt der Weg an einem zweiten Hochsitz links und in den Wald führt. Hier stoßen wir nach fünfzig Metern auf einen Querweg („Rundweg 20") und folgen ihm nach links.

Rechts fällt nun das Gelände ab; bald führt ein Weg ins Tal, ein zweiter kommt von links, wir wandern weiter ohne Höhenunterschied und erreichen bald die Hütte auf dem Silberberg. Der Turm der hier einmal stand, soll bald neu errichtet werden.

Neben dem Turm beginnen wir den Abstieg, ein kleiner Pfad läuft in der Böschung geradeaus, zunächst durch Tannenwald, dann durch lichte Eichen.
Noch vor dem Waldrand knickt der Weg nach links, und wir erreichen den
Oberrand der Rebenhänge über Ahrweiler. Ihm folgen wir weiter nach links,
noch einmal durch ein Stückchen Wald, dann erneut am Weinlaub weiter bis
zur Schutzhütte am **Silberberg**. Vor uns liegt Bad Neuenahr, wo 1858 der
Kurbetrieb begann und wo die Ahrbegeisterung nun auch von Badenden beflügelt wurde: 1860 gab die Kurverwaltung 376 Kurkarten aus, 1900 schon
an die 9000. Der Weg führt nun links durch den Wald, rechts fällt die Böschung ab ins Adenbachtal. Am Waldrand kommen wir auf einen Asphaltweg, hier wandern wir nach rechts, gleich bei der engen Serpentine folgen
wir dem aufwendigen Holzschild durch die Doppelkehre Richtung Ahrweiler,
passieren bald die Brückenreste und kommen so zuletzt zurück nach Ahrweiler, das immer noch, so wie im späten Mittelalter, von Mauern rings umgeben ist. Heute ist das steinerne Oval nur Zierat, damals war es Schutz vor
Fremden, und deshalb sollten auch die Fremden dafür zahlen: Weil schon im
siebzehnten Jahrhundert „Graben und Mauern fast ruinirt und verwustet"
waren, ließ sich die Stadt ab 1639 von jedem Fremdling, der intra muros
eine Braut gewann, die Zustimmung zur Hochzeit mit fünf Goldgulden bezahlen.

**Panorama
auf Bad
Neuenahr
vom
Silberberg**

Fernblick auf
Dernau

Kurzbeschreibung Tour 9

Anfahrt	Mit der Ahrtalbahn bis Ahrweiler-Markt. Parkplätze an der Stadtmauer.
Wegverlauf	Anfangs „ MK III" und das Traubensymbol des RWW, später spärliche Markierung, zuletzt „ 20".
Dauer	3 – 4 Stunden
Länge	13 km Anstiege: Aufstieg zu Beginn bis vor Altenwegshof und vom Weinbaugebiet zum Holzweiler Kreuz. Anschlusswanderungen: 8 und 10
Wanderkarte	Das Ahrtal 1: 25.000 (= Wanderkarte Nr. 9 des Eifelvereins)
Gasthäuser	In Ahrweiler zahlreiche. Am Weg: Restaurant und Hotel **Hohenzollern**, Am Silberberg 50, Tel. 02641/9730; **Altenwegshof**, Im Teufenbach 100, Tel. 02641/34753 (dienstags Ruhetag); **Weingut Försterhof**, Im Teufenbach 65, Tel. 02641/35038. Am Fuß des Silberbergs, gegenüber dem „ Museum Römervilla" : **Weingut Silberberg**, Silberbergstraße 14, Tel. 02641/35189.
Hinweise	Am Fuß des Silberbergs liegt das äußerst sehenswerte **„ Museum Römervilla"**, das von April bis Mitte November besucht werden kann: Am Silberberg 1, Tel. 02641/5311.
Auskunft	Touristik-& Service GmbH Ahr Rhein Eifel Bad Neuenahr-Ahrweiler, Felix-Rütten-Str. 2, 53474 Bad Neuenahr-Ahrweiler, Tel. 02641/ 97730, Fax 02641/977373

Auf dem Indianerpfad

Dernau, Rech und Krausberg

Vermutlich haben schon die Römer auf diesen Schieferhängen Reben ange-
baut. Anders lässt es sich kaum denken, auch ohne wirklichen Beweis. Doch
als im Jahre 893 die Benediktiner zu Prüm sich und der Nachwelt schriftlich
ihrer Rechte und Besitzungen versicherten, war Dernau schon dabei: „Deger-
navale" nach dem alten Namen. Ein weites Tal, das größte zwischen Altenahr
und Walporzheim, im Bogen an die Ahr geschmiegt, die ihrerseits im halben
Rund hier um den Krausberg fließt und damit, und zum letzten Mal, die Richtung ändert bis zum Rhein.

„Fußweg zum Krausberg 50 Minuten": So lesen wir es an der Wand in Dernau   **Dernau**
„An der Wacht". Der Krausberg ist für diesmal unser Ziel, doch unser Weg ist
weiter, dauert länger, aber hat auch mehr zu bieten: Wein und Wald und weite Blicke.

Vom Ortskern **Dernaus** kommend, überqueren wir den Fluss und folgen auf
dem Sträßchen „Ahrweg" nun dem Zeichen „A" des Ahrtalwegs nach rechts.   Start und Ziel:
Das mächtige Gebäude neben uns war einst der Sitz des Dernauer „Wein-   Dernau mit dem
bauvereins", der sich 1970 zusammentat mit dem Dernauer „Winzerverein",   Krausberg

bald auch mit denen von Bachem, Heimersheim, Bad Neuenahr und Rech und 1993 einen neuen Namen annahm: „Ahr Winzer eG" – mit mehr als 600 Mitgliedern und 150 Hektar Anbaufläche heute die größte Gebietsgenossenschaft der Ahr. Der Weg führt uns entlang an einer Reihe neuer Häuser vor den Reben der „Dernauer Goldkaul". Nach einem Dreiviertelkilometer erreichen wir die **Steinbergsmühle**, immer noch ein Sägewerk am Ufer. Die alte Brücke wurde auf den schweren Fundamenten wieder hergerichtet, wie sie einmal war, dem Bild zuliebe, dem Verkehr zum Trotz.

Wir wandern weiter an der Ahr entlang, vorbei an großen Weiden und an Walnussbäumen. Wo bei einem Wehr das flache Wasser über Steine fällt, wächst der Wein bis an den Fluss heran. Der Weg ist nun ein schmaler Pfad im Schieferfels und führt durch alte Gärten und Terrassen. So kommen wir nach **Rech**. Hier schwenkt der Weg, der nun „Im Bungert" heißt, nach links und stößt gleich auf die „Nollstraße", der wir nun links zu folgen haben. Doch vorher gehen wir nach rechts, zur Kirche und „Zum Alten Pfarrhaus", das nur noch „Pfarrhaus" heißt und längst ein hübsches Weinlokal geworden ist.

Nach der Erfrischung setzen wir den Rundweg fort und kehren mit der „Nollstraße" dem Dörfchen Rech den Rücken. Es geht vorbei am „Nollweg" gegenüber einem Bildstock, vorüber an dem Sträßchen „In der Steinrinne". Wo wenig später rechts „Im Metziggarten" abzweigt, folgen wir dem Hinweis auf dem Stein „nach Dernau" und nach links und kommen mit der „Hardtstraße" zum Ort hinaus, gleich durch den Rechtsknick und in einer spitzen Kehre um den modernen Bildstock herum und aufwärts in die Reben.

400 Meter weiter schwenkt der Weg hoch über Rech nach rechts: Hier haben wir bei einer Bank den schönsten Blick hinunter auf den Ort. Ein Stück weit folgen wir der Ahr hoch über ihr, vorbei an einer namenlosen Abzweigung nach rechts und im Laubwald weiter mit dem Rundweg „5". 750 Meter nach dem Blick auf Rech schwenkt unser asphaltierter Weg bei einer Bank auf einer kleinen Lichtung rechts, und knappe 100 Meter weiter geht es vorüber an dem eingezäunten „Streckenschieber" der Pipeline, deren Hinweis wir gesehen haben, vorbei auch an dem Weg nach rechts und vom Sockel der Schieber-Station keine 100 Meter weiter bis zur nächsten Gabelung im Wald mit vielen Hinweisen für Wanderer.

Hier folgen wir dem oberen der beiden Wege (anfangs „2" und „3") in Richtung „Krausberg". Nur wenig später teilen sich die Wege in der Böschung: Weg „2" führt nun nach links, in dieser Richtung haben wir den Krausbergturm auch schon gesehen. Wir aber gehen nun nach rechts und folgen weiterhin dem Hinweis „Krausberg" und dem Rundweg „3". Es geht im Laubwald an der Böschung weiter sacht bergauf. Als die Senke neben uns 400 Meter weiter flacher wird, schwenkt unser Weg nach rechts und bringt uns gleich darauf an einen Querweg. Hier gehen wir nach links und bei der Gabelung nach etwa 50 Metern abermals nach links und weiter mit Weg „3".

Der Boden wird beim Steigen sandiger, der lichte Wald besteht fortan aus Eichen und aus Kiefern. Nach einem Dreiviertelkilometer zweigt nach rechts ein unmarkierter Weg ab, dann fällt das Gelände sacht ab, und wir erreichen nach weiteren 300 Metern mitten im Wald den **„Dernauer Platz"**, eine freie Fläche zwischen Eichen mit einer Bank und einem Tisch: Das war ein Rastplatz schon in alter Zeit, als die Menschen aus dem Dörfchen Ramersbach zu Fuß ins Ahrtal und zur Arbeit kamen. **Dernauer Platz**

Hier geht es halblinks weiter mit dem Rundweg „3", gut markiert mit einem Hinweisstein, bis wir nach knapp 200 Metern bei einem Wegdreieck abermals auf einen Hinweis stoßen. Der Weg zum Krausberg führt uns geradeaus, und wir verlassen für Minuten den Weg „3" und gehen auf dem unmarkierten Weg, vorüber an der Abzweigung der Wege „9" und „18" und weiter auf dem „Indianerpfad", wie Einheimische den Aufstieg nennen, weil er von hier am schnellsten auf den Gipfel führt. Gleich stößt der Rundweg „3" erneut hinzu, und wir wandern geradewegs durch dünnen Eichenwald, quer zu allen Formen des Geländes, gleich zweimal über einen Höhenrücken, dann über einen namenlosen Querweg und weiter mit den Zeichen „3" und **„Kraus-** **Krausberg**

Blick auf die
Krausberghütte

Hinauf...

berg". Zur Linken steht im Wald eine hölzerne Hütte, bald tritt der blanke Felsen aus dem Untergrund, und wir passieren gleich den gut besetzten Parkplatz auf dem Berg. Mit seiner Zufahrt geht es links zur Hütte und zum Turm. Ein erster **Krausbergturm** datiert von 1927; schon damals ging der Blick bis auf den Kölner Dom. Dann wurde 1944 der Turm dem Endkampf zuliebe gesprengt. Der Wiederaufbau 1951 kam zunächst nur auf ein Türmchen von sechs Metern und hieß entsprechend: nämlich „Stomp". Erst am 30. April des Jahres 1967 war es mit dem neuen Turm so weit.

Von unten kann man schon die Fahne auf der achteckigen Plattform sehen, die sonn- und feiertags bekanntgibt, dass die Krausberghütte offen ist, bewirtschaftet von Mitgliedern der Dernauer Ortsgruppe des Eifelvereins – und wenn sie offen ist, dann ist sie meist auch gut besucht.

368 Meter misst der Berg: So steht es auf der Hütte über der Tür, 22 Stufen sind es bis hinauf zum Gipfel, und 75 weitere noch einmal für den Turm. Dann haben wir den schönsten Rundblick auf das Ahrtal, den wir kennen: Von den Kegeln der Landskrone und des Neuenahrer Bergs reicht der Blick bis Rech und auf den Steinerberg. Wie ein aufgeklappter Fächer liegt das Tal von Dernau um den Fluss, und die Rebenhänge steigen um das Dorf an wie die Ränge eines griechischen Theaters. Gut ist fern im Ort die zweite Trasse für die Eisenbahn an ihren Mauerbögen zu erkennen. Sie sollte einst von Liblar über Rheinbach, durch den Berg und an der Wand entlang nach Dernau und nach Mayschoß führen und weiter bis nach Lothringen, um wilhelminische Soldaten vor den Feind und lothringisches Eisenerz bis an die Ruhr zu bringen. Dann kam der Krieg – und Lothringen zurück an Frankreich: Die Strecke wurde nie vollendet. Zum Berg hin können wir am Dach der Krausberghütte ihre Baugeschichte lesen, jedenfalls die einzelnen Erweiterungen, wenn auch nicht die rechte Jahreszahl dazu: 1967, 1977, 1981/82.

Zum Weiterwandern folgen wir vom Turm aus der Zufahrt am Parkplatz vorüber („3"); in der spitzen Haarnadelkehre nach 400 Metern verlassen wir die Straße und Weg „3" und folgen geradewegs am Sperrschild einem Weg in den Wald. Bei einer Gabelung nach etwa 50 Metern, wo links ein Schild vor

Alfred-Dahm-Turm

einem „Bergpfad!" warnt, halten wir uns rechts in Richtung **„Alfred-Dahm-Turm"**. Rund 100 Meter weiter geht es links, der Weg steigt an, dann gabelt er sich gleich darauf ein drittes Mal: Wir gehen wieder links und stoßen so nach 150 Metern im lichten Eichenwäldchen auf den Weg „A 9" und gehen rechts. Auf der flachen Kuppe finden wir dann links den Holzturm und die Hütte, die miteinander dem Gedächtnis jenes Mannes dienen, der der Ahrweiler Gruppe des Eifelvereins als erster vorgestanden hat, 35 Jahre lang, von 1904 bis 1939. Der Berg ist höher als der Krausberg, doch der Blick ist dafür eingeschränkt. Auch für diesen Turm gibt es Erneuerungspläne. Wir gehen hier vom Turm an der Hütte vorüber und weiter in derselben Richtung auf dem Grat mit einem Trampelpfad, bis wir wenig später auf Weg „18" stoßen. Ihn kreuzen wir zunächst und gehen weiter geradeaus bis an zwei Bänke hinter einem Tisch aus Stein. Was wir da sehen, heißt, pompös oder bescheiden, „Kreisstadtblick": Wir sehen Walporzheim, Kloster und Schule Calvarienberg und den ganzen Unterlauf der Ahr.

Zurück am Wege, halten wir uns rechts, nach Norden, und folgen nun Weg „18". 300 Meter weiter dann verlassen wir den „Krausbergrundweg" und folgen rechts den Wegen „18" und „A 9" auf den letzten Höhenrücken, bald auf einem schmalen Pfad dem Tal der Ahr entgegen. Wo auf dem Grat der Schieferfels das Moos verdrängt hat, finden wir noch einmal eine Bank. Dann geht es über Schiefertritte und in Serpentinen abwärts, abermals an einer Bank vorüber, der „Bunten Kuh" gleich gegenüber, und weiter abwärts auf den gut geführten Ahrtalweg („A"), der mit Stahltrossen gesichert ohne Steigung halbhoch in der Wand verläuft und bei einem Drängelgitter vor den Tücken des Geländes warnt: „Besonders gefährlicher Bergpfad! Steinschlag! Bergrutsch- und Abrutschgefahr".

Hier gehen wir nach links und kommen auf dem schönen Wald- und Felsensteig zurück nach Dernau, an die Ahr.

... und hinab

Kurzbeschreibung Tour 10

Anfahrt
Ahrtalbahn bis Dernau und auf der Schmittmannstraße rechts zur Brücke oder links zur Brücke und Steinbergsmühle und dort den Weg aufnehmen. Parkplätze an der Ahr.

Wegverlauf
„A" bis Rech, „5" bis Streckenschieber mit „3" zum Krausberg. Weiter mit „3" und über „Alfred-Dahm-Turm" und „A 9" hinab auf „A" und links zurück.

Dauer
3 – 4 Stunden

Länge
11 km. Das Ahrtal 1: 25.000 (= Wanderkarte Nr. 9 des Eifelvereins)

Gasthäuser
Weingut Schlosshof, Hauptstr. 49, Tel. 02643/8465. **Weinhaus „Zum Alten Pfarrhaus"** , Gerd Niethen, Tel. 02643/2845 (priv. 2041), nur freitags ab 14.00 Uhr, samstags und sonntags jeweils ab 10.30 Uhr. Dernau, **„Hofgarten"** , historische **Wein- und Bierwirtschaft des Weinguts Meyer-Näkel**, (Donnerstag Ruhetag, außer Mai/ Juni und Sept /Okt). Bachstr. 26, 53507 Dernau, Tel. 02643/ 1540.

Hinweise
Den schönsten Blick auf Dernau (mit dem Krausberg!) hat man vom Parkplatz des Weinguts „Schlosshof" an der K 35 nach Esch.

Auskunft
Touristik-& Service GmbH Ahr Rhein Eifel
Bad Neuenahr-Ahrweiler, Felix-Rütten-Str. 2, 53474 Bad Neuenahr-Ahrweiler, Tel. 02641/ 97730, Fax 02641/977373

Unter Brombeeren ruht Fräulein Sophies Burg

Rech, Saffenburg und Steinerberg

Johannes kam aus Nepomuk in Böhmen und wurde Generalvikar in Prag, ein frommer Diener seines Herrn im Himmel. Sein Herr auf Erden aber, König Wenzel, war ein Schlagetot und Säufer. Er ließ Johannes foltern und ertränkte ihn aus ungeklärten Gründen in der Moldau, 1393. Nach dem Tod des Königs hieß es bald, er habe damals mit Gewalt das Beichtgeheimnis seiner Frau erfahren wollen, Johannes aber habe bis zuletzt geschwiegen. Das mochten ihm die Menschen und die Kirche nicht vergessen. Und drei Jahrhunderte darauf, pünktlich anno 1693, kam Nepomuk als Denkmal auf die Prager Brücke und in der Folgezeit auf ungezählte andere. 1729 wurde er heiliggesprochen und gilt seither als Helfer gegen Wassernot und schuldlose Verleumdung.

Seit 1759 steht er auch in Rech im Tal der Ahr, seit 1920 allerdings als neues Standbild mitten auf der alten Brücke mit den flachen Bögen und den schweren Pfeilerköpfen, die noch heute Zeugnis davon geben, dass die Ahr einmal ein wildes Wasser war, gegen das man Beistand immer brauchen konnte.

„Vor böser Zunge und Wassergefahr...“: St. Nepomuk in Rech

Hier beginnt für heute unser Rundweg. Von der **Brücke**, rechts des Flusses, nehmen wir die „Brückenstraße" bis zur Kirche. Dort folgen wir dem „A" des Ahrtalwegs rechts durch die „Bärenbachstraße", an der Post vorüber und rechts dann auf dem „Dellenweg" zum Ort hinaus. Der Weg verläuft am Oberrand der breiten Aue, bleibt bei Haus 21 oberhalb des Friedhofs und steigt dahinter in der Böschung ganz allmählich an („A").

Nach wenig mehr als einem Kilometer, wo unser Weg nach links schwenkt, taucht über den leuchtenden Reben der Felssporn der **Saffenburg** auf. Bei dem Wegstern mit dem Holzschild „Förster-Zeyen-Weg" weist ein zweites Schild uns rechts den Weg zur „Bugruine", und wir wandern auf dem Grat der Höhe mitten durch die Reben.

Von Brombeerranken überwuchert, wächst das Mauerwerk der Saffenburg noch immer aus dem blanken Schiefer. Die höchste Aussichtsplattform der Ruine ist wegen Steinschlaggefahr abgeriegelt

Berg und Tal:
Saffenburg und
„Jagdhaus
Rech"

und gesperrt. Ein Burgfräulein namens Sophie soll ihr den Namen überlassen haben. Sie wurde 1081 zum erstenmal erwähnt und gilt als älteste Burg an der Ahr. Immer wieder wurde sie besetzt, zerstört, befestigt und belagert, am häufigsten im 17. Jahrhundert: 1632, 1633, 1676, 1684, 1702 und 1703 gleich zweimal. Schließlich aber machte ihr Besitzer dem bösen Spuk ein Ende und ließ die Festung selber schleifen, 1704.

Ein anderer Besitzer, Adelbert von Saphenberch, hatte 1106 den Bau des Klosters Rolduc bei Kerkrade begünstigt. Im Gegenzug, so scheint es, haben dann die Holländer die Ahr zu ihrem liebsten Ausflugsziel erhoben. Gegenüber liegt nun Mayschoß. Die Kirche liegt am Rand des Dorfes mitsamt dem bunten Friedhof mitten in den Rebenhängen. Dort unten schlossen sich im Sommer 1868 die 22 Winzer zur ersten Winzergenossenschaft Deutschlands zusammen, um ihre Absatzchancen zu verbessern. Dann kam der Ahrtourismus auf, und statt der Nöte mit dem Absatz haben jetzt die Winzer andere: „Dem Gast die Landschaft, dem Winzer die Ernte" – So lesen wir es auf dem roten Schild am Wanderweg, als wir den Abstecher zur Saffenburg beendet haben.

Für etwa 20 Meter folgen wir noch rechts dem Ahrtalweg („A"), dann nehmen wir halblinks den Weg am Oberrand der Weinberge entlang („1","2"). Nach einem halben Kilometer geht es in den Wald, hier dreht der Weg sich sacht um eine Kerbe. Dahinter überqueren wir den breiten Weg, der geradewegs bergaufwärts führt, und wandern gegenüber weiter in der Böschung („2"). Wo dieser Weg sich bald darauf gabelt, halten wir uns links und folgen dem Hinweisschild „Schrock" an der Eiche bei der Bank. Bald führt ein Weg im spitzen Winkel links hinauf zum „Steinerberg"; wir wandern weiter geradeaus in Richtung „Teufelsley" („2"). Doch statt des Teufels kommt zunächst die Muttergottes: **„Marienruh"** heißt dieser Platz mit Ruhebänken vor der Felswand. Dahinter knickt der Weg nach rechts und wird dann nach der nächsten Ecke fast zur Felsengalerie im schroffen Stein, schwefelgelb und grün vom Moos. Dann gabeln sich vor einer Bank die Wege: Rechts verläuft nun weiterhin Weg „6"; wir gehen an der Bank vorbei und folgen links dem Pfad, der hier als „2" und „3" bezeichnet ist und unser Ziel zu seinem macht: „Schrock" und „Steinerberg".

Marienruh

In engen Kehren nah am Grat des Berges geht es nun im Wald den Hang hinauf, einmal noch vorbei an einer Ruhebank mit Blick auf Mayschoß, und im Zickzack weiter aufwärts durch zackenstarrendes Schiefergestein. Die letzten Meter gehen wir dann auf dem Felsengrat nach rechts und oben bis zum **Blockhaus „Schrock"** von 1975. 405 Meter sind wir nun hoch, gut 250 noch über der Ahr. Von hier aus reicht die Aussicht weit nach beiden Seiten; wir sehen Kreuzberg und die ferne Eifel, das Siebengebirge und schwach noch das Bergische Land.

Blockhaus „Schrock"

Dann setzen wir den Aufstieg fort, gehen von der Hütte auf dem Grat zurück und stoßen rechts bald auf den guten Weg des Eifelvereins, der uns weiter geradeaus bringt (Weg 11, Winkel in Richtung der offenen Winkelseite, hier auch als Rundweg „8"markiert). Beim Querweg nach ungefähr 200 Metern müssen wir uns entscheiden: Der Weg des Eifelvereins mit dem Winkel schwenkt hier links und führt dann, unmissverständlich markiert, bei Gabelungen dreimal rechts und um einen Buckel herum, hinauf zum Wirtshaus auf dem Steinberg. Ein wenig kürzer ist die Route geradeaus: Wir überqueren geradewegs den Querweg und folgen abermals dem Hinweis „Steinerberg". Hier ist der Weg nur eine Spur im Wald („8").

Auf der Höhe geht es ohne Steigung durch den Wald, nach 300 Metern nach links, noch einmal, zweimal über einen Weg hinweg und weiter, nah am Waldrand und am Rand der Lichtung weiter geradeaus. Rund anderthalb Kilometer sind wir von der „Schrock"-Hütte entfernt, als von links der Weg mit dem Winkel wieder zu uns stößt. Hier knickt nun unser Wanderweg nach rechts und führt im Buchenwald das letzte Stück hinauf. Wir überqueren mit dem Winkel noch die Fahrbahn und kommen durch die letzten Ginsterbüsche auf die freie Kuppe. Von hier aus führt der Wanderweg uns geradewegs ins gut besetzte Gasthaus auf dem **Steinerberg**.

Steinerberg

Wir steigen danach die Stufen der Gartenterrasse hinab und wandern links am Haus entlang und weiter, bis wir erneut den asphaltierten Weg erreichen. Dann folgen wir dem Hinweis „Krausberg" und wandern mit dem Winkel weiter auf der Höhe bis zum Sendemast zur Rechten. Dahinter ist der Weg gestreut. Nach etwa 100 Metern verlassen wir den gut markierten Wanderweg und beginnen links gemäß dem Hinweis „Rech" den Abstieg („1", „2"). Der Weg führt zügig talwärts durch den Wald, kreuzt zweimal einen Weg und führt uns rechts vorbei an einer bewaldeten Kuppe. Hier ist der Weg nun weiterhin als „1" und als „2 A" markiert; er führt im Bogen links um die deutliche Kuppe herum, dann über einen anderen hinweg und weiter abwärts in ein enges, schattiges Tal. Als wir den kleinen Wasserlauf erreichen, halten wir uns rechts und folgen nun dem Lauf des Baches, vorbei an einer Abzweigung nach links wie an dem Weg, der rechts gemäß dem Schild zu einer „Berghütte" führt. Vor einem Fichtenwaldstück gabelt sich der Weg. Hier gehen wir links auf dem Dammweg über den Siefen hinweg und steigen weiter abwärts durch den Wald. In der terrassierten Böschung sind noch Spuren alten Weinbaus auszumachen. Es geht vorbei am Kreuz der Eheleute Wolff von 1781, das in frommer Kurzschrift Gott und seinen heiligen Apostel Matthias ehrt. Dahinter taucht bald unverhofft der erste kleine Weinberg auf. Bei einem Kreuz von 1764 verlassen wir den Wald und kommen an das „Jagdhaus Rech" heran. Von hier aus geht es mit der „Bärenbachstraße" durch den Ort, vorüber an der Kirche und zurück zur Brücke, wo Nepomuk noch immer Wache hält: „Vor böser Zunge und Wassergefahr / St. Nepomuk uns immer bewahr."

Die
Schrockhütte

Kurzbeschreibung Tour 11

Anfahrt	Mit der Eisenbahn bis Remagen und weiter mit der Ahrtalbahn bis Rech oder Mayschoß, ca. stündlich. Parkplatz jenseits der Brücke am Ufer.
Wegverlauf	„A" ahraufwärts. Abstecher zur Saffenburg. Danach „1" und „2" weiter, vorüber an „Marienruh" in Richtung „Teufelsley", Zickzack-aufstieg zur Schrockhütte. Von dort Weg „11" (Winkel) bis Steinerberg und auf der Höhe weiter am Sendemast vorüber. 100 Meter weiter links hinab nach Rech.
Dauer	3 Stunden
Länge	11 km
Wanderkarte	Das Ahrtal 1: 25.000 (= Wanderkarte Nr. 9 des Eifelvereins)
Gasthäuser	**Hof Bärenbach**, Bärenbachstraße, **Straußwirtschaft der Fam. Schreier**, Tel. 02643/2072, **Steinerberghaus**, Tel. 02647/3216, geöffnet von April bis Oktober 9.00 bis 19.00 Uhr, Oktober bis März 10.00 bis 17.00 Uhr, montags und dienstags Ruhetag. **Jagdhaus Rech**, Bärenbachstr. 35, tel. 02643/8484, montags Ruhetag.
Auskunft	Touristik-& Service GmbH Ahr Rhein Eifel Bad Neuenahr-Ahrweiler Felix-Rütten-Str. 2, 53474 Bad Neuenahr-Ahrweiler Tel. 02641/ 97730, Fax 02641/977373

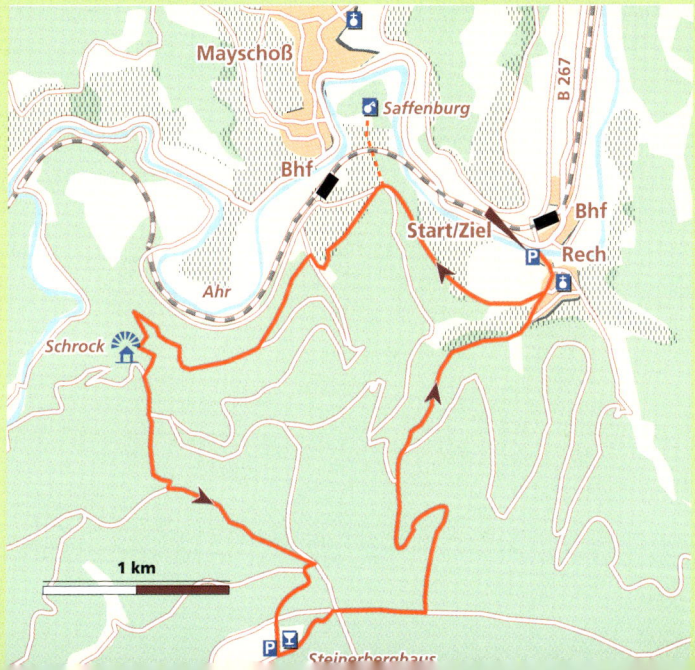

Die Höhe des reichen Herrn Wolff

Von Kesseling zum Steinerberg

Von allen Wölfen in der Eifel der bekannteste war Richard Wolff, und deshalb nannten sie ihn „Eifel-Wolff". Der Bonner Kaufmann war herumgekommen in der Welt, er hatte die Rocky Mountains gesehen und den Yellowstone-Park, und er liebte die Eifel – und hier vor allem einen Berg, von Bonn nicht eben einfach zu erreichen um die Jahre der Jahrhundertwende, doch um so schöner, wenn man oben war. Der Steinerberg im Ahrgebirge ist noch heute – dank des Kaufmanns Richard Wolff – einer der schönsten Berge der Eifel. Warum, weiß jeder, sobald er oben ist. Meist nähert man sich ihm vom Ahrtal aus, von Mayschoß oder Rech den Hang hinauf durch Rebenhänge, dann durch Wald. Wir kommen diesmal von der Sonnenseite her, von Kesseling, und haben, wenn sie scheint, die Sonne bis zum Gipfel.

Als „Cella Casloaca" wird **Kesseling** zum ersten Mal erwähnt: König Pipin der Jüngere unterstellt im Jahre 762 die „Cella", die Einsiedelei nahe der

Auf dem
Steinerberg

Ahr, den Benediktinern zu Prüm. 893 wird der Ort als „Keslighe" erwähnt und ist nun wegen seines Wald- und Wiesenvorkommens wichtig für die Prümer Abtei. Allein im Ahrgebiet gehörten vierzehn Höfe damals zu dem Kloster Prüm, das damit das bei weitem reichste war in seiner Zeit. Akribisch wurde aufgelistet, wie, wann und wo wer was zu zahlen hatte: Schweine, Hühner, Eier, Flachs und Holz, Schindeln für die Dächer, Pflöcke für die Reben, Reifen für die Fässer, und das je nach Belieben in natura oder in klingender Münze, die damals Denar hieß, abzuliefern fern in Münstereifel, wo dies alles auf die Reise ging ins unvorstellbar ferne Prüm.

Und was taten die Mönche dafür? Sie predigten das Christentum und bauten Kirchen und halfen dem Kaiser, sie alle zu beschützen: 981, beim Feldzug nach Italien, bezahlte die Abtei zu Prüm dem zweiten Otto vierzig Panzerreiter, und so etwas kam immer wieder vor und schnitt ganz mächtig in den Beutel.

Von Rittern waren keine Abgaben zu holen, im Gegenteil: Man musste sie auch noch bezahlen, und so vergaben dann die Mönche nach und nach ihr Land als Lehen, und hatte man sich daran erst einmal gewöhnt, dann wollte man das auch für immer, also erblich. So sackten bald die Vögte der Abtei in jedem Jahr den Zins ein, vor allem einer: Graf zu Are über Altenahr. 1215 gehörten nur noch Ahrweiler und Kesseling den Prümer Benediktinern. Die christliche Vergangenheit ist heute noch lebendig im Tal des Kesselinger Bachs. Schon bei der Anfahrt sehen wir die Bildstöcke und Kreuze von Basalt, und in Kesseling finden wir dann auf der Ley, einem Felsen im Tal, die spätromanische **Pfarrkirche**, hübsch renoviert, leuchtend weiß und rot über dem Ort. Ihr Turm stammt aus dem dreizehnten Jahrhundert, das ungefüge Langhaus wurde 1791 angesetzt und passt auch heute noch nicht ins Ensemble. Die größte Überraschung aber gibt es dann im Innern: Ein blau und golden schimmernder Barockaltar beherrscht den ganzen Raum, mit Figurinen reich besetzt und je einem Nebenaltar rechts und links. 1695 wurde das feudale Prunkstück für Maria Laach gebaut, weil das damals zum Jahrhundertende Mode war. Als die französischen Besetzer 1803 die Klöster aufhoben, kam das kolossale Kunstwerk dann im Kesselinger Neubau unter, zwar mit Mühe, wie man ahnt, jedoch mit großer Wirkung.

Pfarrkirche

Wir steigen über die „Kirchstraße" hinab in den Ort und beginnen nun den Rundweg. Neben dem Bildstock an der „Steinerbergstraße", hängt ein grünes Schild, darauf steht „STEINERBERGHAUS", darunter klein, als sollte uns der Mut genommen werden, „531 m.ü.M.", – 531 Meter über dem Meeresspiegel: Das sind 303 über Kesseling. Uns steht ein langes Steigen bevor, doch der Weg scheint sehr beliebt zu sein, denn gleich drei Rundwege („1", „2", „9") folgen ihm den Hang hinauf.

Nach ungefähr 400 Metern verlassen wir den Fahrweg auf den Steinerberg und folgen rechts der „Weiherstraße". Die letzten Häuser passen sich der Gegend an und haben alpenländische Balkone. Am Ortsrand kommen wir auf einen kleinen Wanderparkplatz, dahinter weisen uns die Zeichen dann nach rechts. Für lange Zeit geht es in Serpentinen nun den Berg hinauf. Wir kommen wieder an den Hang des Kesselinger Tals heran. Die Kirche liegt schon deutlich unter uns.

Der Weg schwenkt links durch eine Kehre, steigt zwischen Haselnussgehölz und Ginsterbüschen weiter an, schwenkt abermals nach rechts und bringt uns so dem Gipfel näher. Ein Hochsitz ragt nur wenig aus dem dornigen Gesträuch heraus. Die Sonnenflanke des gesamten Bergstocks ist mit Ginster und hartem Gehölz überwachsen, mit Schlehen und Weißdorn, hier und da mit sprödem Gras, selten nur mit Laubwald.

Hinter der nächsten Kehre sind wir dann im **Wacholdergebiet**. Weil es sonst niemand tut, steht hier nun jede Säule stumm wie eine Marmorstele zum Ruhm des Bonner Kaufmanns Richard Wolff, der jahrelang gesammelt hat, um den Wacholder und den Steinerberg zu retten gegen die fatale Holzwirtschaft. Für 622 Ar auf der Höhe zahlte er 1910 akkurate 712 Mark an die alten Besitzer, weitere 270 an den Notar. „Auf Kölmisch", wo wir seiner nun gedenken, erwarb er 21 Grundstücke von fünfzehn Vorbesitzern, alles in allen 518 Ar für 804 Mark; Notarkosten diesmal: 318 Mark – Naturschutz gegen cash, nach Kaufmannsart. So kam die Bonner Ortsgruppe des Eifelvereins an elf Hektar Land und kurz darauf an eine Hütte auf dem Steinerberg, wo wir nun von fern, als unser Weg sich über einem Seitental nach rechts dreht, ein festes Haus entdecken.

Noch immer folgen wir den drei vertrauten Zeichen („1", „2", „9"), noch immer steigt der Weg in sachtem Schwung. Als sich rechts ein Tal auftut mit einem grünen Hochsitz vor den braunen Hängen gegenüber, gabelt sich der Weg: Hier halten wir uns links, weiter nun mit den vereinten Wanderwegen „1" und „2". Wo sich dann nach etwa 700 Metern im Wald auch diese beiden Wege trennen, bleiben wir nun rechts („2", auch Weg „1" führt zum Gipfel) und kommen durch den Laubwald weiter zu steigen oder an Höhe zu verlieren, bis wir den Rücken des Berges erreichen und mit ihm den Wanderweg 11 des Eifelvereins.

Wir berühren kurz den asphaltierten Weg, wenden uns nach links und folgen gleich darauf dem Winkel des Wanderwegs noch einmal nach links, es geht

Pfarrkirche
Kesseling

Wacholdergebiet

ein letztes Mal im Wald den Berg hinauf. Dann erreichen wir den Gipfel. Hier steht das Gasthaus auf dem **Steinerberg**. 1924 wurde es erweitert, wie die Klammern in der Giebelwand beweisen. Damals war der Steinerberg der Treffpunkt für Naturverbundene und Patrioten, nun konnte man dort wohnen, man schlief auf geschüttetem Stroh und stand des Morgens zeitig auf, um den Sonnenaufgang auf dem Gipfel zu genießen. Abends brachte man sich nach dem Sonnenuntergangserlebnis mit Spätburgunder über alle Kümmernisse des fehlenden Komforts hinweg. Wir steigen hinter dem Gasthaus mit dem Wanderweg die letzten Meter hinauf, wo auf der Kuppe eine runde Säule steht, weiter westlich eine zweite: So haben die Romantiker das Riesengebirge gemalt, gewölbte Berge, die sich fern im Dunst verlieren, vereinzelt Kuppen von Basalt, die Hohe Acht, der Aremberg, auch Reifferscheid soll fern im Westen zu erkennen sein auf seinem Sattel. Im Süden sehen wir noch gut den Sender-Turm auf dem Schöneberg.

Es gibt höhere Berge in der Eifel, doch meist sind sie bewachsen, und der Blick ist eingeschränkt. Der Steinerberg jedoch ist kahl wie eh und je, nur hartes Gras und einzelne Büsche spüren hier den Eifelwind. Es ist ruhig auf dem Gipfel, Wanderer kommen von unten herauf mit großem Hallo, dann wandern sie weiter nach Westen und sind auch gleich verschwunden, während wir noch mit den Augen suchen, was wir heute doch nur auf der Karte finden.

So machen auch wir uns schließlich an den Abstieg. Wir folgen dem Weg an der zweiten Säule vorüber nach Westen, erreichen bald die Fahrstraße zum Steinerberg und folgen ihr nach links, den Berg hinab. Es geht durch eine weite Kehre, bis von links, von Osten her, der Rundweg „1" kommt, den wir schon vom Aufstieg kennen (und dem man ebenfalls vom Steinerberghaus

Wacholder am Steinerberg

folgen kann). Ihm folgen wir nun bis hinab nach Kesseling. Es geht noch in die nächste enge Kurve, dann lassen wir die Straße links und folgen weiter dem gesperrten Weg, der im Scheitelpunkt der Kurve beginnt. Auch hier ist der Hang nur locker bewachsen, es geht nun lange sacht bergab, die Hochsitze am Ackerrand ringsum geben eine Ahnung, dass die Jagd noch immer lohnt. Der Weg folgt lange Zeit dem Rücken zwischen Kesselinger Bach und Auschsbach, und als wir kaum noch mit den eigenen Füßen Schritt halten können, weil der Berg nun steiler abfällt und hier sogar der Fels den Boden durchstößt, schwenkt der Weg nach links und gleich bei der Eiche mit der „1" wieder nach links. Jetzt wandern wir hoch oben parallel zum Tal des Kesselinger Bachs.

Der Weg wird nun schmaler und fällt zwischen Eichen und Haselnusssträuchern deutlich bergab. Noch einmal schwenkt der Pfad nach links, um einem Einschnitt in den Felsen auszuweichen, dann dreht er sich an seinem Ende scharf nach rechts und führt am Rand des jähen Tals bergab, bis wir nach einem halben Kilometer endlich auf die Straße stoßen.

Hier halten wir uns links für keinen halben Kilometer, dann nehmen wir beim Fußfall rechts den Weg über die Brücke mit Eisengeländer (immer noch Weg „1") bis zum Sockel des Berges. Hier wandern wir nun weiter links („1", „2", „3"), der Weg steigt bald ein wenig in der Böschung an, wir berühren leicht den Wald; wo die Stromleitung das Tal durchquert, geht es dann zum letzten Mal hinab, und wir erreichen am Sportplatz den Ort und die Kirche, die abends leuchtend auf den Felsen sitzt, als sei ein Diamant hier dem Gestein entwachsen.

Wer jetzt noch weiterwandern will, für den empfiehlt ein Kesselinger Scherz die Tour vom Laacher See zum Nürburgring, ein, zwei Minuten um die Ecke von der „Hauptstraße" zur „Kirchstraße" – von einer Gaststätte zur anderen.

Steinerberghaus

Kurzbeschreibung Tour 12

Anfahrt	Parkgelegenheiten an der Pfarrkirche und im Ort.
Wegverlauf	Weg „2" bis auf Steinerberg, anfangs mit der Straße, dann mit „1" zurück ins Tal und zurück.
Dauer	3 Stunden
Länge	9 km
Wanderkarte	Das Ahrtal 1: 25.000 (= Wanderkarte Nr. 9 des Eifelvereins)
Gasthäuser	**Steinerberghaus**, Tel. 02647/3216, geöffnet von April bis Oktober 9.00 bis 19.00 Uhr, Oktober bis März 10.00 bis 17.00 Uhr, montags und dienstags Ruhetag. Gasthof **„Zum Laacher See"**, Hauptstr. 61, Tel. 02647/3215. Gasthof **„Zum Nürburgring"**, Kirchstr. 2, Tel. 02647/801093 (montags und dienstags Ruhetag).
Auskunft	Ortsgemeinde Kesseling, Hauptstr. 67, 53506 Kesseling, Tel. 02647/3222 oder 80985

Wo aber blieb der Wacholder?

Von Staffel auf den Wiwwelsberg

Ein schöner Wald ist eine Augenweide, doch satt geworden ist auf ihr so ohne Weiteres noch keiner.

Das war denn auch nicht anders in der Eifel. Man konnte zwar aus Buchen Bauholz schlagen, man konnte Eichenrinden schälen, um Gerberlohe zu gewinnen, man konnte noch das Vieh in die Eichelmast treiben, und man konnte die Wälder verdrängen mit Feuer und Axt, um Ackerboden zu gewinnen – es blieb dabei: Wer in der Eifel leben wollte, der tat das eher gegen den Wald als mit ihm. Die Weber brauchten Wolle, und die Bauern trieben ihre Schafe über Berg und Tal, bis auch die letzten Höhen Ödland waren, denn Schafe fraßen alles, was sie nicht zertraten mit den Hufen. Nur den Wacholder rührten sie nicht an, der hatte spitze Nadeln.

Die Landesherren mehrerer Jahrhunderte versuchten zwar, dem Raubbau Einhalt zu gebieten, doch ein leerer Magen überzeugte ihre Untertanen mehr als jede kurfürstliche Waldordnung. So blieb nur der Wacholder auf dem kar-

Eifelwacholder

gen Boden wie ein Wahrzeichen der Gegend; und als die Eifel ihren eigenen Verein bekam, da war auch dessen Zeichen keine Frage: Noch heute schmücken drei Wacholderzweige das Emblem des Eifelvereins – von Weitem mag man sie für Tabakblätter halten.

Wo aber blieb der Wacholder? Als die Preußen nach 1814 die Vernunft gewaltsam in ihre neuen linksrheinischen Lande bringen wollten, gingen sie daran, die Eifel wieder aufzuforsten. Sie pflanzten „Preußenbäume", wie die Bauern die verhassten Fichten nannten, die Ödnis schwand, und mit ihr der Wacholder. Heute gibt es ihn nur noch in Reservaten, und eins der schönsten unter ihnen ist diesmal unser Ziel, der Wiwwels- oder Wibbelsberg im Ahrgebirge. Kinkel hat ihn nicht gesehen. Er kam nach Kesseling und schwenkte dann im Tal des Weidenbachs nach Süden, nach Kaltenborn und auf die Hohe Acht. Sein Urteil allerdings, „die schönste Waldwildnis der ganzen Hocheifel", das hätte er wohl auch dem Wiwwelsberg verliehen.

Wir beginnen in **Staffel** am Ortseingang von Westen, wo die „Hostertstraße" abzweigt von der „Hauptstraße". Hier gibt es auf dem Parkplatz mit der Haltestelle eine Wandertafel für die erste Übersicht. Auf der „Hostertstraße" wandern wir am nördlichen Ortsrand entlang, kreuzen die „Kapellenstraße" und folgen gegenüber nun der „Hardtstraße".

Staffel

Am Ende fällt die „Hardtstraße" ein wenig ab. Wir überqueren hier den Fahrweg mit dem Bachlauf dahinter und folgen nun dem Fahrweg „Am Hilgersberg" ein Stück noch geradeaus („15"), auf ein einzelnes Anwesen zu. Hier, an Haus 4, halten wir uns rechts, am Siloturm vorüber und an der Grundstücksgrenze weiter. Nach etwas mehr als hundert Metern kommt von der Straße rechts ein breiter Weg hinzu, wir wandern mit ihm weiter geradeaus.

Der Fußweg unterhalb bemooster Felsen führt an der Rückfront der Brohler Wellpappenfabrik vorüber, dann folgt er weiter in der Böschung dem schönen Tal des **Blasweiler Bachs.** Hier bleiben wir für einen Kilometer und einen halben, bis links in einem Wiesental ein Siefen zu uns stößt, dahinter links ein Fahrweg. Hier verlässt uns Rundweg „15" nach links. Wir gehen ein paar Schritte weiter unser breites Bachtal hinauf und halten uns dann, wo ein Mast mit ausgestreckten Armen die Stromleitung hinüberreicht, nach rechts, durchqueren das Tal und kreuzen den Bach. In der Böschung gegenüber nehmen wir dann rechts den Weg ins Naturschutzgebiet (Schild).

Blasweiler Bach

Knapp 700 Meter gehen wir nun in die neue Richtung auf einem unmarkierten Weg: Am Rand der Böschung kommen wir in Fichtenwald, rechts endet dann zunächst der Wald, links stehen hier die ersten großen Büsche von Wacholder. Noch ehe unser Weg dann abfällt in die Kerbe eines Siefens, zweigt nach links im äußerst spitzen Winkel ein Waldweg ab, der in der Böschung aufwärts führt im Haubergwald des Wiwwelsbergs. Nur einmal ist er schwach als „1" markiert. Nach einem Viertelkilometer zweigt bei einem Hochsitz rechts ein Weg ab, der in einer leichten Senke geradewegs bergauf führt. Wir gehen hier noch weiter geradeaus. Nach abermals 250 Metern, vor dem Fichtenhochwald, wenden wir uns wieder scharf nach rechts und steigen weiter in der Böschung an. 300 Meter weiter passieren wir den Weg, der geradewegs hinabführt an den schon erwähnten Hochsitz, und wandern weiter in der Böschung hinauf. Zur Linken stehen erstmals Birken und Wacholder, hohe Kerzen, bis zu hundert Jahren alt und hier wohl deshalb nur zu finden, weil der Berg seit 1908 dem Eifelverein gehört, der alles fernhält, was mit seinem schnellen Wuchs den langsamen Wacholder unterdrückt. Wir kommen höher, auf den Rücken des Geländes, das vor uns abfällt in das tief gekerbte Siefental. Hier finden wir an einer großen Buche abermals das alte Zeichen „1". Der Weg schwenkt neunzig Grad nach links und steigt nun oberhalb der Kerbe weiter, zur Linken schon entlang an der Wacholderheide, die wie der Weg von Quarz durchsetzt ist, vorbei an Erika und Juniperus communis, Wacholder eben. – „Es gehört ein besonders starkes, naturempfindliches Gemüt dazu, den schweren, düsteren Eindruck zu ertragen und die herbe Schönheit voll zu erfassen, die in dieser weltabgeschiedenen Wacholderlandschaft liegt", schrieben 1908 zwei Wanderer über ihren Aufstieg zum Wiwwelsberg. Wer sich nicht derart unter die Gemütsmenschen rechnet, mag daher Sorge tragen, ob er all die Schönheit voll erfasst: Beeindruckt wird er allemal sein.

Nur wenig mehr als 100 Meter nach dem starken Linksschwenk kommt aus dem Kerbtal rechts ein breiter Weg zu unserem herauf. Wir wandern weiter und passieren, weiter steigend, einen Weg, der nun nach links und ohne Stei-

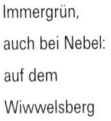

Immergrün,
auch bei Nebel:
auf dem
Wiwwelsberg

gung durch die Böschung führt. Nach 150 Metern wird die Steigung flacher und wir erreichen oben ein Wegdreieck. Hier sind die Wege an einer Buche ausnahmsweise angezeigt: Links heißt er „14", rechts aufs Neue „1". Hier gehen wir nun rechts und kehren der Heide den Rücken. Den beiden Wanderern von einst war anno 1908 ihr Abschied schwergefallen, und wenn man ihnen glauben soll, auch dem Wacholder: „Noch lange nachdem man die starren Gesellen verlassen hat, wendet man den Blick zurück, den liebgewordenen Freunden zum Abschiedsgruß, die, nun vom versöhnenden Abendglanz umwoben, ihre düstere Färbung verloren haben und lange Schatten uns nachsenden, gleich Armen, die sie sehnend uns nachstrecken."

Wir kommen nun durch lichten Buchenwald mit Kiefern und einzelnen Lärchen und wandern um die Quellmulde des Siefens herum, der uns tief unterhalb und unsichtbar begleitet hat. Nach 150 Metern geht es im Gelände rechts, nach noch einmal derselben Strecke abermals, und stehen 50 Meter weiter auf einem Wegdreieck. Hier wenden wir uns links und steigen nun im Fichtenhochwald geradewegs bergauf. Der Weg ist mäßig in den Boden eingegraben, führt schnurgeradeaus bis auf die Höhe, oben auf blättrigem Schiefergestein. Noch immer steigend kommen wir zum Wald hinaus und auf die flache Kuppe des **Wiwwelsbergs**. 500 Meter sind wir hier nun hoch, 507 misst der nahe Einödkopf zur Linken. Unser Weg schwenkt zwischen Ginster sacht nach links, wir kreuzen einen Querweg mit einem Wildacker zur Linken und erreichen noch einmal ein Stück mit Birken und Wacholder. Hier treffen wir auf einen Weg in seiner Biegung und folgen dem nun rechts, hinab, hinweg über ein Wegkreuz und zwischen Kiefern und Wacholder sacht nach links und nun für lange Zeit hinab.

Wiwwelsberg

Nach ungefähr 300 Metern erreichen wir die Höhe 477. Nach rechts verlässt uns hier ein Weg. Unser Weg knickt links, um eine mehrstämmige Buche herum, nach reichlich 100 Metern wieder rechts, und führt dann in der steilen Böschung unentwegt bergab. Bald sehen wir dort unten den Asphalt der kleinen Landstraße. Als wir die wenigen Häuser von Oberheckenbach schon sehen, dreht sich der Weg noch in der Böschung links und um die Kaule eines Steinbruchs. Dann haben wir die Landstraße erreicht und sehen nochmals eine „1" am Stamm.

Hier liegt **Oberheckenbach** mit der Kapelle auf der Felsennase gegenüber. Wir folgen der Talstraße am Bach entlang ein Stück nach rechts, nun mit Weg „2". Beim Buswartehäuschen mit dem Briefkasten überqueren wir den Bach nach links, gehen auf den „Lindenhof" zu, folgen hier aber nicht weiter dem Fahrweg hinauf, sondern nehmen gleich rechts, gegenüber dem Stallgebäude, den Weg am Heckenbach entlang („2" und „14"), wo Haselnusssträucher die Bachaue begrenzen zu den Feldern auf den Hängen hin. Nach gut

Oberheckenbach

Lüftildiskapelle

600 Metern ab Oberrand der Böschung zweigt der gut markierte Weg „2" vor dem Weidezaun nach links, läuft durch das Weideland bis an den Waldrand gegenüber. Hier folgen wir dem Fahrweg längs der Böschung mit den Wegen „2" und „14". Nach einem Linksknick neben einer Bank kommen wir an einen Wasserbehälter heran, hinweg über den kleinen Wasserlauf und rechts, hinab nach Niederheckenbach. Der Weg schwenkt links, dann geht es links zur renovierten Kirche. **Sankt Pankratius** ist seiner Fenster wegen weit bekannt. Wir wandern über den Kirchhof, vorüber am weißgelben Turm, die Stufen hinab und zum „Forsthaus Tannenberg" hinüber, der ersten und der einzigen Gelegenheit zur Einkehr unterwegs.

Schräg gegenüber dem Gasthaus, noch ehe die kleine Kreisstraße den Heckenbach überquert, nehmen wir die Holzbrücke über den Atzbach hinweg und folgen nun den Wegen „14", „1" und „6". Am Leitungsmast gabelt sich der Weg, wir wandern rechts an ihm vorüber, halbhoch und nun wieder in der Böschung aufwärts, die das Tal des Heckenbachs begrenzt. Nach etwa 150 Metern gabelt sich der Weg; wir verlassen hier den breiteren Weg, der wenig vor uns in der Böschung eine Kehre macht, und kommen rechts auf einem Pfad ein wenig näher an den Bach heran mit den bekannten Zeichen. 400 Meter weiter erreichen wir die breite Kehre dreier Wege gegenüber. Wir entscheiden uns hier für den mittleren. Es geht zunächst sacht aufwärts, dann ohne Steigung halbhoch in der Böschung.

Im Fichtenwald, nun schon sacht abwärts gehend, erreichen wir die Kehre eines Wegs. Her halten wir uns rechts und folgen weiter dem Weg „6". Wo dann das Gelände vor uns deutlich abfällt, schwenkt unser Weg nach links, durch dunkle Fichten und hinab („6"), verlässt den Wald und bringt uns an ein Wegdreieck über dem Staffeler Tal. Hier gehen wir nach rechts, bis wir die Stromleitung erreichen. Dort folgen wir dem Weg und der Leitung über uns nach links und nehmen reichlich 100 Meter weiter dann die „Bergstraße" nach rechts und an den Bach und in den Ort.

Kapelle der heiligen Lüfthildis

Rechts liegt die **Kapelle der heiligen Lüfthildis** mit einem bunt gefassten Tuffaltar des 17. Jahrhunderts, eine unverhoffte, aber weit gerühmte Kostbarkeit. Im Schlussstein über dem kleinen Portal steht das Jahr ihrer Erbauung: 1794, darüber 1924. Und in der frisch getünchten Außenwand nach Osten entdecken wir noch eine dritte Zahl, die für den Bau des Chors an diesem Ort: nämlich 1643.

Kurzbeschreibung Tour 13

Anfahrt	Parkplatz am westlichen Ortsrand von Staffel.
Wegverlauf	Der Weg ist sehr unregelmäßig markiert, ab Oberheckenbach als „2" und „14", ab Niederheckenbach als „1", „6", „14".
Dauer	3 – 4 Stunden
Länge	12 km
Wanderkarte	Das Ahrtal 1: 25.000 (= Wanderkarte Nr. 9 des Eifelvereins)
Gasthäuser	**Forsthaus Tannenberg**, 53506 Niederheckenbach, Tel. 02647/ 3233 – weitere in Kesseling (siehe Tour 12)
Hinweise	Fast 200 m Anstieg vom Bachtal über den Wiwwelsberg.
Auskunft	Ortsgemeinde Kesseling, Hauptstr. 67, 53506 Kesseling, Tel. 02647/ 3222 oder 80985.

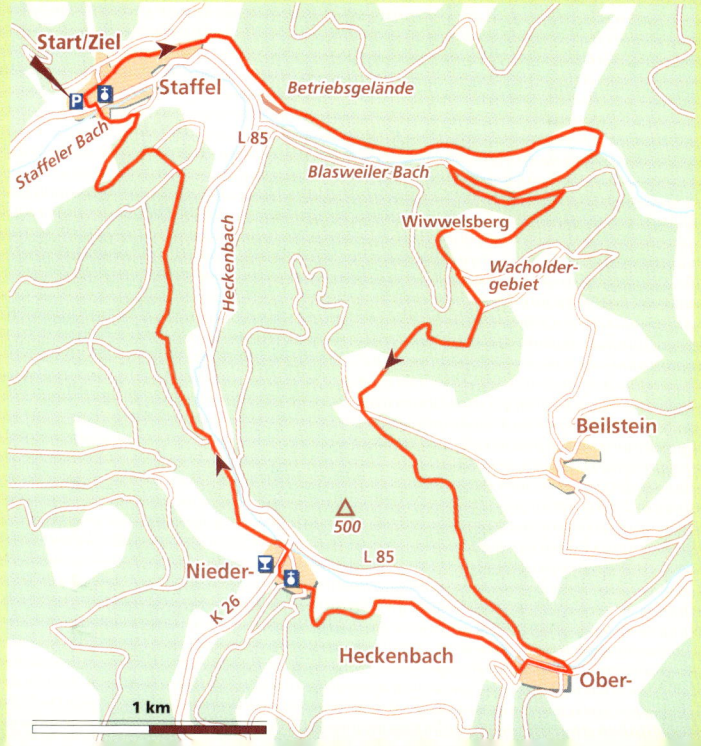

Hinab zur Ahr

Von der Kalenborner Höhe nach Mayschoß

Not macht erfinderisch, und so erfanden sie in Mayschoß an der Ahr den ersten deutschen Winzerverein. Das war 1868, denn damals war die Not am größten. Wein gab es genug, vier überreiche Ernten seit 1865 hatten die Fässer und Fuder gefüllt, weit mehr als Markt und Menschen schlucken konnten. So lagen mit dem Wein die Absatzpreise tief im Keller. Und das Vereinigte Europäische Subventionspanorama mit Butterberg und Weinsee lag noch lange hinter jedem Horizont.

Es war ihr Küster Coßmann, der den Winzern den Zusammenschluß empfahl. Mag sein, dass ihm sein Herrgott dafür wohlgesonnen war. Auf Erden gab es eher Schwierigkeiten: Die Weinhändler predigten den Widerstand, der Wirt verschloss den Gründungswilligen sein Stammlokal, und die Kreissparkasse drehte den Kredithahn zu. Doch 1869 war es dann soweit: der Mayschoßer Verein kam ins Handelsregister als erste Winzergenossenschaft Deutschlands. Bei 50 Pfennig Eintritt und einem Beitrag von einem Groschen pro Monat verdoppelte sich im selben Jahr bereits die Mitgliedzahl auf vierzig. 1871 gab es einen ersten Reisenden, der ihren Wein vertrat, und 1874 hatten die Genossenschaftler schon ihren eigenen Keller – und ein paar Nachbardörfer, die es ähnlich machten.

Schöne Lage:
Mayschoß

Dann kam die Eisenbahn, und mit der Bahn der Boom: zwar 1880 nur bis Ahrweiler, doch 1886 über Mayschoß schon bis Altenahr. Und im Hinblick auf die Schankwirtschaften der Genossenschaften, die es nun schon mehrfach gab, hatte schon der Baedeker von 1883 angemerkt: „Dieselben erfreuen sich grossen Zuspruchs." An schönen Wochenenden wird hier spät bis in den Herbst Oktoberfest gefeiert, auch wenn es nicht so heißt. Vier Wochenenden im Oktober Weinfest: Manchmal geht da nichts mehr auf der B 267, der Ahr-Rotweinstraße im Tal, selbst in den Waggons der Ahrtalbahn herrscht Überfüllung. Da freut man sich denn über einen solchen Weg nach Mayschoß von der **Kalenbornerhöhe**, wo schon die Römer ihre Handelswege hatten, von 344 Meter über NN hinab auf 135. Und zweimal geht es dabei geradewegs durch die berühmten Weinbergslagen unterhalb des Mönchsbergs.

Halt für die Ahrtalbahn

An der kleinen weißen Kapelle gleich neben dem Hotel, dort wo die „Hilberather Straße" abzweigt, überqueren wir die Fahrbahn und folgen gegenüber dem Sträßchen „Am Weidenhardt". Schon vor dem ersten Wohnhaus weist uns ein kleines Schild nach „Mayschoß" und nach rechts („10"). Es geht an Ackerland vorüber, danach durch einen kleinen Wald mit Wochenendbehausungen und wieder in die freie Flur. So erreichen wir bald den bewaldeten Rücken der Weidenhardt, rund 200 Meter hoch über der Ahr, wo unser breiter, gerader Weg das erste Stück hinab zwei Namen oder Nummern hat: „6" und „10".

Kalenborner-höhe

Zur Linken fällt der Berg rasch ab mit Fichtenwald. Rund 400 Meter nach der Höhe, am Rande eines freien Sattels neben Ackerland zur Rechten, gabelt sich der Weg: Wir wandern nun nicht halbrechts weiter auf der breiten Trasse („10"), sondern wenden uns im Schwenk nach links („Maßschoß") und folgen so dem Schieferweg hoch an der Böschung im dünnstämmigen Buchenwald („6"). Nur 150 Meter später knickt der Weg nach rechts und führt uns bald darauf durch enge Kehren immer mehr hinab, bis er einem dünnen Wasserlauf zur Rechten talwärts folgt. Einmal gabelt sich der Weg, wir bleiben rechts und nah der Kerbe, in der das Wasser in die Tiefe springt.

Dann erreichen wir die Wegkreuzung mit dem Rotweinwanderweg mit vielen Hinweisen und einer Wegtafel rechter Hand. Wir überqueren nur den Weg und wandern weiter geradeaus zu Tal noch immer mit dem kleinen Wasserlauf zur Rechten. Auch wo bald darauf ein breiter Weg nach links in die Rebhänge führt, bleiben wir nah an dem Bach, der hier von Weidenbäumen dicht gesäumt ist.

Dann gabelt sich der Weg im Weingebiet vor einem Bildstock von 1888 mit einer Ruhebank davor. Links führt der Weg gleich ohne Weiteres nach Mayschoß. Wir bleiben weiter rechts, überqueren nun den Wasserlauf, dem wir so lange folgen konnten, und wandern weiterhin der Ahr entgegen. Über den hohen Rebstöcken zur Linken erhebt sich der schroffe **Rücken des Etzhardt**, teils mit buntem Laub und teils mit Wein bewachsen. Vor Zeiten schlängelte die Ahr sich auch um diesen sogenannten Umlaufberg herum, der als quarzitdurchsetzter „Härtling" der Erosion der Schieferschichten um ihn her getrotzt hatte, bis der Fluss den Hals der Umlaufschlinge im weicheren Gestein dann doch durchbrach.

Rücken des Etzhardt

Zur Linken liegt im alten Bett der Ahr, den Blicken fast entzogen, ein Campingplatz. Rechts türmen sich die Weinterrassen der Lage „Silberberg". So heißt denn auch das Sträßchen, das uns im Talgrund rechts verlässt. Wir wandern weiter und geradewegs nun in den Ort von **Mayschoß**, hinter dem sich hoch auf ihrem Kegelberg die kantigen Reste der Saffenburg erheben. Vor dem kleinen Spielplatz an der „Tiergartenstraße" halten wir uns rechts und stoßen neben einem kleinen Basaltlavakreuz auf die „Bungertstraße" und gehen weiter links. Der Ortsteil Bungert, was soviel besagt wie „Baumgarten", ist das eine Herz des alten Ortes, der als „Meinscozen" 1106 zum ersten Mal erwähnt wird. Wir folgen nun der „Bungertstraße", auch wo sie bald als Querstraße verläuft, doch ihren Namen beibehält, noch einmal links und mitten durch den Ort, vorüber an der Einmündung der „Sonnscheidstraße" und weiter geradeaus, bis wir die Ahrtalstraße erreichen, die hier „Ahr-Rotweinstraße" heißt, damit die Autofahrer aus dem fernen Münster-

Mayschoß

Tal der roten Traube

land, dem Ruhrgebiet und aus Ostfriesland wissen, dass sie hier am Ziel sind. Gewissermaßen in „El Ahrenal"!

Ein kurzes Stück die Ahr hinab liegt rechts mit weißem Treppengiebel das **Stammhaus der Winzergenossenschaft**, seit 1982 mit der von Altenahr vereinigt. „Wer das Ahrtal ganz will seh'n / der muss durch diesen Keller gehn": So selbstbewusst wird hier für den berühmten Weinkeller geworben, dessen Stahltanks 2,16 Millionen Liter fassen und in dessen Holzfässern Platz ist für weitere 340.000 Liter. Hinter dem Platz mit dem „Weinbrunnen" biegen wir am Kriegerdenkmal links in die „Dorfstraße" ein, kommen an der Feuerwehr vorbei und in den zweiten Kern von Mayschoß. Auch hier bestimmt der Wein das Bild, vor allem aber wohl die Arbeit: Seit dem Zusammenschluss des Winzervereins mit dem von Altenahr im Jahre 1990 zählte die

Genossenschaft rund 280 Mitglieder mit 120 Hektar Anbaufläche. Doch die meisten Winzer leben längst nicht mehr vom Wein allein: 92 % von ihnen betreiben den Weinbau inzwischen als Nebenerwerb.

An der „Tiergartenstraße"

Vorüber an der Abzweigung des „Fuhrwegs", folgen wir der „Dorfstraße" bis an die **Kirche**, die rechts der Straße mitten in den Reben liegt. Sie ist Sankt Nikolaus geweiht, nicht dem Schutzpatron der Winzer, Urban, aber hinter dem Altar schmückt roter Wein das Innere des Chors, und mitten in den Weinterrassen liegen auch die Toten auf dem Friedhof. Eine Kirche gab es lange schon im Dörfchen Mayschoß. Diese hier ersetzte 1908 in neuromanischer Manier einen älteren Bau, nur der Turm von 1729 ließ man damals stehen. Mit dem Pfarrhaus und dem alten „Klösterchen" bildet der neoromanische Bau ein schönes Ensemble im bunten Rebenkranz. Doch der schönste Schmuck der Kirche steht im Innern und ist schwarz: der Marmorsarkophag der Katharina von der Marck von 1646, liebevoll im Ort die „Schwarze Möhn" genannt. Schöner als ihr Ebenbild im Stein ist einzig noch ihre Geschichte. Man kennt sie ähnlich aus dem Märchen „Aschenbrödel", aber diesmal ist sie wahr: Denn diese Katharina war einfachster, ja, man muss schon sagen: zweifelhafter Herkunft und Dienstmagd auf der Saffenburg, ehe sie ihr Herr, Ernst Graf von der Marck und Schleiden, Freiherr von Lumay und Serein, zu seinem Eheweib erhob. Da werden ihn nicht wenige mit einem Rippenstoß zurechtgewiesen haben: Ein solches Mädchen mag man ja verführen, aber doch nicht heiraten! Er blieb dabei. Und mochten sich die edlen Frolleins auf den Burgen längs des Rheins nebst sonstigen höheren Töchtern auch darüber schwarz geärgert haben: Zur Gattin und, nach ihrem Tod, zur „schwarzen Möhn" wurde niemand außer Katharina!

Kirche St. Nikolaus

Von hier aus folgen wir der Straße durch das Oberdorf hinauf und durch die Biegung in die Weinberge. Nach 400 Metern stoßen wir bei einem Wegkreuz aufs Neue auf den Rotweinwanderweg, steigen weiter geradeaus, wo uns der Rotweinwanderweg bald nach links verlässt. Unser Weg nach oben ist hier ebenfalls markiert: mit „5" und „6". Es geht nun einen knappen Viertelkilometer weit hinauf, dann links und rechts durch enge Kehren und hinauf, bis sich der Weg vor einem Felsen gabelt. Hier verlassen wir Weg „5" und steigen mit Weg „6" nach links und in den Wald, vorbei an einem Ruheplatz der vereinigten Wanderfreunde von Mayschoß und Dernau, und weiterhin im Wald und durch Kurven bergauf, bis wir zwischen Kiefern einen Hinweis auf die Aussicht finden: „O Wanderer hier verweile / ohne Hast und Eile / Schau ins Land wie schön die Welt / danke dem der sie erhält". Wir schauen in die Welt, und was wir sehen, ist noch einmal Mayschoß mit der Kirche und der Saffenburg darüber.

Wenig später müssen wir den geraden Weg verlassen, der nur noch bis zur bewirtschafteten „Akropolis"-Hütte verläuft: Wir gehen hier im spitzen Winkel rechts zurück und weiterhin bergauf, im Schwenk nach links, bis uns das Zeichen „6" ein zweites Mal nach rechts weist, weil das Wegstück vor uns endet, und so geht es weiter durch den Wald mit Kiefern und mit Eichen, nach einem halben Kilometer dann entlang an einer Wiese auf der Passhöhe der Weidenhardt, noch einmal durch Kiefernwald und so im Schwenk nach links zuletzt bis auf den breiten Querweg, den wir schon vom Anfang kennen. Ihm folgen wir nach rechts bis auf die Kalenbornerhöhe, wo nichts mehr an die Ahr und an den Wein erinnert.

Von Reben umgeben: St. Nikolaus

Kurzbeschreibung Tour 14

Anfahrt
Parkplätze für Gäste am Hotel „Kalenborner Höhe", ansonsten 250 m weit rechts in der „Hilberather Straße" auf der Kalenbornerhöhe. Oder mit der Ahrtalbahn bis Mayschoß und dort beginnen.

Wegverlauf
Anfangs Rundweg „10", danach mit „6" bis ins Tal nach Mayschoß, zurück mit „5" und „6", am Ende „10".

Dauer
3 Stunden

Länge
10 km. Anstiege: Entsprechend dem Abstieg vom Beginn ist der gesamte Rückweg ein langer Anstieg von gut 200 Höhenmetern. Anschlusswanderungen: Touren 11 oder 15

Wanderkarte
Das Ahrtal 1: 25.000 (= Wanderkarte Nr. 9 des Eifelvereins)

Gasthäuser
Zahlreiche in Mayschoß. Hotel-Restaurant **„Kalenborner Höhe"**, Gelsdorfer Str. 11, 53505 Kalenborn. Tel. 02643/8131 (Dienstag Ruhetag). **Winzergenossenschaft Mayschoß-Altenahr**, Ahr-Rotweinstr. 42, Tel. 02643/93600.

Hinweise
Die **„Akropolis – Hütte"** (vgl. Karte) ist jeden 2. und 4. Sonntag im Monat bewirtschaftet, Auskunft 02643/1610.

Auskunft
Tourist-Information Mayschoß, An der Rotweinstraße 42, 53508 Mayschoß, Tel. 02643/8308, Fax 02643/936093.

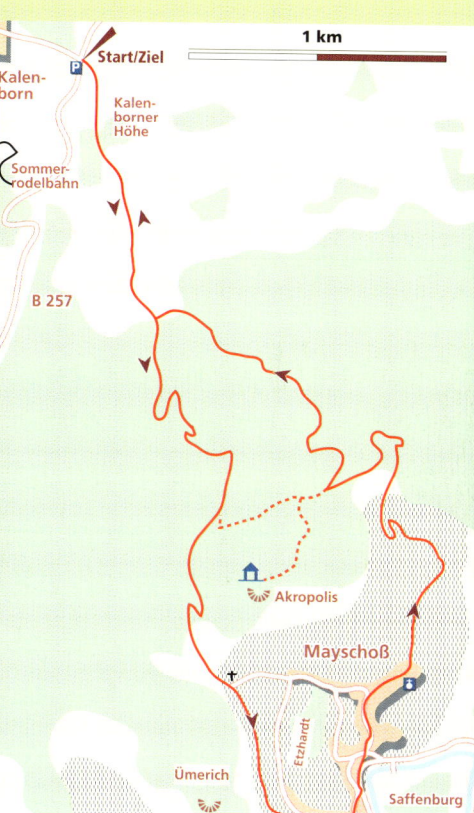

Hoch oben am Teufelsloch

Von Altenahr ins Lanfigtal – hin und zurück

Seit alters her lag Altenahr von allen Nachbarn unterhalb im Ahrtal abgeschnitten hinterm Berg. Schon wer nach Mayschoß wollte, musste durch das Wasser oder übern Berg zu Fuß. Dann kam der Durchbruch, und er kam mitten durch die Wand. Am 19. November 1833 hatten Arbeiter die Engelsley durchbrochen. Und weil es das in Preußen vorher nicht gegeben hatte, ließ es sich der Kronprinz Friedrich Wilhelm nicht nehmen, als erster durch den Spalt zu schreiten, der 1834 Preußens allererster Straßentunnel wurde. Mit der Straße kam seit 1838 dreimal in der Woche die Personenpost, und mit der Kutsche kamen die Besucher. Als 1884 endlich auch die Eisenbahn den Fels durchfuhr, war Altenahr schon längst ein Ausflugsort geworden.

Fratzen
schneiden:
am schwarzen
Kreuz

Und dennoch kann das Tal noch so idyllisch und so ruhig sein wie vor dem Straßenbau: Wenn man sich nämlich fortbewegt wie einst der erste Biograph des Ahrtals, Gottfried Kinkel, immer wieder hier: zu Fuß. Man hält sich vor dem Tunnel einfach rechts und hat nur wenig später seinen Frieden! Vom

Bahnhof in **Altenahr** nehmen wir die Straßenbrücke über die Ahr, aber folgen schon am Ende des Geländers dem „Ahrtalweg", der rechts und an das Ufer führt („A", auch Winkel). Die Promenade folgt der Ahr und bringt uns vor dem Parkplatz an die Winzergenossenschaft heran. Hoch oben liegt **Burg Are**, die um das Jahr 1100 hier entstand und seit der Sprengung 1714 lange ein bequemer Steinbruch war. Wir unterqueren mit der Straße, die, gut nachvollziehbar, „Tunnelstraße" heißt, den Lauf der Ahrtalbahn mit einem Doppelpack an Tunnelöffnungen und Brückenbogen, auch wenn das zweite Gleis von 1910 inzwischen stillgelegt ist, und stehen nach dem Schwenk dann vor der **Engelsley** mit ihrem Tunnelloch von 1834, das 1970 ein wenig mehr geöffnet wurde. Der hohe, harte Felsen, in geologischen Begriffen ein sogenannter Tonschieferhärtling, ist keine hundert Meter stark, und doch zwingt er die Ahr, die sich am östlichen Ende des Tunnels erst wieder zusammenzieht, drei Kilometer weit zu einer Schleife durch weichere Schiefer- und Grauwackebänke. Nach dieser Enge hat der Felsen seinen Namen „enge Ley", der dann zu „Engelsley" verballhornt wurde.

Hier, wo sieben Wanderwege ausgewiesen sind, halten wir uns rechts und wandern nun ins Langfigtal. An der grünen Fußgängerbrücke gehen wir vorüber und folgen weiterhin dem Fluss an seinem linken Ufer. Bald haben wir den Lärm und die Betriebsamkeit der „Ahr-Rotweinstraße" hinter uns gelassen, nur Vogelstimmen sind noch zu vernehmen. Es geht an einem Einzelhaus vorbei, bald darauf, bei einer Furt im Fluss, an einem zweiten mit verlassenen Weinbergterrassen darüber. Hier endet der Asphaltbelag des Wegs, wir wandern nun auf einem alten Weinbergsweg am Fluss entlang mit Erlen und Weiden am Ufer. Woher das Langfigtal den Namen hat, weiß niemand mehr. Alt scheint er nicht zu sein, noch Gottfried Kinkel kennt ihn nicht in seinem Ahrtalbuch von 1845. Erst spät im 19. Jahrhundert taucht der Name auf, bis dahin hieß das Tal „die Ahrschleife bei Altenahr". Auf den Karten heute heißt sogar der Felsen, den die Ahr umzingelt, „Langfig", Kinkel nennt ihn noch, wie alle damals, „Breite Lei".

Mit einem Bolzplatz kündigt sich am Ufer gegenüber die **„Naturschutz-Jugendherberge"** an, halb verborgen liegt sie hinter Bäumen. Wir wandern durch die Kehre des Flusses, der sich auf dem Gleithang eine Zeit lang nun entfernt. Dann führt der Pfad zu einem Brückchen, und mit dem Brückchen überqueren wir die Ahr. Hier wandern wir nun auf dem schmalen Steig im Schieferfels am rechten Ufer durch den Buchenwald („A") und stellen uns leicht jene „ergreifendste Einsamkeit" vor, die Kinkel hier noch fand.

Noch einmal verschwenkt sich die Ahr und verbreitert ihr Tal. Hier wachsen Kiefern in den ehemaligen Terrassen für den Wein. Der Anblick von Burg Are über uns macht deutlich, dass wir die Engelsley nun wieder vor uns haben.

Vor der modernen Brücke, die zum Klärwerk führt, gabelt sich der Pfad; wir bleiben hart am Ufer, passieren die Brücke und wandern nun am steilen Prallhang weiter, vorüber an dem grünen Brückchen für die Wanderer. So unterqueren wir auch hier die beiden Eisenbahnbrücken und folgen weiterhin dem Ahrtalweg („A").

Am Ufer gegenüber liegt die Straße, hier nur dann und wann ein kleiner Garten. Bald taucht **Reimerzhoven** vor uns auf, das auch zu Kinkels Zeit kaum kleiner sein konnte als jetzt, doch immerhin ein grünes Brückchen, ein Kapellchen und ein Gasthaus hat, „Zum Doktor" geheißen, weil ein ehemaliger Besitzer „Arzt" zwar hieß, doch keiner war. Der Weg folgt weiterhin dem Pfad am rechten Ufer, und nach der nächsten Biegung erreichen wir die ersten Weinberge von Laach. Wieder steht ein Brückchen für eine Einkehr bereit. Hier verlassen wir den Ahrtalweg („A") und steigen in der Böschung rechts den Weg hinauf, der nach dem Hinweis an der Kastanie zum „Schrock" hinaufführt.

Der Aufstieg ist ein langes Zick-Zack durch die Reben und den buschigen Niederwald die Krähhardt hinauf, durch

Mit Weg „7" hoch zum Teufelsloch

deren Fels die Eisenbahn im Tunnel fährt. Auf der Höhe finden wir bei ein paar Bänken die Hinweise auf Laach und Reimerzhoven, jeweils zehn Minuten Wegs – hinab. Statt geradeaus in Richtung Reimerzhoven halten wir uns links und folgen einem hübschen Fahrweg durch das Gras, geradewegs auf dem Rücken der Höhe mit einzelnen Bäumen.

Bald schwenkt die Fahrspur auf dem Höhenrücken links, auf einen Hochsitz zu; wir wandern weiter geradeaus und kommen, wo der Rücken schmaler wird, in den Wald der Teufelsley hinein. Ein wenig steigt der Pfad vom Grat nach rechts hinab und bringt uns nah der Höhe weiter. Zur Rechten fällt die Böschung steil ab in das Langfigtal. Vereinzelt finden wir an Stämmen die Markierung „6" für diesen Weg. Dann geht es über Tritte und im Zickzack links hinauf bis auf den Grat und an ein Wegkreuz heran mit Hinweisen. Wir bleiben weiter nah dem Grat und geradeaus in Richtung „Altenahr" und „Steinerberg" („6").

Zuletzt stößt unser Pfad bei einer roten Bank auf ein kleines Plateau in der Kehre des Wanderwegs 11. Rechts und talwärts geht es später weiter, was in diesem Fall auch heißt: zurück. Doch vorher steigen wir nach links hinauf in Richtung „Schrock", „Steinerberg" und folgen dem Winkel des Eifelvereins in Richtung seiner offenen Seite. Nach etwas mehr als 100 Metern führt der

Wanderweg im spitzen Winkel links zurück und kräftezehrend aufwärts. Noch einmal schwenkt der Weg nach rechts, dann lesen wir den Hinweis in der Böschung: „Schutzhütte und **Aussichtspunkt Schrock** 100 m" und kraxeln auch das letzte Stück hinauf bis auf den Felsensporn in 405 Meter Höhe und an die Hütte heran.

Aussichts-punkt Schrock

Man könnte wohl den Blick das Ahrtal entlang als „atemberaubend" bezeichnen, doch vorerst ist nur wenig da, was man uns rauben könnte. Wir schöpfen Atem und studieren aufmerksam das Panorama, dann steigen wir hinab, wie wir gekommen sind, bis zur erwähnten Kehre mit der roten Bank, wo der Rundweg „6" den Wanderweg erreicht. Hier folgen wir der Winkelspitze und dem breiten Weg die hohe, immer wieder felsdurchsetzte Böschung der Winterhardt hinab. Bald nach einer Kerbe in der Böschung stößt von rechts ein Weg hinzu. Wir steigen weiter geradeaus bergab, noch immer hoch über der Schleife der Ahr.

Wo zuletzt die Böschung flacher wird, erreichen wir bei einer Bank ein Wegkreuz. Links führt der Weg durch eine Bresche in den Felsen in Richtung „Horn" und „Altenburg", rechts über Tritte zügig an die Ahr. Wir folgen hier dem Pfad dicht an der Bank vorbei und in den Wald. Hier scheiden sich sogleich die Wege – und die Geister: Bequem ist der Weg „6" (weiterhin identisch mit dem Wanderweg mit Winkel), der nach rechts im Wald hinabführt und am Ufer dann die Ahr hinauf, an der Jugendherberge vorüber bis zum Tunnel, in den Ort.

Wir aber steigen nun der „7" nach, schon wieder in der Böschung aufwärts, und kommen auf das Felsenriff, das nach Westen hin das Langfigtal beschirmt. Nach einem langen halben Kilometer finden wir den Namen **„Teufelsloch"** mit weißer Farbe auf dem Fels geschrieben und steigen rechts die letzten

Teufelsloch

Im Langfigtal

Tritte hoch bis an das Loch im Felsen, das schon Kinkel unter diesem Namen kannte. Die Sage weiß: Hier saß einmal ein Eremit, den wollte ein verteufelt schönes Weib verführen. Doch unser Klausner roch den Satansbraten und rief den lieben Gott um Beistand an. Das Weib entpuppte sich als Teufel, und der entsprang im Zorn wie Rumpelstilzchen, aber mitten durch die Wand wie lange nach ihm erst die Tunnelbauer.

Schwarzen Kreuz

Von hier aus bringt der Felsensteig uns weiter bis zum **Schwarzen Kreuz** von 1865 (neu errichtet 1965, wie wir lesen). Von hier aus sehen wir die Engelsley mit ihren Löchern, eins, zwei, drei, und unter uns den Bahnhof. Und wer sich nun beim weiteren Verlauf des Wegs beobachtet fühlt, der findet in den Stämmchen links und rechts des Weges die Erklärung: Hier hat vor Jahren Toni Görtz, ein Holzschnitzer und längst ein alter Herr, **Fratzen** in natürliche Verletzungen der Bäume eingekerbt und angemalt und hält die Farbe auch noch heute frisch.

Fratzen

Auf blankem Felsen geht es, wenn wir wollen, weiter bis zum „Nückelchen", der Kuppe mit dem kleinen Pavillon, doch vorher, zwischem Schwarzen Kreuz und Pavillon, steigt ein Pfad hinab bis an die Schienen vor der Ahr. Ihm folgen wir zuletzt: Vor den Gleisen gehen wir nach rechts, kommen durch die Fußgängerunterführung und wandern auf der grünen Galerie am Fluss entlang, die Ahr hinauf, zurück, an mächtigen Kastanien vorbei zum Bahnhof.

Anfahrt

Am besten mit der Ahrtalbahn bis Altenahr, Start am Bahnhof. Alle drei großen Parkplätze im Ort sind bei Saisonbetrieb gebührenpflichtig.

Wegverlauf

Von der Brücke am Bhf. Ahrtalweg „A" ahrabwärts folgen, von Laach unmakierter Aufstieg, über Krähhardt mit Rundweg „6" bis Schrockhütte und mit Wanderweg 11 des Eifelvereins (Winkel) sowie „6" zurück; bei „7" entweder mit diesem über Teufelsloch oder mit „6" (und Winkel) zurück.

Dauer

3 – 4 Stunden

Länge

11 km

Anstiege: ein langer, erheblicher Anstieg auf die Krähhardt (150 Höhenmeter Unterschied) und zur Schrockhütte (weitere 120). Ggf. Steilabstieg vom Hornberg.

Varianten: Die zweite Steigung lässt sich durch Verzicht auf den Abstecher zum Schrock vermeiden. Für Wanderer, die den Weg „6" an der Jugendherberge vorüber wählen, gibt es noch die Möglichkeit, wenigstens zum „Nückelchen" und zum „Schwarzen Kreuz" aufzusteigen: vor der Rückkehr in den Ort an der grünen Brücke links dem Pfad zwischen Spielplatz und Tennisplatz folgen. Wer dagegen die Herausforderung sucht, folgt von der Schrockhütte aufsteigend weiter dem Weg „8" bis zur „Hornberghütte" und steigt dann mit dem Wanderweg (oder über „Michelskopp") ab. Unten an der Schule in Altenburg rechts und weiter mit den Wegen „7" oder „6".

Anschlusswanderungen: Touren 11, 16 und 17

Wanderkarte

Das Ahrtal 1: 25.000 (= Wanderkarte Nr. 11 des Eifelvereins) oder Sonderkarte Altenahr daraus im Maßstab 1: 20.000.

Gasthäuser

Zahlreich in Altenahr, u.a. Gasthaus **Schäferkarre**, Brückenstr. 29, 53505 Altenahr, Tel. 02643/7128 (Montag Ruhetag). Im Bahnhof mit dem **„Haus des Gastes"** griechische Gaststätte **„Taverna Sirtaki"**, Altenburger Str. 1a, 53505 Altenahr, Tel. 02643/8110 (Donnerstag Ruhetag).

„Zum Doktor" in Reimerzhoven, Ahr-Rotweinstraße, 02643/8445 (Dienstag Ruhetag).

Auskunft

Tourist-Information Altenahr, Bahnhof, Haus des Gastes, 53505 Altenahr, Tel. 02643/8448, Fax 02643/3516

Die mittlere Ahr

Wie vor mehr als hundert Jahren

Von Kreuzberg in das Ahrgebirge

Kinkel kam von Altenahr zu Fuß und schrieb: „In einer Viertelstunde ist das Dorf Kreuzberg erreicht..." Heute kommt man, wenn man will, gleich aus dem „Ditschhardt"-Tunnel der Umgehungsstraße von 1998, 560 Meter lang, mit einer Zugabe von 80 Metern mit dem „Übigs"-Tunnel, und sieht dann von der hohen Ahrtalbrücke Kreuzberg rechts am Fluss, wie es im Jahre 1877 schon einmal beschrieben worden ist: „Das kleine Dorf drängt sich dicht an einen kegelförmigen Felsen, auf dem ein weißes Schlösschen den Mittelpunkt des Tales bildet", heißt es da, und: „Dicht um den Felsen windet sich die Ahr in eiligem Laufe vorüber, und an der Brücke, welche die beiden Ufer verbindet, steht ein Wirtshaus..."

Dort gibt es heute mehrere, und dort beginnen wir den Weg: in **Kreuzberg** an der **Brücke**. Wir gehen an dem Bildstock mit Marienstatue links vorüber und folgen hier der schmalen „Burgstraße", die mit sanfter Steigung am Sockel des Burgbergs verläuft. Die **Burg** mit den blau-gelben Schlagläden liegt jetzt hoch über uns. Seit 1820 ist sie im Privatbesitz der Freiherren von Boeselager und deshalb nur von außen zu bewundern. Ihr Ursprung liegt im 14. Jahrhundert, als Erzbischof Walram von Köln dem Ritter Cuno von Vischnich den Bau der Höhenburg erlaubte zur Befestigung der Ahr bei „Cruceberg".

Bei der Gabelung an Haus 29, wo rechts die Sackgasse zur Kirche führt, halten wir uns links, kommen über den Buckel hinweg und an den Sahrbach heran („Am Sahrbach"). Hier halten wir uns rechts bis an die Landstraße („Münstereifeler Straße"), dann rechts, vorüber an der Bäckerei, wo es aus Fenstern und Ritzen nach Kreuzberger Landbrot duftet, und das nun schon seit mehr als hundert Jahren, wie das Wandbild uns verrät. Hinter der Bäckerei „Klaes" nehmen wir den Weg nach links und gleich mit dem Sträßchen „In Dangeln" vorüber an der Ausfahrt für die Feuerwehr. Hier haben wir es an der Bruchsteinmauer gegenüber schriftlich, dass wir auf dem rechten Weg sind: Der heißt „Zwei-Täler-Weg", führt aber nicht einmal durch eins, sondern hoch über beide hinweg und über den Schildkopf und weiter bis Berg, zum Naturfreundehaus. Deshalb heißt er „N".

Wir überqueren hier den Sahrbach und nehmen dann gleich zwischen Haus 2 und Haus 4 das Sträßchen „Stauffenberg" nach rechts („N"). Hier kommen

Kreuzberg/ Brücke

Burg

wir auf eine Reihe Häuser zu und halten uns an deren rechtem (Nummer 22) rechts und steigen so auf einem Pfad neben dem Garten die Böschung hinauf, dann links und zwischen Stützmauer und Garten weiter, aufwärts ohne Pause. Der Weg ist nur noch eine schmale Spur auf blankem Fels, die Burg liegt hinter uns, und gar nicht lange, und wir schauen schon auf sie hinab. „Man geht von Altenahr auf einem Bergweg, der nicht ganz leicht zu finden ist, und kommt in anderthalb Stunden nach Nieder-Crelingen", schrieb Kinkel damals – und so gehen wir: In der ersten Kehre am Hang verlassen wir den Weg und folgen den Markierungen („N") links zwischen Kiefern die Böschung hinauf. Oben wandern wir dann auf dem schmalen Grat nach rechts durch Stangenwald bis auf die kahle Kuppe der Staufenburg, gut einhundert Meter über der Ahr.

Zwischen zwei Kiefern setzen wir darauf den Marsch fort. Der Felsenweg verläuft nun schmal im Eichenwald. Da muss man schon den Fuß mit Umsicht setzen, links geht es manches Mal ins Leere, wo irgendwo der Sahrbach sprudelt.

Dann haben wir den runden Mast erreicht, der hier die Kabel weiterreicht von Tal zu Tal. Wir bleiben auf dem Felsengrat, kreuzen einen Wirtschaftsweg, der sich um den Bergrücken windet und wandern gegenüber weiter („N"). Bald folgen wir dem Waldsaum zwischen Buchen links und Fichten auf der rechten Seite. Der Weg verschwenkt sich um rund zwanzig Meter, steigt anfangs weiter und wird am Ende ebener, vereinigt sich mit einem zweiten, der von links heraufgekommen ist, und berührt dann erstmals die Straße.

Krälingen Hier stößt von rechts der „Ahr-Venn-Weg" hinzu, der Wanderweg 11 des Eifelvereins, so dass wir nun auch eine Zeit lang seinem Winkel folgen können: Rund 100 Meter geht es mit der Straße rechts hinauf. Schon in der nächsten

Nur für
Naturfreunde:
Hinweis in
Kreuzberg

engen Kehre halten wir uns weiter geradeaus („N" und Winkel). Nach wieder 100 Metern schwenkt auch unser Wanderweg nach links, hier kommen wir durch Wald und erreichen bald wieder das ruhige Sträßchen und kommen so an Krälingen heran. Als wir über die Kuppe blicken können, haben wir

Krälingen vor uns mit dem Hasenberg dahinter; das schmucke Dorf wird überragt von seiner kleinen Kirche, an der ein neues Langhaus hängt wie ein zu großer Rucksack. Es geht an einem Kreuz am Weg vorüber und mit dem Winkel und der „Ahrstraße" schnurstracks auf die Kirche zu. Zur Linken wohnt hier ein Antiquitätenhändler, der offensichtlich selbst sein bester Kunde ist: Alle Aussenwände sind mit Werkzeug wie mit Efeu dicht behängt, im Garten vor dem Haus steht „Liberty" und hält die Leuchte, und ein Friedhofskreuz ruft dem Vorüberziehenden makaber ein „Auf Wiedersehen" zu.

Hier, wo die Straße eine Biegung macht, geht es mit der kleinen „Kirchstraße" geradewegs den Berg hinauf bis an die Kirche. Hier gehen wir nun rechts; wo die Straße nach knapp 200 Metern nach rechts knickt, halten wir uns geradeaus und folgen dem gesperrten Fahrweg „Vilmahöhe" und dem Zeichen „N". Wir kommen schnell zum Ort hinaus und auf die **Vilmahöhe**, am Forsthaus vorüber und gleich in die Felder dahinter. Hier gabelt sich der Weg; links hat er noch einen Namen („Auf der Lüe Heide"), wir halten uns rechts, kommen links an dem Leitungsmast vorüber, noch weiter links grenzt Heide an das Feld, dahinter Kiefernwald. Bald geht es zwischen Hecken weiter. Wo der Weg sich abermals gabelt, halten wir uns links auf dem Heckenweg und kommen nun durch Kraut und hohes Gras bergab. Am Ende wölben sich die Zweige über uns, wir ziehen den Kopf ein, und als wir ihn wieder oben haben, sind wir schon im Fichtenwald.

Immer wieder findet man hier Spuren von nächtlichem Wühlen. Wenn hier ein Bauer früher auf ein wildes Schwein traf, dann mochte er sich glücklich schätzen und sich erst ein Herz und dann den Sauspieß fassen: Die Hohe Jagd auf solches Wild war ihm zwar 1617 offiziell verboten worden, doch sein und seiner Leute Leben zu beschützen, wenn sie Eichenlaub als Einstreu für den Stall gesammelt hatten und nun ganz arglos einer Rotte gegenüberstanden: Das konnte auch der Amtmann auf Burg Are nicht verbieten.

Der Wiesenweg führt in der Talsohle über einen Bach hinweg und drüben gleich wieder hinauf im hellen Mischwald. Oben kommen wir an eine Wegkreuzung und wandern weiter geradeaus („N").

Bald sehen wir, ein wenig unter uns, die schiefergraue Kirchturmspitze von **Vischel**. Der Weg schwenkt hinter einem Tor von hohen Tannen nach links, talwärts liegen hinter Haselnussgebüsch die Felder. Hier ackern die Menschen schon seit 893, und das ist amtlich, denn so steht es im Güterverzeichnis der Mönche von Prüm.

„Mittelpunkt" des Tales: Burg Kreuzberg

Vilmahöhe

Vischel

Am Rand des Feldes, wo der Weg nach rechts verläuft, hängt in Holz und Lebensgröße ein Gekreuzigter am Baum. Der Weg knickt mit dem Waldrand rechts, und gleich darauf verabschiedet sich unser Zeichen „N" nach links. Bis nach Berg mit dem Naturfreundehaus ist es jetzt nur noch ein Katzensprung von einer guten Viertelstunde. Wir wandern weiter geradeaus bis an die Straße und folgen ihr nach rechts, am Fußfall vorüber nach Vischel, ehedem „Wihselle" mit „Burg und Herrlichkeit". Schon 1115 wurde seine alte Wasserburg zerstört, was jetzt hier steht, das ist das Herrenhaus von 1829, Besitz von Jörg Freiherr von Holzschuher zu Schloss Gymnich.

Der verwitterte Fahrweg führt uns ins Tal, verwilderte Linden bilden hier eine Allee, und dann kreuzen wir den Vischelbach, den wir nun bis Kreuzberg bloß noch zu verfolgen haben, nun auch mit dem „Karl-Kaufmann-Weg", dem Wanderweg „2" des Eifelvereins mit schwarzem Keil. Nach etwas weniger als einem Kilometer stößt von rechts ein zweiter Bach hinzu, der Eisbach. Hier überqueren wir erneut den Vischelbach und folgen ihm weiter ins Tal. Vier Kilometer sind es insgesamt hinab bis an die Ahr, vier Kilometer an Erlen vorüber und später durch Wiesen im Grund, zuletzt mit der „Vischeler Straße" der Ahr entgegen und zurück.

Dicht am
Felsen:
Kreuzberg

Kurzbeschreibung Tour 16

Anfahrt	Ahrtalbahn bis Kreuzberg
Wegverlauf	„Zwei-Täler-Weg" „N" hinauf bis Niederkrälingen, dort mit Weg „11, (Winkel), bis zur Kirche, rechts und über „Vilmahöhe" mit „N" bis Vischel, Abstieg „N", später weg „2" (Keil) zurück.
Dauer	3 – 4 Stunden
Länge	13 km
Wanderkarte	Das Ahrtal 1: 25.000 (= Wanderkarte Nr. 9 des Eifelvereins) oder daraus Sonderkarte Altenahr 1: 20.000
Gasthäuser	In Kreuzberg mehrere.
Hinweise	Der Weg kann stellenweise zugewachsen und auch morastig sein.
Auskunft	Tourist-Information Altenahr, Bahnhof, Haus des Gastes, 53505 Altenahr, Tel. 02643/8448, Fax 02643/3516

Rotweinstöcke und ein flammendes Herz

Von Kreuzberg nach Lind in die Ahreifel

In Blankenheim entspringt die Ahr, 467 Meter hoch, und fließt als sanftes Flüsschen durch das milde Tal. 89 Kilometer weiter mündet sie bei 54 Meter Höhe in den Rhein, und auf dem Stück dazwischen hat sie sich zweihundert Meter tief und tiefer in die Felsen eingegraben, die immer noch 463 Meter hoch sein können. Das ist das schöne Bild vom Tal der Ahr, das man bei Kaffee und Schwarzwälder Kirsch in Kreuzberg oder Altenahr bewundern kann.

Genauso schön wie aus dem Tal hinauf ist auch der Blick von oben auf den Fluss hinunter, nur macht er Mühe, wenn man ihn zu Fuß erringen will. Und gerade das steht uns auf diesem Weg bevor.

Kreuzberger Bahnhof

Vom **Kreuzberger Bahnhof** gehen wir in die Sackgasse hinein und am Fuß des Hangs ahraufwärts. Der Weg ist bald mit einem schwarzen Keil des Eifelvereins als Wanderweg „2a" und einem „A" als „Ahrtalweg" markiert und steigt am Ortsrand mit der Stützmauer zur Rechten an. Dann zweigen rechts bei einem Wasserlauf zwei Wege in der Böschung ab: Wir folgen schon dem

Burg Kreuzberg

ersten mit dem schwarzen Keil und steigen in der Kerbe mit dem Siefen an. Nach etwa 50 Metern knickt der Weg nach rechts und bringt uns bald darauf durch einen engen Linksknick in der Böschung weiter. Atemlos geht es nach oben, bis wir zuletzt auf einen breiteren Wirtschaftsweg stoßen, der uns noch reichlich 100 Meter weit nach links bringt. Dann geht es weiter durch die spitze Kehre und weiter aufwärts, hart an der Flanke des **Kotzbergs**, von dessen Höhe wir hinunter in das Ahrtal schauen können.

Nach 300 Metern passieren wir den Grat des Bergs, der Weg schwenkt links und bringt uns weiter in der Böschung aufwärts, die nach rechts jäh in die Tiefe fällt. Wo die Flanke flacher wird, kommt von rechts ein Weg hinzu; wir wandern weiter geradeaus. Der gut markierte Weg führt durch ein flaches Stück mit Fichten, dahinter stoßen wir auf einen Querweg.

Hier gehen wir nach rechts und stehen einen Viertelkilometer weiter im lichten Mischwald abermals vor einem Querweg. Hier geht es nun nach links, vorbei an einer Eisenschranke und auf die freie Höhe.

Bildstock am Hochkreuz

Wir halten uns beim Weitergehen ein wenig rechts der flachen Kuppe und kommen wieder in den Wald; hier führt uns unser Wanderweg zum ersten Mal hinab. Hinter einer zweiten Eisenschranke sehen wir das freie Bergland vor uns und über allen Fluren **Lind**. Der Weg stößt auf die Straße und folgt ihr in den Ort, wo eine Tafel nicht nur auf sein hohes Alter hinweist, sondern auch darauf, wann es zuletzt gefeiert wurde: 1993! Elfhundert Jahre zuvor gehörte Lind mit Grund und Boden, Wald und allen Rechten den Benediktinern von Prüm. Da deren Landbesitz die Eifelgrenzen schon bei weitem überschritten hatte, schrieben sie sich unter Abt Regino 893 ihren Reichtum auf, und seither wissen ungezählte Dörfer, wann sie was zu feiern haben.

Lind

Die „Hauptstraße" führt uns im Bogen durch den Ort mit einigen schönen Gebäuden aus Haustein und auf den Kegel mit der Kirche von St. Notburgis obenauf. Dann geht es weiter Richtung Plittersdorf und Bad Münstereifel mit dem Keil des Wanderwegs. An der Kreuzung dann verlassen wir die „Hauptstraße" und wandern auf der „Hochkreuzstraße" geradeaus in Richtung Sportplatz. So kommen wir am Ortsrand bei einem Kruzifix an einen Wanderparkplatz heran und auf die kleine Höhe mit der **Wegkapelle** und einem segnenden Christus mit flammendem Herzen und Rotweintrauben von der Ahr. Von hier aus reicht der Blick zur Linken weit ins Land: Wir sehen auf den Steinerberg und tief ins Kesselinger Tal. Dort unten lagen einst die Dörfchen Denn und Brück. Dann übernahm der dicke Generalfeldmarschall Göring die Lufthoheit und ließ das Tal, ein ganzes Dutzend Dörfer, von allen Zivilisten räumen. Das

Wegkapelle

war 1938. Als Luftwaffenstützpunkt „Ahrbrück" erlebte Denn den Krieg. Überlebt hat es ihn nicht. Und statt der Eifelbauern kamen nach den alliierten Bomben ermländische Ostflüchtlinge in den neuen Ort Ahrbrück.

Wir folgen weiterhin dem Wanderweg, kommen rechts an der Kuppe vorüber, und sehen vor uns, zwölf Kilometer weit entfernt den vulkanischen Kegel des Arembergs. Der Weg verläuft noch immer auf der Höhe, 440 Meter hoch im Wind. Wo wir dann nach etwa einem halben Kilometer, bei einer Gabelung mit einer Scheune auf der rechten Seite, am Weg die erste spitze Ecke Kiefernwald erreichen, verlassen wir den Wanderweg „2a" und gehen links, am Wald entlang und gleich darauf am Fußballplatz vorüber. Knapp 150 Meter weiter gehen wir nach links („5", noch immer am Waldrand entlang, und folgen 120 Meter weiter dann dem Querweg vor der Weidefläche nach rechts. Nach kurzer Strecke stoßen wir erneut auf einen Querweg, hinter dem der Wald nun deutlich abfällt. Ob das Flurstück unten aber wegen seiner Hanglage „Im Hangarsch" heißt, das bleibt uns unentdeckt.

Wir folgen hier dem Rundweg „9" erneut nach links und erreichen gleich darauf, nach circa 150 Metern, vor dem Wald, bei einem Hochsitz, wieder einen Querweg, dem wir nun nach rechts und talwärts folgen. Wo er sich gabelt, halten wir uns rechts und folgen dann dem breiten Weg durch eine Reihe weiter Serpentinen bis ins Tal, wo wir am Bach die Hütte „Waldesruh" erreichen. Dann geht es durch die letzte Kehre, am Hochsitz vorüber und im Bachtal auf dem festen Weg zwei Kilometer weit bis an die Ahr. Vereinzelt ist der Weg hier unten als Weg „5" markiert.

Brück Nach langem Marsch im Pütztal kommen wir nach **Brück**, gehen an Parkplatz und Friedhof vorüber und vor der Eisenbahntrasse auf dem „Oberweg" nach links. Wo dann gleich darauf nach links die „Linder Straße" abzweigt, steigen wir die Treppenstufen rechts hinab und unterqueren so die Linie der Eisenbahn. „Dorfplatz" heißt der nächste Rest der Straße, dahinter folgen wir der „Ahrstraße" nach links und überqueren auf der hübschen Bruchsteinbrücke von 1892 dann den Fluss. Rechts oben leuchtet gelb die Katharinenkapelle aus dem 16. Jahrhundert, linkerhand im Dreieck zwischen Ahr und Eisenbahn und Bundesstraße steht die moderne St. Andreaskirche.

Ein Stück lang folgen wir der B 257 nach links mit dem „Ahruferweg". Nach
Bahnhofs- gut 200 Metern biegen wir links hinter Haus Nummer 8 in das Sträßchen
gebäude „Mühlenauel" und folgen dann dem Lauf der Schienen und der Ahr, am hübschen **Bahnhofsgebäude** vorüber. Seit 1888 fuhren hier die Züge bis

nach Adenau, ab 1912 sogar die Ahr hinauf und 1913 gar bis Blankenheim – zumindest im Gespräch war obendrein die Eisenbahnverbindung über Müsch und Prüm bis nach Paris. Doch seit dem Ersten Weltkrieg wusste man, dass nicht nur Kurgäste auf Schienen besser vorwärts kamen, auch Soldaten. Und als dann endlich nach dem Zweiten Weltkrieg wieder Frieden war, war auch die Blütezeit der Eisenbahn vorbei. Weiter als bis hierher fährt sie heutzutage nicht.

Pützfeld hatte niemals einen Bahnhof, weder groß noch klein; dafür steht am Wege jetzt ein Schild: „Hier beginnt Bad Pützfeld, selbständig und unabhängig". So unabhängig war der Ort nicht immer: In dem bekannten Jahr des Prümer Grundbuchs taucht auch Pützfeld auf mit einer Jahressteuerschuld von vier Fudern Wein. Der wäre heute hier nicht mehr zu holen, nur Büsche oder Bäume stehen an den Hängen um den Ort. Dazu eine **weiße Kapelle**, wie sie schöner nicht im ganzen Tal zu finden ist und schöner nicht einmal bei Ludwig Uhland steht: „Droben stehet die Kapelle, / Schauet still ins Tal hinab..." Der barocke kleine Bau mit spitzem Turm am steilen Hang der Biebelsley ist unser nächstes Ziel.

Wo das Sträßchen endet, überqueren wir die Ahr auf einer kleinen Brücke, die von Linden hübsch gerahmt ist, und folgen geradeaus dem Fußweg, der nach rechts hinaufführt zur Kapelle. Sie wurde 1681 vom Herrn auf der untergegangenen Pützfelder Burg, Werner Dieterich von Friemersdroff, und seiner Frau, Maria Magdalena Elisabeth, gestiftet und soll einmal der Sorge um die Pest gegolten haben. Doch geweiht ist sie der Unbefleckten Empfängnis Marias, und keines der Bildwerke im reich geschmückten Inneren zeigt Rochus, den Schutzpatron gegen die Pest. Als Verehrungsstätte für die Muttergottes aber wurde die Pützfelder Kapelle rasch zum Ziel der ganzen Gegend. Im Marienmonat Mai und zum Fest der Mariengeburt im September pilgert man hierher. 1993 wurde die Kapelle restauriert. Gegen Raub und Bilderstürmer dienen die Alarmanlage und ein Gitter, und sicher besser als das Schild vor der Tür gegen schlechtes Benehmen.

Am Chor des Kapellchens vorüber, steigen wir hinab bis an die Eisenbahn. Wir nehmen nicht die Brücke für die Radler, sondern bleiben diesseits des Bahnkörpers und wandern links zurück, noch mehr als einen Kilometer weit bis Kreuzberg.

Pützfeld

weiße Kapelle

Halbzeit für die Ahr – bei Pützfeld

Kurzbeschreibung Tour 17

Anfahrt
Mit der Ahrtalbahn von Remagen bis Kreuzberg. Parkplätze am Bahnhof.

Wegverlauf
Anfangs Ahrtalweg „A", dann Keil des Wanderwegs „2a" bis Lind und weiter bis Hochkreuz. 500 m weiter Wanderweg „2a" verlassen, links am Sportplatz vorüber und auf wechselnden Wegen über Hütte „Waldesruh" ins Tal bis an die Ahr. Mit Ahrtalweg „A" zurück.

Dauer
4 Stunden

Länge
14 km
Anstiege: vom Ahrtalweg mit Wanderweg „2a" langer Aufstieg bis Lind. Abstieg entsprechend.
Varianten: Da die Ahrtalbahn in Ahrbrück endet, kann man den Weg auch dort beenden, freilich unter Verzicht auf die Kapelle Pützfeld.
Anschlusswanderungen: Touren 16 und 15

Wanderkarte
Das Ahrtal 1: 25.000 (=Wanderkarte Nr. 9 des Eifelvereins), ggf. auch deren Sonderkarte „Altenahr und Umgebung" 1: 20.000

Gasthäuser
Mehrere in Kreuzberg.

Auskunft
Tourist-Information Altenahr, Bahnhof, Haus des Gastes, 53505 Altenahr, Tel. 02643/8448, Fax 02643/3516

Einer wollte hoch hinaus

Von Liers zur Teufelsley

Im Tal in **Liers** sind Start und Ziel den Straßenschildern abzulesen: rechts liegt die „Ahrstraße" und links die „Bergstraße". In einem Wort: Das Ahrgebirge ist für heute unser Ziel. Die Ahr liegt eben hinter uns, und was uns auf dem Berg erwartet, steht rechts als funkelndes Versprechen am Start: ein Brocken schimmernden Quarzits, ein Felsen von der Teufelsley.

Liers

Wir wandern mit der **„Bergstraße"** dem Lauf der Ahr entgegen. Wo das Sträßchen bald darauf nach rechts schwenkt, folgen wir dem kleinen Asphaltweg weiter geradeaus, zum Ort hinaus und weiter an der Ahr entlang. Bald treten rechts die Schieferhänge der Dümpelhardt an den Weg heran, in einer Nische finden wir beim Blick zurück im Felsen eine Muttergottes.

Bergstraße

Wo der Berg zurücktritt, gabelt sich der Weg, wir bleiben links auf dem Asphalt und weiter nah am Wasser, vorüber an den Stümpfen der Eisenbahnbrücke von einst. Seit dem „Dreikaiserjahr" von 1888 ratterte die Eisenbahn mit vollem Dampf die Ahr hinauf bis Dümpelfeld, von dort den Adenauer Bach entlang bis Adenau, bald auch die Ahr hinauf und schließlich bis nach Malmedy. Jetzt ist die Bahn verschwunden, und nur der schön gespannte

Am Ziel:
Die Teufelsley

Dümpelfelder Brückenbogen steht noch vor uns in den Wiesen, darüber malerisch die alte **Pfarrkirche St. Cyriak**. Bei einer großen Linde erreichen wir die schmale Brücke über den Fluss, die erste seit Liers. Daneben kreuzt eine Furt das flache Wasser. Wir überqueren hier die Ahr, wo rechts der Adenauer Bach hinzukommt. Der alte Bahndamm vor uns ist durchbrochen, dahinter nehmen wir die ruhige „Ahrstraße" nach links. Nach ungefähr 200 Metern überquert die Straße einen kleinen Wasserlauf, schwenkt rechts und gleich darauf erneut nach links. Rund 20 Meter dahinter bringt uns dann ein Privatweg in der Böschung hinauf, geradewegs bis in den Garten des Lokals „Zur alten Buche" an der Ahrtalstraße.

Wir überqueren vorsichtig die Bundesstraße und folgen gegenüber dann dem Sträßchen „Wingertsbach" in den Taleinschnitt des Baches hinein. Der Weg steigt an, es geht an einem Holzverschlag vorüber, dann biegt nach rechts die Zufahrt zu einer Hofanlage ab, wir halten uns halblinks und wandern weiter aufwärts durch den kühlen Wald, den Wasserlauf noch immer neben uns.

Teuflisch hart: Quarzitbrocken

Bald stößt von links ein weiterer Weg in der Böschung hinzu, wir steigen stetig geradeaus. Nach weiteren 300 Metern schwenkt unser Weg nach rechts und bringt uns weiter aufwärts, nach abermals reichlich 300 Metern steht im Linksknick des Wegs eine stattliche Buche. Hier führt ein Weg nach links zurück, ganz ohne Steigung; wir folgen aber, gleichfalls links, dem zweiten Weg, der deutlich aufwärts führt im Wald.

Nach kurzen, aber steilem Aufstieg folgt ein Sattel auf der Höhe mit einer riesenhaften Eiche. Fünf Wege kommen hier zusammen, und wir, da unser Ziel noch höher liegt, verfolgen gleich halbrechts den Weg, der mit der größten Steigung unter allen geradewegs durch Büsche aufwärts führt. Nach wenig mehr als 100 Metern im lichten Fichtenwald stoßen wir auf einen befestigten Weg, der von rechts und unterhalb hinaufführt. Ihm folgen wir nun weiter auf die Höhe, den Talgrund tief zur Linken, rechts die steile Böschung. Ein gelbes Warnschild verrät uns die Existenz eines „Bundesamtes für zivilen Bevölkerungsschutz", das seinen Zweck von Zeit zu Zeit mit Sprengungen verfolgt: Bei einem langen Ton aus der Sirene wird der Wald zum Sperrgebiet, beim zweifachen Signal legt man sich besser hin und wartet auf das Zeichen der Entwarnung, dreimal kurz.

Ehe wir die Höhe vollends erreichen, stößt ein weiterer Weg zu unserem hinzu, hier finden wir, für alle Fälle, auch einen festen Unterstand am Weg.

Dann haben wir den Höhenweg erreicht, den Wanderweg 2 des Eifelvereins, besser noch bekannt unter dem Namen Karl Kaufmanns, der dem Eifelverein 34 Jahre vorstand, von 1904 bis 1938.

Wir wenden uns nach links und folgen nun für lange Zeit dem schönen Weg und seinem schwarzen Keil auf dem Rücken der Geißnück. Bei einer Schneise haben wir nach links schon einmal einen Eindruck von der Fernsicht, dann endet hier der Wald, und wir können nun das ganze Eifelpanorama sehen. Bei einer eisernen Schranke mit einem rot und weiß gestreiften Schilderhäuschen dahinter verlassen wir das Waldgebiet, doch nicht den Wanderweg, der uns geradewegs über den offenen Pass hinwegbringt und weiter geradeaus, nun wieder sacht bergauf (Keil). Die Wiesen rings umher sind schön von Vogelhecken eingegrenzt.

Dann erreichen wir das Naturschutzgebiet rund um die **Teufelsley**: Den harten Felsen, weiß die Sage, hat der Teufel aufgebaut. Er wollte hier ein Schloss errichten, das hoch bis an den Himmel reichen sollte. Doch Gott zerstörte das vermessene Gemäuer, die Teufelsley liegt seither als Ruine auf der Höhe, 80 Meter lang und 18 hoch. Weniger romantische Naturen müssen mit den Hinweistafeln vorlieb nehmen, die den Härtling aus Quarzit als ein Gebilde der Devonzeit beschreiben, in teuflisch langen 400 Millionen Jahren durch Verwitterung des weichen Schiefers freigelegt. Dort fürchtet er nun weder Wind noch Wetter, Tod und Teufel – nur die Steineklopfer unter den Besuchern.

Teufelsley

Wege führen in den Wald und an den harten Fels heran, neonbunte Kletterer üben gerne dort den Aufstieg an den steilen Flanken. Wir steigen auch ein wenig in dem Fels herum, dann kehren wir zurück zum apshaltierten Weg und wandern weiter auf der Höhe, bis nach einem halben Kilometer der feste Weg auf einen Querweg stößt. Hier verlässt uns der Karl-Kaufmann-Weg nach rechts. Wir halten uns im rechten Winkel links und beginnen so den langen Abstieg von der Höhe.

Es geht an einem Kiefernstück vorüber. Bei einer großen Eiche schwenkt der Weg nach rechts, dann macht er eine scharfe Kehre links und nach abermals 200 Metern wieder nach rechts. Beim nächsten Linksknick, nach 250 Metern, führt ein zweiter Weg auch geradeaus: Wir aber wandern links und übersehen bald darauf auch jenen Weg, der rechts zurück im spitzen Winkeln abwärts führt durch eine Kerbe im Gelände. Wir bleiben weiter auf dem Weg, der in der Böschung gleichmäßig hinabführt und achten auch nicht auf den anderen, der links noch einmal aufwärts führt.

Es geht nur noch hinab, nach einem knappen halben Kilometer noch einmal durch eine Doppelkehre, bis wir an den Rand des Hochwalds kommen. Beim Wegkreuz am Waldrand halten wir uns geradewegs aufs Ahrtal zu, bleiben

Hönningen

bei der nächsten Gabelung im Freien links und kommen weiter deutlich talwärts. So geht es durch ein Gatter und an der Zufahrt zur Hubertus-Hütte vorüber, ein letztes Mal durch eine Doppelkehre, bis wir das Ahrtal vor uns sehen. Hier bei den ersten Häusern von **Hönningen** haben auch die Wege wieder Namen: Unserer heißt nach der Teufelsley.

Unter einer Linde an der Ahrtalstraße steht ein Brocken von dem dort oben. Hier müssen wir nun links der engen Straße folgen und lesen an den Fachwerkmauern die gereimten Sprüche gegen den Durchgangs-Verkehr. Hier klingt denn Kinkels frühes Urteil nur wie Hohn: „Man sieht es dem Örtchen an, wie herrlich die vorbeiführende Staatsstraße auf den Wohlstand wirkt." Hinter der Kirche von 1894, in der, verborgen halb, der Vorgänger des 16. Jahrhunderts steckt, nehmen wir die „Kapellenstraße" nach rechts, hoch über die alte Mühle hinweg, die Spur der Eisenbahn und auch die Ahr. Dahinter schwenkte der Weg nach links, es geht entlang an alten Fachwerkhöfen bis zur Hubertuskapelle von 1610. Von hier aus folgen wir dem Ahrtalweg den Fluss hinauf in Richtung Schuld, der hier beliebt bei Radlern ist.

Liers, das wir nach anderthalb Kilometern wieder erreichen, macht noch den wehrhaft-geschlossenen Eindruck seiner Frühzeit mit einem mittelalterlichen Dorfgericht. Die Brücke über den Liersbach ist noch immer der Eingang ins Dorf. Die Kapelle weist ein Vesperbild des 16. Jahrhunderts auf, es geht noch an der „Dorfschänke" vorüber, dann haben wir den Kreis geschlossen, den die Straßenschilder links und rechts markieren: vom Fluss dreihundert Meter höher auf den Berg und dreihundert zurück zur Ahr.

Dümpelfeld

Kurzbeschreibung Tour 18

Anfahrt	Parkplatz jenseits der Ahr.
Wegverlauf	Der Weg folgt bis vor Dümpelfeld dem Ahrtalweg, Aufstieg von der „Alten Buche" bis Kammweg unmarkiert, oben mit Weg „2" des Eifelvereins in Richtung der stumpfen Keilseite. Bei dessen Rechtsknick 500 m hinter Teufelsley links hinab, unmarkiert zu Tal. Von Hönningen mit Ahrtalweg „A" zurück (dort zur Zeit Bau einer Ortsumgehung).
Dauer	3 – 4 Stunden
Länge	12 km. Anstiege: von der Bundesstraße bis zum Höhenweg langer Anstieg von ca 240 m.
Wanderkarte	Hocheifel, Nürburgring, Oberes Ahrtal 1: 25.000 (= Wanderkarte Nr. 11 des Eifelvereins)
Gasthäuser	Alle am Weg: **„Zur Alten Buche"**, Bundesstraße 32, (dienstags Ruhetag) Tel. 026959/350. In Liers: **„Dorfschänke"**, Tel. 02695/663 (montags Ruhetag). In Hönningen u.a. **„Zur Traube"** am Ortsende in Marschrichtung, Tel. 02643/6474
Auskunft	Für Liers und Hönningen: Tourist-Information Altenahr, Bahnhof, Haus des Gastes, 53505 Altenahr, Tel. 02643/8448, Fax 02643/3516. Für Dümpelfeld: Tourist-Information Adenau, Kirchstr. 15, 53518 Adenau, Tel. 02691/30516, Fax. 02691/30518

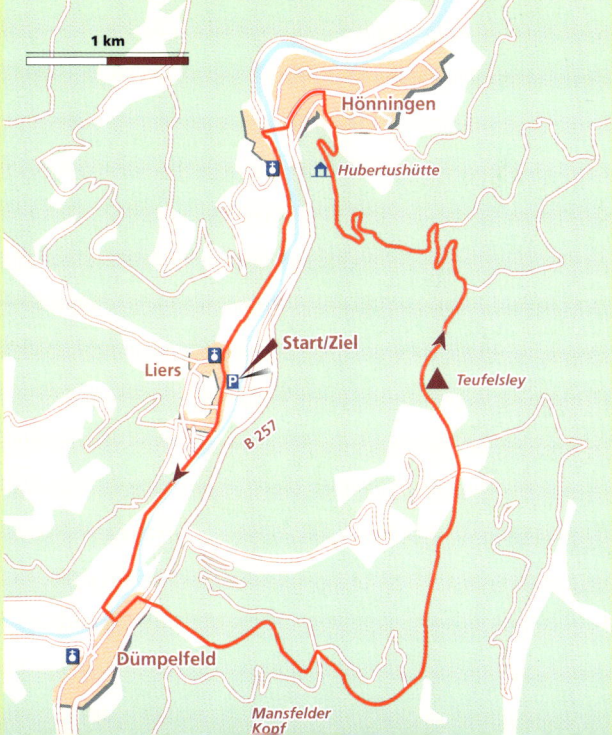

Die Muttergottes weist den Weg

Von Schuld nach Insul

Schuld und Sühne lagen niemals näher beieinander als Schuld und Insul an der Ahr: zwei Kilometer oder wenig mehr, und doch in alter Zeit kein Kinderspiel für Reisende. Als Gottfried Kinkel 1841 seinem Liebeskummer Beine machte und der Ahr bis Blankenheim entgegenstieg, da fand er hier „nur Fußsteige durchs Flusstal oder bodenlose Felswege über die hohen Bergrücken". Vor allem aber fand er noch die Spuren der Verwüstung im Jahrhunderthochwasser von 1804. Noch früher war der Marsch von Schuld nach Insul eine Plackerei, wenn nicht sogar, bei schlechter Witterung, ein Wagnis. Mehrmals musste man durchs Wasser oder knöcheltief durch den Morast. Das hielt die Reiselust in Grenzen, beförderte jedoch die Frömmigkeit, wie uns die Schornkapelle oberhalb von Schuld am Felsenhang beweist. Doch davon später mehr.

Schuld

Kirche

Schönes Schuld

Wir beginnen den Rundweg in **Schuld** und folgen unterhalb der sehenswerten **Kirche** dem Ahrtalweg („A") in die „Domhofstraße" gegenüber. Bald geht

es mit dem Fußweg rechts hinab und unten auf der schönen Brücke zwischen Fachwerkhäusern über den Fluss. Dann folgen wir der „Römerstraße" halblinks und zum Ort hinaus. Am Ortsrand finden wir ein Holzschild („Insul") und wandern geradeaus mit dem Weg „A". Nach wenig mehr als 100 Metern haben wir die eingekerbte Spur der alten Eisenbahn erreicht. In dieser Rinne kam einmal der Fortschritt in die Eifel, wenn

Brücke in Insul

auch mit gehöriger Verspätung: Seit 1888 fuhr die Bahn die Ahr hinauf bis Dümpelfeld, ließ aber dann den Fluss rechts liegen und dampfte weiter bis zum Kreissitz Adenau. Warum nicht weiter längs der Ahr? Es dauerte noch lange, bis zum „Nebeneisenbahnetat des Jahres 1907", dann wurde wenigstens die Strecke Dümpelfeld-Ahrdorf ins Auge gefaßt, 1909 das letzte Stück bis Blankenheim.

Die Bauzeit dauerte noch Jahre und war von ungezählten Unglücksfällen und Verbrechen überschattet, auch einem weiteren Jahrhunderthochwasser im Jahre 1910, das Dutzende von Arbeitern aus aller Welt das Leben kostete, doch am 20. Juni 1912 fuhr der erste Sonderzug die Ahr entlang durch Insul über Schuld und Müsch bis Ahrdorf. In Hillesheim gab es ein Essen für die Gäste sowie ein Vivat für den Kaiser, „den Förderer des Verkehrs und des technischen Fortschritts". Schließlich gab es auf der ganzen Strecke keinen Überweg in Schienenhöhe, darauf war man ganz besonders stolz.

Auf einem der alten Überwege überqueren wir die alte Spur und wandern links und längs der Bahn an Vogelhecken weiter auf dem asphaltierten Ahrtalweg. Nach ungefähr 400 Metern berührt der Weg den Lauf der Ahr, die vor dem Fels nach rechts fließt. Hier wechseln wir nach links und wandern mehr als einen Kilometer auf der alten Schienenspur. Die kühnsten Träume waren einst mit dieser Eisenbahn verbunden, darunter die Verbindung über Müsch und Prüm bis nach Paris, doch schon der erste Weltkrieg schob da einen Riegel vor, und was der zweite nicht vermochte, besorgte das Automobil: In umgekehrter Reihenfolge legte man die Ahrtalstrecken wieder still: 1961 erst das Stück nach Blankenheim, 1973 dann das Teilstück Ahrdorf-Dümpelfeld, zuletzt das Stück bis Adenau.

Die Ahr schäumt uns zu Füßen durch ihr Felsenbett: Hier mag es also denn gewesen sein, wo einmal ein Mann aus Schuld in die tückischsten Strudel geriet und der Muttergottes auf dem Felsen gegenüber ein Kapellchen in die Hand versprach, vorausgesetzt, sie mache seiner Wassernot ein Ende. Wenn das auch bloß Legende ist: Es gibt zumindest jenes Kirchlein gegenüber in der Wand, es gibt die Mühle, die sein Ziel war, und es gibt den Namen des Erhörten: Schorn, wie die **Kapelle**.

In der folgenden Biegung des Flusses musste die Bahn durch den Fels, und so wandern nun auch wir durch den gekrümmten Tunnel, der innen ganz aus Grauwacke gemauert ist. Dahinter geht es noch 300 Meter weiter auf der Schienenspur von einst. Dann verlassen wir den Ahrtalweg und kommen rechts nach **Insul**. Hier folgen wir der kleinen „Überdorfstraße" geradeaus, im sachten Schwung nach links, bis wir auf die „Brückenstraße" stoßen. Hier geht es zwischen Linden auf die schöne Felssteinbrücke zu, die den Hochwassern zum Trotz noch höher ist, hinweg über den Fluss und mit der „Brückenstraße" in das eigentliche Dorf mit seinem Kern aus **Fachwerk**.

Vorher ist Gelegenheit zu einem hübschen Abstecher: Links mit dem „Mühlenwanderweg" zu jener alten Mühle, zu der auch Bauer Schorn mit seinem Korn gezogen war. Sie war einmal die größte Mühle der Umgebung bei einer Jahrespacht von 12 Malter Korn nebst einem „Mühlenschwein" im Jahre 1556. Heute ist die Mühle von Insul ihr eigenes Denkmal und mit ihrem großen unterschlächtigen Mühlrad so etwas wie das Wahrzeichen am Eingang in das Tal der Oberahr. Und weil sie eigentlich zu Dümpelfeld gehört, nennen wir sie lieber **„Hahnensteiner Mühle"** nach jenem „Hahnensteiner Pitter", der 1788 hier der Pächter war.

Dann geht es weiter durch den Ort. Das schönste Haus zur Rechten ist zugleich das älteste, das wir entdecken, und es verrät uns auch, warum es hier noch immer wohlbehalten steht: „DIS HAVS STEIT IN GOTES HANT, GOT BEHVET ES FVR VNGELVCK VNT BRANT, ANNO 1616".

An der Rochus-Kapelle folgen wir rechts der „Hauptstraße" durchs Dorf, vorbei an reichlich Fachwerk und am Gasthof „Keuler". Im nächsten Knick der Straße gehen wir nach links und kommen mit der kleinen „Bergstraße" zum Ort hinaus, hinweg über den asphaltierten Querweg und dann im leichten Schwenk nach links bis an den Fuß der Bergflanke heran. Hier finden wir am Waldrand bei einer Muttergottes einen breiten Weg, der uns nach rechts für lange Zeit am Unterrand der Böschung um das weite Wiesental geleitet.

Zur Rechten liegt dabei die ebenmäßige Erhebung eines alten Umlaufbergs über dem lange schon trockenen Teilstück der Ahr und sieht mit seinem kleinen Wald auf flacher Kuppe auch heute noch so inselartig aus, dass wir den Namen „Insula" für Insul oder

Kapelle

Insul

Fachwerk

**Hahnen-
steiner
Mühle**

An der Brücke

Insul

„Oensel" gleich begreifen. Einst floss ein weiter Ahrmäander um den flachen Felsensporn herum, dann setzte sich das Wasser durch, in diesem Falle wörtlich und wahrhaftig, durchbrach den Riegel an der schwachen Stelle und floss und fließt nun ostwärts schneller durch die weiche Schicht, vorbei an einem Teilstück seines alten Betts.

Womöglich gab es auf dem alten Umlaufberg vor Zeiten eine Burg, zumindest aber gibt es dort und heute noch die Sage von einem wunderschönen Fürstenkind, dem hier sein Lieblingsspielzeug in den Brunnen fiel. Doch weil kein Froschkönig zur Stelle war, liegt die Puppenwiege ganz aus Gold noch immer da.

Einmal steigt der Weg am Wiesenrand bei einer Siefenkerbe deutlich an, bringt uns im Schwenk über den Wasserlauf und führt uns dann am Unterrand von hohem Buchenwald der Ahr entgegen. Als wir den Wald dann auch zur Linken hinter uns gelassen haben, stoßen wir auf einen Feldweg, gehen links und halten uns am Waldrand mit dem nächsten Querweg wieder rechts.

Ehe wir die Landstraße erreichen, stehen wir auf einem Wegdreieck, neben dem der blanke Fels zutage tritt. Hier wenden wir uns links und folgen einer Raute durch den schiefrigen Fels (zuweilen auch „2" und „4"). Uns zu Füßen fließt die Ahr, noch näher der Verkehr auf der Chaussee, die bei ihrem Bau im Jahre 1870 durch den Fels gebrochen wurde. Es geht vorbei an einem reichlich schlichten Bildstock, dann stoßen wir auf einen Wasserlauf und gehen, ohne ihn zu überqueren, links. So kommen wir nach einem knappen Viertelkilometer an einen Parkplatz im Wald. Wir orientieren uns am Hinweisstein und folgen dann dem breiten Weg, der gegenüber in der Böschung rechts hinaufsteigt und sich um den Felsen dreht.

Schorn-kapelle

Freilicht-bühne

So erreichen wir zuletzt die hübsche **Schornkapelle** und die **Freilichtbühne** der katholischen Spielschar von Schuld. Im Jahre 1948 fing man hier mit „Genoveva" an, es folgten „Schneider Wibbel", „Wilhelm Tell" und „Jedermann", auch mehrfach „Die Passion", was Schuld nicht ohne Schuld den Namen eines Oberammergaus im Ahrtal eingetragen hat.

Von der Kapelle gehen wir zur Straße; rechts ginge es bequem hinab, wir aber steigen links und durch die enge Kehre weiter aufwärts, vorbei am kleinen Grauwackebruch und 100 Meter weiter rechts hinauf zum „Ahrtalblick". Oben finden wir im Knick des asphaltierten Wegs die rote Sechseckhütte mit dem Blick auf Schuld. Von hier aus folgen wir dem Grasweg, der am Oberrand der Böschung weiterführt, am Umsetzer vorüber. Keine 100 Meter weiter stoßen wir dann auf den schwarzen Keil des Wanderwegs 2a („Karl-Kaufmann-Weg") und steigen rechts im lichten Laubwald ab. Wieder treffen wir auf eine Panoramahütte und bald darauf ein drittes Mal auf einen kleinen Aussichtspavillon, ehe uns der asphaltierte Weg am Fuß der Felsen rechts zurückbringt. Als Adolf Dronke, der „Vater des Eifelvereins", 1892 dieses „malerische, herrliche Bild" des Schulder Panoramablicks in rechte Worte fassen wollte, fiel ihm nur die Schweiz ein als Vergleich. Und daran hat sich auch in mehr als hundert Jahren nichts geändert.

Die Ahr bei Insul

Kurzbeschreibung Tour 19

Anfahrt
Privatparkplatz der Kirche an der Straße nach Reifferscheid oberhalb der Kirche (samstags 17-19 und sonntags 9-11 Uhr nur für Gottesdienstbesucher). Weitere Parkgelegenheiten am jenseitigen Ortsrand von Schuld. Mit der Ahrtalbahn von Remagen bis Ahrbrück und weiter mit dem Bus in Richtung Adenau bis Dümpelfeld, von dort auf der Straße zur Insuler Mühle und dort beginnen.

Wegverlauf
Nur zu Beginn Ahrtalweg „A", dann auf der wiederhergestellten Bahntrasse bis Insul, dort mit (schlecht markiertem) Rundweg „2" um den alten Umlaufberg und das ehemalige Flussbett herum; vom Umsetzer oberhalb Schuld zurück mit Weg „2a" (Keil)

Dauer
3 Stunden

Länge
10 km
Anstiege: nur kurze Anstiege bis „Ahrblickhütte", steiler Abstieg mit Weg „2a" (Keil).
Varianten: Der Weg lässt sich leicht auch in Insul beginnen und beenden. Er lässt sich mit Tour 20 zu einer großen Runde verbinden. Kürzer wird er, wenn man von der Schornkapelle der Straße in den Ort folgt (vgl. Karte).
Anschlusswanderungen: Touren 20 und 21

Wanderkarte
Hocheifel, Nürburgring, Oberes Ahrtal 1: 25.000 (= Wanderkarte Nr. 11 des Eifelvereins)

Gasthäuser
Schuld: Hotel-Restaurant **Schäfer** 02695/340 (donnerstags Ruhetag), Hotel-Restaurant **„Zur Linde"** – 02695/201 (dienstags Ruhetag). Insul: Hotel-Restaurant **Ewerts**, Ahrstr. 13, Tel. 02695/380 (dienstags Ruhetag), Gasthaus **Keuler** 02695/224 (mittwochs Ruhetag).

Hinweise
Das Hotel Ewerts in Insul, in Laufrichtung jenseits der Ahrbrücke rechts, hat einen schönen Garten mit Wiese gleich am Ufer der Ahr und ist ein beliebter Radlertreff.

Auskunft
Tourist-Information Adenau, Kirchstr. 15, 53518 Adenau, Tel. 02691/30516, Fax. 02691/30518, Auskunft Freilichtbühne: 02695/318

Vom Buckel runter und über die Ahr

Von Schuld ins Liersbachtal

„Hier genießt man ein eigenartiges, wunderbares Bild, wie man es – außer in der Schweiz – kaum wieder findet", schrieb 1892 der Trierer Schuldirektor und „Eifelclub"-Begründer Adolf Dronke: „Die Ahr macht eine kleine Schleife nach Norden und umschließt so eine kleine, nicht bedeutende Höhe, während das rechte Ufer von steilen hohen, teilweise kahlen Felsen eingefasst wird. Auf dem Halse der Landzunge liegt nun das Dörfchen Schuld."

Mit Dronkes Hilfe finden wir es heute noch, und noch genauso wie vor hundert Jahren. Denn Dronke trug den Namen „Eifel-Vater" nicht von ungefähr, nur sein „Club" trägt seit der Gründung einen anderen und heißt seit 1888 „Eifel-Verein".

Erst im Kriegsjahr 1870 hatte man von Dümpelfeld die Straße bis zum Armutsbach geschaffen, jetzt mochte hier der Wohlstand auf bequemen Rädern durch das Ahrtal rollen. Doch auch als 1910 die Eisenbahn hinzukam, blieb es ruhig, und niemals wieder war es so betriebsam an der Ahr bei Schuld

„Auf dem Halse der Landzunge": Schuld

wie einst im wegelosen Mittelalter, als Jahr
für Jahr die Bauern und die Winzer vor dem
„Prümer Tor" zusammenkamen, wo sich der
kleine Fluss durch einen Riegel aus Quarzit
und Grauwacke gefressen hatte, und wo sie
Jahr für Jahr den Zehnten für das Kloster
Prüm zu liefern hatten: Wein und Schweine,
Hühner, Räder, Fackeln, Fässer, Weinberg-
pflöcke oder einfach Geld.

Freilich nicht von jener Steuer-Schuld wird
hier der Name der Gemeinde abgeleitet, son-
dern von dem alten Namen „scolta", Schild, und von der Form des Höckers   „Kleine
an der Ahr, der wirklich aussieht wie ein Schild mit Rand und Buckel. Der   Schleife":
Rand: Das ist der Fluss, und auf dem Buckel steht die Kirche, wo heute unser   Blick hinab
Weg beginnt.

Vom Parkplatz gehen wir hinab zu **Kirche von St. Gertrud**, die schön den romanischen Turm von 1240 mit ihrem lichten Scheiteldach von 1974 verbin-   **Kirche von**
det. Bedeutend ist im Innern auch der alte Taufstein aus Basalt.   **St. Gertrud**

Über ein paar Treppenstufen steigen wir hinunter an die Straße und wandern,   **in Schuld**
an der Post vorüber, links hinab. Hier finden wir denn auch das Wander-
zeichen für die erste Hälfte des gesamten Wegs, den schwarzen Keil des Ei-
fel-Vereins. Die Bogenbrücke bringt uns über die Ahr, daneben an der Tunnelöffnung noch immer die Eisenbahnbrücke, über deren Trasse nun schon
buchstäblich das Gras gewachsen ist. Bei ihrem Bau, im Jahre 1910, hatte
eine Hochwasserkatastrophe das Leben von 140 Bahnarbeitern gekostet.

Hinter der Brücke biegen wir rechts in die „Ahrstraße" ein, nehmen gleich
darauf die „Gartenstraße" wieder rechts und wandern dann, erneut auf der
„Ahrstraße", am Fluss entlang. Die schroffen Felsen am Hang gegenüber
weichen bald flacheren Formen mit Erlen und Eschen. Es geht vorüber an
der Straße „An der Lecker". Wo dann der Asphaltbelag endet, heißt unser
Wander-Weg „Am Berg", und das mit gutem Grund: Hier steigen wir am
Prallhang nun hinauf. Bald kreuzt ein Querweg ohne Steigung, wir bleiben
auf dem Wanderweg, vorbei an einem einsamen Haus hinter Fichten, gemal-
te Sonnenblumen an der Wand. Dahinter folgen wir dem schmalen Pfad
nach rechts und steigen nun im Eichenwald bergauf.

Bald stoßen wir auf einen breiteren Weg in der Böschung, der uns weiterbringt nach rechts, nun weniger steil als zuvor, entlang am Oberrand der
Kerbe eines kleinen Wasserlaufs, der rasch der Ahr entgegenstrebt. Mehrfach stoßen von links andere Wege hinzu; wir wandern geradeaus auf dem
markierten Wanderweg, vorüber an Schlehen und Weißdorn.

Unterhalb von **Harscheid** und der Höhe stoßen wir auf einen Querweg. Hier halten wir uns links und auf dem Weg, der so verläuft, wie er am Ende heißt: „Am Hang". Die Straße, die wir hier erreichen, trägt den Namen „Talstraße": Sie führt zuletzt hinab nach Schuld ins Tal. Ein wenig links nur liegt die **„Schöne Aussicht"**, und auch bei ihr verspricht der Name nichts, was er nicht halten könnte: tief im Tal die Schleife von Schuld, fern die Nürburg und der Aremberg.

Maria in St. Gertrud

Die „Talstraße" erneut hinauf, verfolgen wir weiter den Weg mit dem Keil des „2 a". Am Oberrand des Ortes stoßen wir bei der Kapelle auf die Höhenstraße nach Rupperath und Insul, unten an der Ahr gelegen. Gegenüber feiert ein Gedenkstein unter Birken noch die Völkerschlacht bei Leipzig; „1813-1913". Wo die „Talstraße" dann auf die Ortsumgehung stößt, liegt halbrechts gegenüber unserer Weg. Er führt uns die Böschung hinauf und links dann weiter zwischen Wald und Ackerrand. Wo wir neben den Kiefern über die Kuppe hinwegblicken können, sehen wir in der Ferne die Wensburg, in etwa unser Ziel- und Wendepunkt für heute.

Am Ende des Waldstücks halten wir uns rechts, nur etwa 20 Meter weiter wenden wir uns bei der Bank nach links und wandern zwischen Feldern talwärts. Wir kreuzen einen Asphaltweg; vor der bewaldeten Böschung stoßen wir dann auf den Querweg, der uns links weiterbringt und nach 200 Metern halbrechts in den Wald. Es geht am Oberrand eines Einschnitts entlang auf gut markiertem Weg, ein Schild verspricht uns hier die „Wensburg". Ohne auf einen Querweg zu achten, kommen wir auf unserem guten Weg links um den Berghang herum und gleich darauf mit der Rechtskehre weiter hinab. Nun haben wir ein tiefes Bachtal je zur Rechten wie zur Linken und wandern weiter auf dem Rücken geradeaus. In der nächsten engen Kehre verlassen wir auf Zeit den festen, breiten Weg und steigen nun im Wald, und weiter auf dem Höhenrücken, abwärts. Wenig später stößt der Wirtschaftsweg aufs neue zu uns, dann verlässt er uns für immer, um rechts in spitzer Kehre um den Fels herumzuführen. Wir wandern weiter geradeaus, fast ohne Weg, doch auf der Spur der gut gesetzten Zeichen. Der schöne Gratweg bringt uns zwischen Eichen und einzelnen Kiefern stetig hinab, bis wir zuletzt nach links hinuntersteigen, hinweg über den Wasserlauf, dahinter mit dem breiten Weg nach rechts, bachabwärts.

Nach etwa 700 Metern schwenkt der Weg nach rechts und bringt uns durch das Tal mit einem gut postierten Hochsitz und wieder über den Bachlauf hinweg. Dahinter stößt ein Weg hinzu, der bisher rechts dem Bach gefolgt ist. Der nächste Weg nach rechts, der schon im Bogen wieder aufwärts führt, wird unser Rückweg sein. Doch anfangs wandern wir noch geradeaus, bis sich das schöne Liersbachtal zur Linken öffnet mit Blick auf den Kegel der **Wensburg**. Von dort aus hielt seit 1401 der Kölner Erzbischof seine schützende Hand über die Ahr – manchmal freilich auch den Knüppel.

Wensburg

Der Weg folgt noch dem Liersbach, bis er über ihn hinwegführt und den Laubachshof erreicht, ein festes Backsteinhaus mit Zinnen über dem Portal. Von hier aus wandern wir zurück, zurück ins Liersbachtal und wieder auf die Wensburg zu. Der Weg steigt sacht und stetig an am Oberrand des schönen Wiesentals. Rechts zweigt der Weg ab, der hinüberführt zur Burg. Noch folgt er uns ein wenig unterhalb. Wo er dann nach rechts knickt, nehmen wir Abschied vom markierten Wanderweg und folgen einen Steinwurf weiter links dem Weg den Hang hinauf. Es geht in einer doppelten Kehre nach oben. An den ersten hohen Fichten haben wir es schriftlich, dass wir richtig sind: Hier weist die Schrift nach Schuld. Der Weg über dem Rücken des Sassert hat zwar keine Zeichen, dafür ist er unmissverständlich zu finden: immer obenauf und immer geradeaus. Nach mehr als einem Kilometer geht es eine Zeitlang an einer bewirtschafteten Lichtung vorüber, links bietet sich ein schönes Bild. Wo sich dahinter die Wege verzweigen, wandern wir noch immer geradeaus, auf Schuld zu, wie wir wieder lesen, und weiter auf der Höhe, vorbei an einem **Kruzifix**, das hier an einen Stamm gelehnt ist. Dann verlassen wir den Wald und wandern durch das freie Weideland. Noch immer geradeaus, erreichen wir zuletzt die Straße nahe Harscheid. Links liegt der Hof „Am Steinkreuz". Wir überqueren hier die Straße und wandern

Kruzifix

Ahrbrücke in
Schuld

gegenüber an der Weißdornhecke abwärts; nach 150 Metern über einen Weg im Hang hinweg und weiter geradeaus, zwischen Weidezäunen geradewegs hinab.

Einen halben Kilometer weiter stoßen wir bei einer Bank aufs Neue auf den Fahrweg und folgen ihm nun geradeaus und weiter abwärts. Wo vor dem Knick nach links die Asphaltdecke beginnt, verspricht uns rechts ein Hinweisschild die „Spicher Ley", und für einen Blick zumindest steigen wir ein

Pavillon

Stück hinauf, gerade bis zu einem kleinen **Pavillon**. Unter uns, am Fuß der Felsen wie zu unseren, liegt Schuld, wie Dronke es gesehen hat: „Das malerische, herrliche Bild." Dann steigen wir weiter ins Tal, auf dem Fahrweg durch die Kehre und auf der „Römerstraße" abwärts in den Ort. Auch der „Römerweg" zur Linken weist mit Stolz auf einen Gutshof aus der Zeit der römischen „Arduenna silva", den man links im Hang vermuten darf.

Mit weitem Links- und Rechtsschwenk führt die „Römerstraße" uns hinab bis

Jedem Wasser
gewachsen:
Brückenbau in
Schuld

an die Ahr mit ihrer wunderschönen alten Brücke. Vorüber an den Linden, dem Fachwerk und dem säuberlichen Brennholz geht es gegenüber aufwärts mit der „Domhofstraße" und hinter einem kleinen Spielplatz links hinauf und weiter bis zur Kirche auf dem Schild von Schuld.

Kurzbeschreibung Tour 20

Anfahrt
Privatparkplatz der Kirche an der Straße nach Reifferscheid oberhalb der Kirche (samstags 17-19 und sonntags 9-11 Uhr nur für Gottesdienstbesucher). Weitere Parkgelegenheiten am jenseitigen Ortsrand von Schuld.

Wegverlauf
Keil des Wanderwegs „2a" des Eifelvereins bis Laubachshof. Zurück auf unmarkierten Wegen über den Bergrücken, bei Harscheidt Landstraße am Hof „Am Steinkreuz" passieren und auf Fahrweg über Spicher Ley hinab.

Dauer
3 Stunden

Länge
11 km
Anstiege: von Schuld nach Harscheidt rund 180 Höhenmeter.
Varianten: Der Weg lässt sich mit Weg 19 zu einer großen Runde verbinden.
Anschlusswanderungen: Touren 19, 21

Wanderkarte
Hocheifel, Nürburgring, Oberes Ahrtal 1: 25.000 (= Wanderkarte Nr. 11 des Eifelvereins)

Gasthäuser
Schuld: Hotel-Restaurant **Schäfer** 02695/340 (donnerstags Ruhetag), Hotel-Restaurant **„Zur Linde"** 02695/201 (dienstags Ruhetag). Harscheidt: **„Zur Schönen Aussicht"** Tel. 02695/829 (dienstags Ruhetag).

Auskunft
Tourist-Information Adenau, Kirchstr. 15, 53518 Adenau, Tel. 02691/30516, Fax. 02691/30518

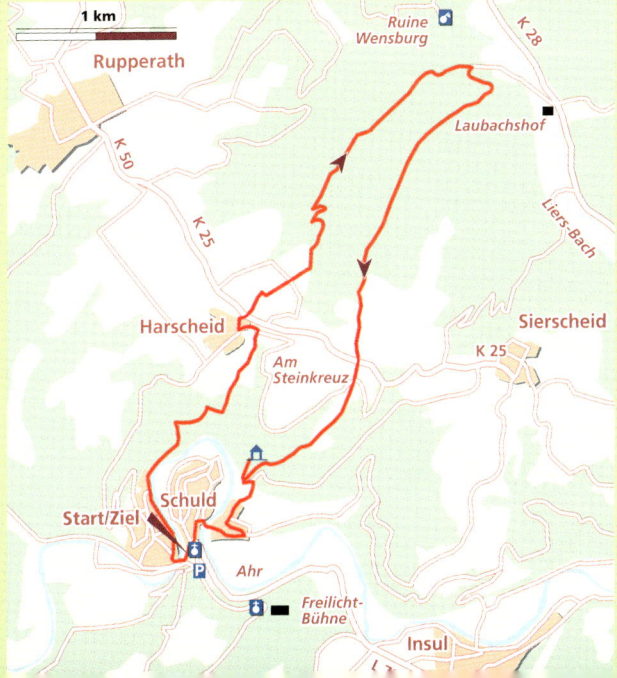

Tour **21**

Vom Wind umweht

Von Winnerath nach Reifferscheid

Reifferscheid trägt seinen Namen zur einen Hälfte nach den Ripuariern, zur anderen nach seiner Höhenlage auf dem „Scheitel" des Geländes. Doch weil die Franken solche Lagen schätzten, gibt es Reifferscheid gleich zweimal. Bekannter ist das burgbewehrte Höhendorf bei Hellenthal, doch höher und vor allem älter ist die Siedlung auf der Kuppe zwischen Ahr und Adenauer Bach: 975 schon erwähnt, 564 Meter hoch – ein schmuckes Dorf im rauhen Eifelwind. Und deshalb hieß es noch zu Kinkels Zeiten „Kalten Reiferscheid".

Winnerath/ Friedhof

In **Winnerath** am kleinen **Friedhof** an der Straße beginnen wir den Weg. Hier steigen wir mit dem Keil des Wanderwegs „2a" die kleine Anliegerstraße hinauf in den Ort, oben geht es halbrechts weiter mit dem „Wiesenweg" und dann auf der „Kapellenstraße" links, vorbei an der weißen Kapelle mit dem goldenen Hahn.

Am Feuerwehrgebäude gabelt sich der Weg; hier halten wir uns links und kommen rasch zum Ort hinaus. Der Weg ist anfangs als Weg „2" bezeichnet mit einer schwarzen Raute als Markierung. In den Wiesen schwenkt der asphaltierte Weg nach rechts und dann nach links um eine Quellmulde herum,

Auf der „Hürs Nück"

steigt wieder an, schwenkt rechts und führt an einer Ruhebank vorüber in das freie Weideland.

Bald endet der Asphaltbelag bei einem Wegkreuz. Wir wandern weiter geradeaus, die Höhe rechts, das Tal der Ahr entfernt zur Linken. Nach reichlich einem halben Kilometer fällt der Feldweg ab und führt uns an die Ecke eines kleinen Waldstücks in der Senke. Hier wenden wir uns ohne Hinweiszeichen rechts und steigen durch die freie Ackerfläche geradewegs hinauf, über einen festen Weg hinweg und weiter bis zum Rand des Waldes. Dort halten wir uns links; wo bald der feste Weg nach links schwenkt, abwärts durch die Äcker,

Eifelhimmel

halten wir uns geradeaus und wandern zwischen Vogelhecken weiter auf der Höhe. Bald endet rechts der Wald, wir bleiben weiter auf dem Höhenrücken, zur Rechten liegt das Lückenbacher Tal, zur Linken weiterhin das Tal der Ahr. Zweimal führt der Weg vorbei an Ginsterkuppen, die sich aus dem Ackerland erheben, dann geht es nicht mehr geradeaus. Hier schwenkt der Weg in einer scharfen Kehre rechts hinab, wo wir sogleich auf einen Querweg stoßen. Nur etwa zwanzig Meter halten wir uns links und steigen dann nach rechts am Ackerrand entlang hinab bis an den Waldrand gegenüber, oberhalb der bewaldeten Böschung. Hier halten wir uns links, folgen gleich darauf dem breiten Weg im Scheitelpunkt der Kurve rechts und wandern somit weiter geradeaus durch einen Streifen Laubwald, bis wir am **Grat des Höhenrückens**, wo er deutlich talwärts führt, eine einzelne, kleine Eiche erreichen. Sie trägt erneut den Hinweis „2", und neben ihr führt rechts der Weg hinab ins Tal.

Höhen-rücken

Bald sehen wir die ersten Dächer von **Lückenbach** tief unter uns. In engen Kehren kommen wir hinunter an den Ort und auf den Fahrweg mit dem Lückenbach daneben. Er bringt uns später rechts hinauf. Doch vorher steigen wir nach links hinab bis an den Ort mit der vergitterten Kapelle neben einem schönen Fachwerkhaus.

Lückenbach

Dann beginnen wir den Aufstieg mit dem asphaltierten Fahrweg längs des Wassers, das uns von Reifferscheid, und immer links des Wegs, entgegenspringt mit all dem Schwung seines Gefälles von 170 Höhenmetern. So jäh hat sich der Bachlauf in sein Tal gekerbt, dass an den Hängen oft der blanke Fels zutage tritt. Nach halber Strecke führt der Weg vorbei an einer kleinen Teichanlage und weiter durch das Bachtal, nun mit Kiefern auf den Hängen gegenüber.

Wo wir die freie Höhe vor uns haben, schwenkt der Weg nach rechts und führt durch eine Kehre um die Quellmulde des Lückenbachs herum. Ein Stück verläuft der asphaltierte Weg noch unterhalb der Höhe und des Ortes, dann knickt er scharf nach rechts, um eine Fichtenpflanzung herum, und führt uns auf den spitzen Turm der **Kirche** zu. So hoch und weithin sichtbar sie hier liegt und seit dem Mittelalter lag, war sie stets Sankt Michael geweiht wie viele zwischen Siegburg und der Normandie. Und noch bis 1910 war Reifferscheid berühmt für seinen „Michelsmarkt". Wir überqueren nun die „Ellerstraße" und wandern gegenüber durch den Ort auf der „Euskirchener Straße", am alten Ziehbrunnen vorüber und mit der „Hauptstraße" nach rechts, zur Kirche mit dem Gasthof „Schaefer" unterhalb. Hier können wir das Eifelpanorama zweimal se-

Rodeln in
Reifferscheid

hen: Einmal in natura und ein andermal in Öl im Schankraum an der Wand, daneben die Tiere des Waldes, Freund und Feind in Eintracht beieinander dank der Kunst des Präparators.

Ausgeruht und für das letzte Stück des Weges gut gerüstet, steigen wir hinauf zur Kirche, schauen nun beim Blick zurück vom „Fronhof" auf die Nürburg und die Hohe Acht und betreten dann von Süden her die Kirche. Sie wurde 1893 gotisierend neugebaut und 1971 noch einmal erweitert; von der alten Kirche ist allein der Unterbau des weißen Turms erhalten, dazu der Taufstein in der Ecke. Doch seit dem jüngsten Umbau überrascht der schlichte Bruchsteinbau durch einen unverwechselbaren Innenraum: Das Langhaus mit zwei Pfeilern in der Mittelachse wurde links und rechts erweitert durch zwei flache Seitenschiffe, und die Pfeiler wurden unterhalb der beiden Säulenkapitelle abgetrennt. Jetzt hängen die erhaltenen Rippengewölbe als neugotisch bemalte Stalagtiten in den Raum und verweisen unaufdringlich, doch mit Nachdruck, auf den Taufstein und auf den Altar, die beide auf den alten Säulenbasen stehen.

Wieder draußen, wandern wir um die Kirche herum, steigen nah der alten Häuser auf der Chorseite den Friedhof hinauf und verlassen ihn nach oben hin. Dort gehen wir ein Stück nach links, bis an das kleine Waldstück auf der Kuppe, an dessen Rand ein Weg am Weidezaun entlang nach Norden führt. Und hier, vorüber an der Rückseite der Bank, verläuft ein Pfad halblinks hinauf ins Unwegsame, wie es scheint, und doch zu einem Kleinod auf der höchsten Kuppe der Umgebung: der winzigkleinen **Nothelferkapelle** am Wasserreservoir, 564 Meter hoch. Die kleinen Heiligenfiguren stehen auf Podesten ringsum an der Wand, dazu die Muttergottes und erneut ein Michael auf dem Altar. Höher ist im Umkreis nur noch der Basaltkegel des Arembergs, fünf Kilometer weg von hier nach Westen.

Nothelfer-kapelle

Vom Vermessungsstein an der Rückfront der Kapelle wandern wir auf einem ähnlichen Pfad halbrechts hinunter von der Kuppe, wo wir gleich vor einem Fichtenstück auf einen Querweg stoßen, den wir rechts verfolgen, noch einmal auf Reifferscheid zu, das wir aber, wie die Kirche, jetzt zur Rechten liegenlassen. Vorbei an einer Fichtenreihe, stoßen wir auf einen asphaltierten Weg und wenden uns nach links. Wo der Asphaltweg dann zweihundert Meter weiter die Landstraße erreicht, liegt rechts die kleine **Fatima-Kapelle** mit einer weißgewandeten Madonna. Sie geht zurück auf ein Gelübde aus dem letzten Krieg.

Fatima-Kapelle

Hier haben wir nun auch den Wanderweg „2a" erreicht, der uns zurückbringt bis zum Ausgangspunkt. Für etwas mehr als einen halben Kilometer müssen wir der Straße nordwärts folgen, dem Keil in Richtung seiner stumpfen Seite nach, bis das Zeichen uns nach rechts auf einen Wirtschaftsweg verweist.

Raue Kuppe: Hürs Nück

Hürs Nück

Bei der Gabelung des asphaltierten Weges halten wir uns rechts und gehen weiter, bis in einem leichten Knick des Wegs nach rechts, hier gehen wir nun links, am Ackerrand entlang und über einen Querweg geradewegs hinweg bis auf die Höhe der **„Hürs Nück"**, im Eifelplatt „Hürschnück", die hohe Kuppe nach dem Wörterbuch der Brüder Grimm. So sieht sie denn auch aus, ein rauher Felsenriegel, der sich aus dem Ackerland erhebt, bisher von keinem Pflug berührt, und nur von Ginster, Heidekraut und kargen Bäumchen struppig überwachsen. (Hier treffen wir dann wieder auf den gut markierten Wanderweg, den wir zuvor bei einer Abkürzung verlassen haben, vgl. Karte.) Der Querweg verläuft auf dem Rücken des Grats und trägt den schwarzen Keil des Wanderwegs, hier halten wir uns links, vorbei an einer Bank bei einer Buche, deren Stämme wie von Menschenhand verflochten sind, 537 Meter hoch, und weiter, bis der Weg nach rechts schwenkt, auf Schieferfels bis abermals an Ackerland heran. Hier halten wir uns auf dem Querweg noch ein Stück nach rechts, weg von der Straße, bis der Wanderweg nach links schwenkt und am Hochsitz vorbeiführt, auf Winnerath zu.

In Höhe des Wasserbehälters nahe der Straße geht es über einen Querweg hinweg, dann vorbei am Fußballplatz. Auf dem nächsten Querweg, den wir dann erreichen, gehen wir nach links und gegenüber rechts gleich weiter mit dem Wanderweg, dann mit dem Pfad vorbei an der Kapelle auf der linken Seite und zurück, wie wir gekommen sind.

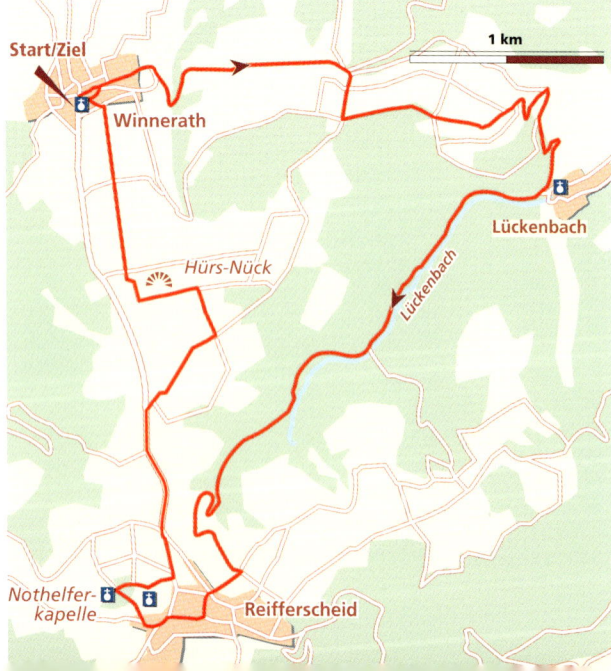

Kurzbeschreibung Tour 21

Anfahrt	Am Ortseingangsschild links Parkgelegenheit am Friedhof, weitere Parkmöglichkeiten an der Straße (Gasthof Verdonk) oder am Sportplatz (am Ortsausgang links zurück und zweimal rechts) sowie in Reifferscheid an der Kirche.
Wegverlauf	In Winnerath „2a" (Keil), dann Rundweg „2", von Lückenbach unmarkierter, aber unmissverständlicher Fahrweg, im Ort Beschilderung, zurück mit Wanderweg „2a" des Eifelvereins (schwarzer Keil).
Dauer	3 – 4 Stunden
Länge	13 km. Anstiege: ein langer Anstieg von Lückenbach bis Reifferscheid, 170 Höhenmeter Differenz. Anschlusswanderungen: Touren 19, 20, 23
Wanderkarte	Hocheifel, Nürburgring, Oberes Ahrtal 1: 25.000 (Wanderkarte Nr. 11 des Eifelvereins)
Gasthäuser	In Winnerath Gasthof und **Restaurant Verdonk**, Hauptstr. 3, Tel. 02695/804. In Reifferscheid **Gasthaus Schäfer**, Im Winkel 2, Tel. 02691/1275 (werktags ab Nachmittag geöffnet).
Hinweise	Siegfried Verdonk (s.o.) in Winnerath bietet pauschale Wanderwochen mit geführten Touren an. Sein Bruder Franz-Josef verarbeitet in der Küche nur Fleisch aus eigener Aufzucht, z.B. aus eigener Ochsenmast auf Wildkräuterwiesen. Reifferscheid bietet im Winter wegen seiner Höhenlage auf dem Bergkegel Rodelhänge in drei Himmelsrichtungen an, südlich der Kirche im Ort, nordöstlich und an der „Fuchshofener Straße" am Ortsrand nach Nordwest.
Auskunft	Tourist-Information Adenau, Kirchstr. 15, 53518 Adenau, Tel. 02691/30516, Fax. 02691/30518

Kein Elend mehr am Armutsbach

Von Wershofen zur Daubiansmühle in der Eifel

Reich war die Eifel nie. Sie galt vielmehr als Armenhaus der Rheinprovinz, und am ärmsten war sie lange Zeit im Landkreis Adenau. „Tiefernst und stumm ist hier die Welt, in diesen öden, unfruchtbaren Weiten": So sang der Dichter Wolfgang Müller, der um die Mitte des vergangenen Jahrhunderts die Ahr hinaufgewandert war, in seinem Lied „Die Eiffel". Die Menschen darbten, und das Vieh litt Not, nur die Poeten fanden dazu schöne Jamben.

Die Weiden, schrieb ein Augenzeuge 1836, seien hier so schlecht, „dass die Kühe und Rinder nicht selten darauf zusammenfallen". Den Winter über lag das Vieh im Stall, weil es zu schwach zum Stehen war, und es galt als „Meisterstück" des Bauern, „wenn die Kuh im Frühjahr ohne seine Beihülfe aufstehen kann..." Die Aremberger Herren, Grundbesitzer in der Gegend, schafften schweres, holländisches Vieh herbei: Vier Generationen danach war es so mager wie das Eifelvieh. „Die Spielereien der Vornehmen sind lehrreich", bemerkte dazu der Chronist von 1836, Johann Nepomuk von Schwerz, mit subversivem Spott.

Im Blick den
Aremberg:
Bei Wershofen

So las man denn die ersten Briefe aus Amerika wie Liebesgrüße aus Schla-
raffenland: Es gebe Fleisch genug für jedermann, für jede Arbeit habe man
Maschinen, und namentlich das Rindvieh stehe voll im Saft: „Die Ochsen
gehen hier geschwinder als die Pferde bei Euch!" Am Kölner Buttermarkt
warb Hermann Lindemann dieweil für Dampferfahrten, einfach, „nach allen
Theilen von Amerika", und tatsächlich verließen um die Mitte des Jahrhunderts 24.333 gezählte Eifelbewohner ihre heimische Scholle, in Wirklichkeit
noch weitaus mehr: geschätzte vierzig- oder sechzigtausend! „Ganze Dörfer
wollten ihre Stätte räumen", schrieb Gottfried Kinkel. So etwa Hümmel nahe
Aremberg: Die Wälder wollten sie zu Dollars machen, dann wollten sie hin-
fort bis auf den letzten Mann, „der Priester voran mit Kreuz und Fahne".

Doch Hümmel liegt noch immer wohlbegründet auf der Höhe. Wir kommen
durch das mehrfach preisgekrönte Ohlenhardt hinauf nach **Wershofen**, un-   **Wershofen**
ser heutiger Startpunkt, von Hümmel durch ein tiefes Tal und den Segelflug-
platz Wershofen-Eifel getrennt. Nichts erinnert hier mehr an die alte Not, dafür
prangt nun unterhalb des Ortes, auf der Sonnenseite an der neuen Straße,
neuer Wohlstand mit Landhäusern im Landhausstil. Nur der Bach, in dessen
Tal wir auf dem Rückweg wandern, erinnert an das Elend alter Tage mit seinem Namen: „Armutsbach".

Wir gehen auf der „Hauptstraße" an der Vincentiuskirche vorüber und weiter
durch den Ort. In der Biegung der Straße, wo sie hinabschwingt bis ins Ahrtal, halten wir uns geradeaus, an der kleinen Kapelle vorüber, und kommen
mit der „Kottenborner Straße" geradewegs zum Ort hinaus und in die freie
Feldflur („A 2"). Zur Rechten ragt der vulkanische Kegel des Arembergs auf,
weit vor uns sehen wir den Turm der Relaisstation auf dem Schöneberg, 670
Meter hoch, also zweihundert höher als wir. Der asphaltierte Weg führt sacht
hinab. Wo er wieder ansteigt, kommt von links ein weiterer hinzu. Wir gehen
weiter geradeaus bis an die Gabelung nach 150 Metern, hinter der die Kuppe
ungerodet liegt. Hier halten wir uns auf dem festen Sandweg links, vorbei an
einer Balkenwippe für die Kinder, an Ginster und Brombeergebüsch und einer schlichten hölzernen Hütte zur Linken.

Noch bringt uns jeder Schritt ein Stück hinauf, das weite Eifelland liegt bunt
gemustert uns zu Füßen, grün die Weiden, gelb die Felder, ringsum an den
Hängen dichter Wald. Auch unser Weg führt auf ein kleines Waldstück zu,
schwenkt vorher rechts und bringt uns auf die Höhe mit dem **Kottenborner**   **Kottenborner**
Kreuz. Vor dem dunklen Kreuz steht unter Fichten eine weiße Kapelle mit   **Kreuz**
einem Reliefbild, das den Auferstandenen inmitten seiner Urgemeinde zeigt.
Nur wenig weiter gibt es einen Rastplatz mit zwei Bänken.

Von hier aus führt der Weg nun wieder sacht hinab, zwischen Ginster und
Kiefern hindurch und abermals ins Freie. Als wir die rauhe Kuppe hinter uns

gelassen haben, stößt unser Grasweg auf einen geschotterten Weg, der uns links und weiter abwärts durch die Feldflur bringt, am Ende in den Wald. Hier führt der Weg „A 2" vor einem Fichtenstück im Schwenk nach rechts, hinab, und vereinigt sich darauf mit einem zweiten Weg, der als „A 3" von rechts dazustößt und nun ebenfalls nach links hinabführt. In wiederholten scharfen Kehren führt der Weg den steilen Grat des Kottenborner Bergs hinab. Es geht hier durch lichtloses Nadelgehölz. Wo der Weg dann Buchenstangenwald berührt, knickt er noch einmal nach rechts, führt zurück ins Dunkle, bis wir die Fichten bald darauf verlassen haben.

Hier verlassen wir auch den bequemen Weg und steigen links, im spitzen Winkel, wieder ab. Unten schimmert schon das Bachtal durch die dünnen Buchenstämme. Dann trennen sich die Wanderwege wieder: Weg 3 führt nach rechts, wir gehen weiter mit dem Weg „A 2". 300 Meter, sagt ein Schild an einem Baumstamm, sind es noch bis ins Tal an die Daubiansmühle.

Berg und Tal: Aremberg und Daubiansmühle

Am Fuß des Berges führt der Weg uns durch die Wiese bis an die Böschung über dem Bach. Jetzt geht es rechts, verrät ein Schild, noch 100 Meter weit. Doch schon nach etwa 50 Metern, wo die Büsche deutlich zurückspringen, wenden wir uns links und folgen einem Pfad bis an das einsame weiße Gebäude, das zwischen Bach und Böschung liegt.

Daubiansmühle

Das ist die **Daubiansmühle**, ehedem „Taubians-" oder „Tobiansmühle", keine zwei Kilometer vor der Mündung in die Ahr am Armutsbach gelegen, vermutlich einst die Mühle eines „tauben Johann" oder „tauben Jan", der ihr den Namen hinterlassen hat, Jahrhunderte hindurch im Dienst als Öl- und als Getreidemühle, seit 1928 Gasthaus und ab 1932 im Familienbesitz.

Die Aremberger Müller wussten wohl am besten, wie nährstoffarm der Boden oberhalb des Ahrtals war. Die Bauern trieben Raubbau mit dem Wald in ihrer Not, sengten Büsche, Heidekraut und alles Grüne ab und streuten Roggen in die aufgehackte Asche. Diese sogenannte „Schiffelwirtschaft" brachte einmal karge Frucht – und jahrelang verbrannte Erde. So könnte denn der Bach mit seinem Namen wirklich „Armut" meinen: nämlich die des Bodens.

Wir wandern weiter, auf der Brücke über den Bach, was auch bedeutet, von Rheinland-Pfalz nach Nordrhein-Westfalen. Von der Brücke geht es geradewegs im Schwenk hinauf, am weißen Einzelhaus vorüber, an die kleine, wenig befahrene Straße. Ihr folgen wir nach links durch eine weite Kehre, wo auf beiden Seiten Wege münden, dann weiter, bis der Fahrweg in seiner Linkskehre den Brömmersbach überbrückt. Hier verlassen wir jenseits des Damms die kleine Straße und folgen links nun dem gesperrten Weg in die Böschung.

Eine Zeitlang sehen wir noch über uns die Straße, dann führt der alte Karrenweg hinab und bringt uns wieder an den Armutsbach heran. Bald geht es auf einer Brücke über das Wasser hinweg und weiter, nah am Fluss und seinem Lauf entgegen durch das gewundene Tal. Bei einem Weg, der links hinzustößt, wird der Talgrund zum Naturschutzgebiet. Hier kreuzen wir ein zweites Mal den Bach und wandern nun erneut an seinem linken Ufer, vorbei an einer dritten Brücke gut einen halben Kilometer weiter. Dahinter wird der Talgrund breit und baumlos.

Erst wo das Tal dann wieder eng wird, wird es auch Zeit für den Aufstieg. Hier kreuzt der Wanderweg 3 des Eifelvereins das enge Tal des Armutsbachs, wir folgen seinem schwarzen Keil nach links, kommen auf einem Brückchen aus dicht gelegten Stämmchen über den Bach und wenden uns am Fuß der Böschung rechts. Nach ein paar Metern steigt der Weg dann deutlich an, trifft bald darauf auf einen breiteren, mit dem es weiter aufwärts geht. Als dieser Wirtschaftsweg nach kurzem Aufstieg rechts schwenkt und nun ohne Steigung weiterführt, weist uns der Keil nach links auf einen Pfad, der kaum erkennbar in der Böschung durch die Fichten weitersteigt. Oben stoßen wir auf einen breiten Weg, und wie bestellt steht gegenüber eine Bank.

Wir wenden uns nach links, doch keine fünfzig Meter weit, dann geht es rechts im spitzen Winkel abermals hinauf, zum Wald hinaus und mit dem Linksknick auf die freie Höhe. Dort stoßen wir auf einen asphaltierten Weg, dem wir nun einen Kilometer weit bis an den Rand des Ortes folgen, vorbei am Schießstand der Sebastianusschützen und gleich daneben auch vorbei an einem offensichtlich neuen **Kruzifix** aus grauem vulkanischen Stein, das keinen Herrgott zeigt, kein Herz und keinen Totenschädel, nur einen flachen Backenzahn. Ein Schelm, wer dabei Gotteslästerliches dächte.

Kruzifix

So erreichen wir Wershofen und die „Nordstraße", wo unser Weg nach rechts schwenkt, an einem kleinen Teich vorüberführt, vorbei am alten Forsthaus und am Friedhof auf dem Berg, auch noch am Bildstock an der „Bergstraße" vorüber und mit dem Keil bis in die „Raiffeisenstraße" hinein. Hier verlassen wir den Wanderweg und folgen links der stillen „Gartenstraße" geradewegs zurück zur alten Kirche von Sankt Vincentius.

Kurzbeschreibung Tour 22

Anfahrt	Parkplatz in Wershofen „Dorfplatz" nahe der Kirche rechts der Straße.
Wegverlauf	Von Wershofen Rundweg „2" bis Daubiansmühle, von dort mit „2" das Tal des Armutsbachs hinauf, zuletzt Wanderweg 3 des Eifelvereins (schwarzer Keil) links hinauf und zurück.
Dauer	3 Stunden
Länge	11 km Anstiege: mit Wanderweg 3 (Keil) gut 2 km hinauf mit 134 Höhenmeter Unterschied Anschlusswanderungen: Touren 19, 20, 23
Wanderkarte	Hocheifel, Nürburgring, Oberes Ahrtal 1 : 25.000 (Wanderkarte Nr. 11 des Eifelvereins)
Gasthäuser	In Wershofen: **Landgasthaus Pfahl** (auch Hotel) nahe dem Start an der Hauptstr. 78, Tel. 02694/232 (dienstags Ruhetag). **Jagdhaus Hotel Kastenholz** (mit Damwild), Hauptstr. 1, Tel. 02694/381 (mittwochs Ruhetag).
Auskunft	Tourist-Information Adenau, Kirchstr. 15, 53518 Adenau, Tel. 02691/30516, Fax. 02691/30518

Die Reste einer Pracht

Von Aremberg nach Antweiler

Als Gottfried Kinkel hier vorüberkam auf seiner Wanderung die Ahr hinauf, da lag der Aremberg so majestätisch, einsam und verwunschen da wie heute. Den Bonner Dichter und Gelehrten plagte Liebesschmerz und Selbstvorwürfe, als er sich im kalten Frühjahr 1841 durch das Ahrtal mühte, und vielleicht hatte die Schwermut des eigenen Herzens teil an jenem „unbeschreiblich wehmütigen Eindruck", den er festhielt ein für allemal in seinem Buch „Die Ahr". Er träumte sich zurück in jene gar nicht ferne Zeit, als hier statt Trümmern ein Palast gestanden hatte, und als er dann hinunterstieg ins nahe Dorf, da ließ er es den Flecken büßen, dass die prachtvolle Vergangenheit vergangen war: „Der Flecken Aremberg aber, der zu den Füßen des Burgkegels am Ende des Parks liegt, auch einst blühend und auf den Landkarten noch trügerisch als ein ansehnlicher Ort hingezeichnet, ist zum elendsten Dorfe herabgesunken..."

Auf Kinkels Spuren finden wir ein kleines Eifeldorf, abgelegen vom Verkehr, idyllisch selbst am Wochenende, doch weit genug entfernt vom Elend, wie es der Dichter Kinkel hatte sehen wollen. Schon damals war die Straße herr-

Ahr mit
Aremberg

schaftlich gepflastert mit Katzenköpfen von Basalt, da mahlten sich sogar noch in Berlin die Karren mühsam durch den Staub. Die Herrscher hatte man vertrieben, das herzogliche Schloss dem Abbruch überlassen: das Pflaster aber blieb im Boden, und wurde so zum Hinweis auf die alte Pracht am Oberlauf der Ahr.

Wir finden heute in dem stillen Dorf **Aremberg** weitere Spuren: eine „Herzogstraße", eine „Burgstraße", eine scheinbar unscheinbare **Kirche** von 1783, die im Innern prunkvollen Barock zu bieten hat, gegenüber dann den Hinweis auf die Burg, und hier beginnen wir den Aufstieg.

An der Pfarrkirche St. Nikolaus und der Gaststätte „Zur Burgschänke" vorüber, wandern wir im Dorf die „Burgstraße" hinauf und nach der Kehre links zum Ort hinaus. Das letzte Haus zur Linken, Nr. 4, altrosa mit verschiefertem Mansardendach und grau-weißen Schlagläden, war einmal das Rentamt der Aremberger Herren. Hier endet aus dem Dorf die Straße, wir halten uns gleich rechts und kommen auf grobem Basaltpflaster aufwärts in den Wald.

Der Weg legt sich im sanften Bogen um die Kuppe von Basalt, erstarrtes Magma der Vulkanzeit des Tertiär. Bei einer alten Ulme stehen Bänke, hier bietet sich ein schöner Blick auf Aremberg und das wellige Land in der Ferne. Eine Übersichtstafel, ähnlich wie neben der Kirche, zeigt die alte **Zitadelle** mit Befestigungsanlagen. Daneben sehen wir die Wirklichkeit: Im Unterholz entdecken wir Gemäuer, grob gefügt aus hartem Stein.

Zitadelle

Der Aufstieg bringt uns an den Resten eines großen Salls vorüber. Dann knickt der Weg mit einemmal nach links, und wir kommen auf der alten Auffahrt auf den Aremberger Gipfel mit den Resten seiner **Höhenburg**. Schon 1166 weiß man hier von einem festen Haus. Die Lage auf dem Kegelberg und nahe einer alten Römerstraße hat die Aremberger Herren dann im Mittelalter groß gemacht. Eisenerze in der Nähe sicherten den Reichtum, geschickte Bündnispolitik den Einfluss und die Gunst der deutschen Kaiser. So brachten sie es 1644 bis zur Herzogswürde und in der Folgezeit zu einer Festung, wie es keine zweite gab im Westen. Mochten Ludwigs Truppen auch den Glanz des Sonnenkönigs und die Raubgier der Franzosen bis nach Spanien und in die Niederlande tragen: um Aremberg machten auch sie einen Bogen. Der Berg war ein einziges Bollwerk, mit Gewalt nicht zu nehmen, aber mit Tücke: Soldaten kosten Geld, und auf der Festung Aremberg gab es Hunderte davon, die regelmäßig ihren Sold verlangten. Als daher

Höhenburg

Frieden walten sollte in Europa, wie es die Herrscher zwischen Dänemark und Spanien sich feierlich versprochen hatten, entließ der Aremberger Herzog seine Garnison und pries den Friedensschluss von Nymwegen auch wegen des Ersparten.

Das tat er ungefähr drei Jahre lang. Dann kamen 1682 die Franzosen und nahmen die Bastion wie ein Geschenk, ganz ohne Gegenwehr, doch mit reichem Gewinn. Glücklich aber wurden auch sie nicht auf dem düsteren Berg: Als sie Aremberg ein letztes Mal erweitern wollten, sprengten sie versehentlich die Quelle, der Brunnen versiegte, der Berg war als Festung verloren. So zogen sie schon 1683 wieder ab, und die alten Herrscher bauten nun ein Schloss auf dem Plateau, aus Festungsgräben wurden Blumenbeete, aus Kasematten Rabatten.

Die Lindenallee, links neben den alten Terrassen, stammt noch aus dieser Zeit, zwölf Bäume akkurat in einer Reihe. Hier kommen wir vorüber und erreichen oberhalb den **Turm**. Vor Jahren gab es in der Schänke unten einen Schlüssel für den Turm. Jetzt ist er baufällig, gesperrt, ein Bild des Niedergangs: „Frage, wen du willst, von Leuten über dreißig Jahren; jeder wird dir von der Pracht dieses Baues erzählen und von seinem Schmerz, als er mit ganz unbegreiflicher Roheit abgebrochen wurde", schrieb Gottfried Kinkel damals, „Manche berichten noch, wie sie als Kinder sich Tapetenfetzen und Porzellanplattierungen aus dem abgerissenen Gemäuer zusammengesucht..." Der Eindruck wäre heute wohl derselbe, doch Kinkel hat den Turm noch nicht gekannt: Der wurde hier erst 1854 aufgerichtet von den Arembergern zur Erinnerung ans Schloss, von dem wir heute kaum noch Spuren finden. Zu Kinkels Zeiten waren immerhin noch Trümmer übrig.

Turm

Weg nach
Aremberg

Aremberg

Bis 1794 hatte das barocke Schloss das Leben rings um **Aremberg** bestimmt. Dann kamen im Oktober die Franzosen, beschlagnahmten am dreizehnten den Herzogssitz und gaben ihn neun Jahre später frei zum Abbruch für wenig mehr als dreitausend Franken. Die Aremberger Linie blieb erhalten; das Wappen in der Turmwand ist noch heute ihr Zeichen: drei Mispeln auf dem Schild.

Wie wir hinaufgestiegen sind, so kommen wir zurück nach Aremberg und nehmen, gleich dem Gasthaus gegenüber, rechts neben der Kirche die kleine „Kirchstraße", folgen hinter der Kirche links der „Grabenstraße", die am Kirchhof gleich nach rechts schwenkt und uns zum Ort hinausbringt. Hier endet bei Haus 9 der Asphalt, wir wandern auf dem Wiesenweg dem Wald entgegen. Gut 100 Meter im Wald, wo bei einem großem Ilexbusch nach beiden Seiten Pfade sich verzweigen, folgen wir dem Weg nach links, durch den Wald hinunter und gleich darauf mit einem unmarkierten Reitweg halbrechts hinab.

Noch vor dem Waldrand nehmen wir den Querweg, halten uns hier rechts, bis dieser Weg nach reichlich hundert Metern einen leichten Rechtsknick macht, um uns auf der Höhe gegenüber Wershofen zu zeigen: Hier wandern wir links durch die Wiesen, knapp zweihundert Meter, bis an die Fahrstraße nach Eicherscheid heran, wo sie junst nach links schwenkt. Ohne diese Straße zu berühren, folgen wir nun rechts dem Forstweg. Links stehen Kiefern, rechts erhebt sich hinter den Wiesen im Wald der Vulkankegel des Arembergs.

Bald erreichen wir den Wald, erst links, dann sind wir ganz im Wald. Der Forstweg dreht sich unentwegt nach rechts, fällt wenig ab und steigt, wo links ein Waldweg abzweigt, wieder an. Beim nächsten Querweg öffnet sich ein weiter Blick zur Linken. Wir kommen über einen leichten Buckel hinweg, dann stoßen wir auf einen festen Querweg mit dem Hinweis „An 1" und folgen ihm nach links hinab. Rechts ginge es zurück nach Aremberg, wie wir erkennen, wir wandern nun in Richtung Antweiler.

Geschmücktes
Antweiler

Bei einer Waldwiese zur Linken stoßen wir auf eine Ruhebank mit einem Wegekreuz. Hier, wo die Buchen mannshoch vernarbt sind von vielen Taschenmessern, wandern wir nach rechts, haben dabei immer noch den Kegel neben uns und links das jähe Tal, in dessen Grund die Ahr verläuft.

Einen halben Kilometer später teilt sich der befestigte Weg, rechts nähert sich ein Weg dem Kegel, links fällt einer tief in den Wald, wir bleiben in der Mitte, und als nach fünfzig Metern der Weg sich noch einmal verzweigt, halten wir uns links, wo es geruhsam talwärts

geht. Der Weg nach Antweiler steigt stetig sacht hinan; wir achten nicht mehr auf die Querwege, die aufwärts oder zügig abwärts führen. Nur vereinzelt ist der Weg als „1" markiert.

Aremberg

Bei einer Feldscheune, einem schön gezimmerten Fachwerkgerippe am Rand des Waldes, verlässt uns der Weg „1". Wir folgen weiterhin derselben Richtung und kommen so bei einer Wiese endgültig zum Wald hinaus und mit den ersten Häusern und der Schule an **Antweiler** heran. Wir folgen der Zufahrt weiter bergab, bis wir die Straße erreichen mit dem Wanderweg „12" des Eifelvereins. Die offene Seite seines Markierungswinkels weist uns auf dem „Eichenbacher Weg" ins Tal, am „Gartenweg" vorüber und bei einem Bildstock an die „Aremberger Straße". Ihr folgt der Wanderweg nun links hinab bis an die „Ahrtalstraße" heran. Hier gehen wir nach rechts, noch immer mit dem Wanderweg.

Antweiler

Antweiler, „Ametwilere" auf einer Urkunde des Jahres 975, war damals schon Pfarrei. Die kleine Kirche mit dem verschieferten Turm, die wir nebst zwei Gasthäusern passieren, sieht allerdings recht neu und wohlbehalten aus, weil sie zur Tausendjahrfeier des Ortes im Jahre 1975 hergerichtet wurde. Sie hatte 1762 eine alte **Kirche** abgelöst, nachdem ein Aremberger Herzog einen neuen Bauplatz nah dem Fluss im Dorf gestiftet hatte. Mit der „Bahnhofstraße" wenden wir uns links in Richtung Rodder. Motoradfahrer lärmen hier vorüber, und keiner achtet auf den Nepomuk, der seinen Zeigefinger an die Lippen hält.

Kirche

Jenseits der Ahr passieren wir die kleinen Sträßchen „Mühlenweg" und „Auf der Hütte", die an die Kupferkiesgewinnung hier im Tal erinnert, und wenden uns dann mit der „Bahnhofstraße" links. So verlassen wir den Wanderweg 12 und folgen gleich hinter dem Eckhaus dem „Ahrtalweg" („A") hinab durch die grüne Aue der Ahr. Bald schmiegt der Fluss sich an den Weg.

Zwei Kilometer weg von hier und einen Drittelkilometer höher thront der Aremberger Kegel über dem Gelände, 623 Meter hoch und einer der höchsten der Eifel. Wir kommen an Obstgärten vorüber, dann bei Haselnuss- und Weidensträuchern wieder an den Fluss heran. Auf der schmalen Eisenbrücke, **Nikolaus-** die eigens einen Namen hat (**„Nikolaus-Lenz-Brücke"**), kommen wir erneut **Lenz-Brücke** ans links Ufer, wandern geradewegs am Schullandheim „Duisburg" vorüber und überqueren dort die Straße, um so, ein wenig rechts versetzt, dem „Gartenweg" zu folgen.

Es geht hinweg über die „Berstraße". Am Ende stoßen wir aufs neue auf den „Eichenbacher Weg" und halten uns nun rechts für einen langen Aufstieg bis nach Aremberg. Wo die Straße rechts zur Schule schwenkt, folgen wir dem Winkel links und dann zum Ort hinaus. Noch in der Kurve, neben dem hölzernen Kreuz, verlassen wir für eine Zeit den Fahrweg und das Wegzeichen und steigen schnurstracks auf dem Wiesenweg den Berg hinauf. Auf halber Höhe geht es unter einer Eiche hindurch und weiter zwischen Schlehen und Weißdorn und Weideflächen beiderseits.

Wo die Weidefläche endet, erreichen wir bei einer Ruhebank ein Wegkreuz. Hier sind wir wieder auf dem Wanderweg, der Winkel weist uns aufwärts in den Wald. Am Ende des Hochwalds kreuzt ein Querweg, wir steigen weiter, nun durch jungen Stangenwald. Es geht vorbei an einem Muttergotteshäuschen mit einer Picknickstätte gegenüber, dann zeigt uns das Basaltgeröll am Boden, dass wir uns dem Gipfel nähern.

In einer Zeit, die unter Geologen schon die Neuzeit heißt, vor ungefähr drei Dutzend Millionen Jahren, brachen hier und anderswo Vulkane durch das weichere Gestein. Die Magmaglut erstarrte mit den Jahren zu Basalt, die Kraterwände schmirgelte der Wind herunter, so dass wir heute mit den Kegelbergen in der Eifel gleich das Innere der alten Schlote sehen.

Im Wald von Eschen und von Lärchen steigen wir noch immer geradewegs hinauf. Dann endet links der Wald, wir haben weite Wiesenflächen vor und unter uns. Noch einmal geht es durch ein lichtes Waldstück auf dem Weg **Aremberg** hinauf bis an die ersten Gartengrundstücke von **Aremberg** mit einer Bank davor. Zum Wanderparkplatz geht es nun nach links, zur Kirche und zum Gasthaus geradeaus, auch hier an einer „Gartenstraße" und am „Finkenweg" vorbei, vorüber am Gemeindeamt und abermals vorbei am Schullandheim „Duisburg" mit dem „Antweiler Weg".

Kurzbeschreibung Tour 23

Anfahrt

Am Ortsrand von Aremberg rechts, kleiner Wanderparkplatz in der Kehre, einzelne Plätze auch im Ort an der Kirche.

Wegverlauf

Der Weg zur Ruine hinauf und hinab ist unmarkiert, aber unmissverständlich. Der Rundweg anfangs unmarkiert, dann folgt er dem Rundweg „1" und ist überdies durch gute, namentliche Beschilderung kaum zu verfehlen. Zurück mit dem Wanderweg 12 des Eifelvereins (Winkel).

Dauer

3 – 4 Stunden

Länge

12 km. Anstiege: Von Antweiler bis Aremberg gibt es einen Anstieg von mehr als 2 km Länge und 240 Höhenmetern Differenz. Varianten: Je nach Anfahrt kann man den Weg leicht auch in Antweiler beginnen und beenden. Anschlusswanderungen: Touren 21 oder 22

Wanderkarte

Hocheifel, Nürburgring, Oberes Ahrtal 1 : 25.000 (= Wanderkarte Nr. 11 des Eifelvereins)

Gasthäuser

„Zur Burgschänke" in Aremberg, Tel. 02693/391 (Montag Ruhetag), in Antweiler u.a. **„Zur Traube"** Ahrtalstr. 36, Tel. 02693/236.

Auskunft

Tourist-Information Adenau, Kirchstr. 15, 53518 Adenau, Tel. 02691/30516, Fax. 02691/30518

Die obere Ahr

Alles proper, frisch gestrichen

Rund um Ahrdorf

Am schönen Oberlauf der Ahr, dort wo der junge Fluss sich um den Sporn des Öhls-Bergs windet, unterhielt die preußische Eisenbahn mitten im Grünen den Knotenpunkt Ahrdorf. Seit dem 1. Juli 1912 fuhr der Zug die Ahr hinauf von Dümpelfeld bis Ahrdorf und weiter bis nach Hillesheim, im Mai des nächsten Jahres kam sogar die Querverbindung bis nach Blankenheim dazu. Die Post gab ihr „Privatpersonenfuhrwerk" auf, und dreimal täglich kam der Briefträger durch Blankenheim, um 9.15 Uhr, 13 Uhr und 19.30 Uhr. Wenn der Postmann heute zweimal klingelt, hat er höchstens was vergessen; die Eisenbahnverbindung über Ahrdorf ist verschwunden, und der ganze Fortschritt an der Ahr ist lange schon Vergangenheit.

An **Ahrdorf** selber freilich war die Eisenbahn, ihr Boom und auch ihr Niedergang, schon immer fast vorbeigefahren: Der Bahnhof hatte außerhalb gelegen, die Hillesheimer Strecke knickte vorher ab, die zweite tauchte früh genug in einen Tunnel, der seiner unerhörten Länge wegen ganz der Stolz der Ahrtalstrecke war: 398,66 Meter, und jeder davon ausgemauert! So ist der Ort denn nach wie vor ein schöner Ausgangspunkt für einen Weg hinaus ins Freie. Und sein Bahnhof immerhin Etappenziel.

Ahrdorf

Vom Wanderparkplatz an der Bundesstraße gehen wir achtsam zurück bis zur Einmündung der Straße nach Kelberg. Hier überqueren wir die Ahr und folgen gleich darauf der Straße rechts in Richtung Ahrdorf („26"). Nach wenig mehr als 100 Metern folgen wir dem Weg im spitzen Winkel links und auf-

Antoniuskapelle

wärts in der Böschung. Nach kurzem Aufstieg knickt der Weg nach rechts und führt uns um den Berg herum. Uns zu Füßen liegt der alte Bahnhof, ganz das stattliche Empfangsgebäude von 1912, auch ohne Eisenbahn und Gleise. Statt ihrer führt seit ein paar Jahren die neue Straße nach Hillesheim am Bahnsteig entlang, und im Bahnhofsgebäude ist eine Begegnungsstätte untergebracht.

Ahrdorfer Feriendorfs

Rechts und oberhalb des Weges („27") sehen wir die Häuser des **Ahrdorfer Feriendorfs**. Wo der Weg sich gabelt, halten wir uns rechts und gehen weiter um den Berg herum, durch Kiefernwald mit schönen Exemplaren von Wacholder. Als wir den Berg schon halb umrundet haben, blicken wir erneut ins Tal der Ahr und auf Ahrdorf mit der kleinen Kapelle. Hier steigen wir vom Waldrand links hinunter bis ans Kreuz der asphaltierten Wege und folgen links dann dem Wacholderweg („W"). Nach etwa 120 Metern gabelt sich der Weg, wir bleiben links und kommen sacht hinab. Abermals 300 Meter weiter wandern wir nicht weiter geradeaus im Tal, sondern kommen mit dem Fahrweg durch die enge Kehre und gehen bis an die umzäunte Teichanlage heran. Dort halten wir uns rechts, überqueren den Klausbach und halten uns dahinter wieder rechts („W"). Nach ein paar Metern bringt uns dann ein Weg nach links im Doppelbogen sacht den Hang hinauf, vorbei an Kiefern und durch Fichten und auf dem langen Rücken unentwegt hinauf.

Nach einem Kilometer haben wir den höchsten Punkt des Bergs erreicht, den Nadelwald im Rücken und vor uns nichts als freie Feldflur. Hier verlassen wir auf Zeit den Blankenheimer Wanderweg, gehen rechts am Waldrand weiter, mit dem Knick nach etwa 100 Metern links und nun entlang an einem lichten Kiefernstück. Am Beginn der Vogelhecke, die den Acker hier begleitet, halten wir uns noch einmal ein Stück nach rechts und nehmen dann den Weg nach links, den flachen Bergrücken hinab.

Bei Uedelhoven

Die Ackerkrume ist mit Kalkgestein durchsetzt: guter Ackerboden also und entsprechend früh gerodet. Dies ist die
Hochfläche der Ahrdorfer Mulde, einer der Eifeler Kalkmulden,
deren begrenzende Grauwackesättel die Erosion des jüngeren
und weicheren Gesteins verhindert haben. Hinter uns entdecken wir, als dritten Zeugen aus der Erdgeschichte sozusa-
gen, den ältesten von allen, den unverwüstlichen Basaltkegel
des Arembergs. Nach einem halben Kilometer haben wir auch
wieder den Wacholderweg erreicht. Rechts führt der Asphaltweg „29" geradewegs nach Uedelhoven; wir wandern auf der
Kreuzung geradeaus („W") und an einem kleinen Fichtenstück
entlang. Rechter Hand liegt langgestreckt mit weißen flachen
Bauten der **Andreashof**. Als wir fast an ihm vorüber sind,
knickt der Weg nach rechts und führt uns zwischen Wirt-
schaftsbauten geradewegs hindurch und durch das flache Tal
des Flurstücks Merrenwiese mit einem erlengesäumten
Wasserfaden im Boden. Dahinter, auf dem Querweg, halten

Pfarrkirche
Uedelhoven

wir uns rechts und folgen dann nach etwa 100 Metern dem „W" nach links,
den Hang hinauf.

Nach kurzem Aufstieg, an der Straße, verlässt uns der Wacholderweg nach
links. Wir überqueren bloß die Straße und steigen so am Rand des Ackers weiter aufwärts, auf die Höhe. Der Weg ist unmarkiert und nicht befestigt. Oben
geht es über die Kuppe hinweg und an die rechte Ecke eines kleinen Streifens **Andreashof**
Wald heran. Ein Querweg davor bringt uns rechts bis an ein Wegkreuz nach
abermals gut 100 Metern, wo wir die Straße wieder vor uns sehen. Hier
schwenken wir nach links (nicht spitzwinklig!) und wandern durch die flache
Ackersenke auf das gegenüberliegende Kiefernstück zu. Wieder geht es über
einen erlengesäumten Graben hinweg, dann an den Kiefern rechts vorbei bis
an den asphaltierten Weg heran.

Vor uns fällt das bewaldete Gelände in das Tal des Michels-Bachs ab. Wir folgen nun für mehr als einen Kilometer dem Asphaltweg durch die Äcker, an
einer Ruhebank vorüber und auf **Uedelhoven** zu. Dreimal geht es über Quer- **Uedelhoven**
wege hinweg, dann erreichen wir bei der Antoniuskapelle die ersten Scheu-
nen und kommen mit der „Kreuzstraße" geradeaus durchs Dorf, vorüber an
Häusern nach Gutsherrenart, alles proper, frisch gestrichen, aber kaum ein
Gräschen Grün. Um so schöner dann der Kern um die Kirche: Ehe die „Kreuzstraße" die „Üxheimer Straße" erreicht, gehen wir zwischen den letzten beiden Häusern links hindurch, vorbei an dem schönen Gemäuer von 1807, vorüber auch an einem alten Brunnen mit Kette und Eimer und durch die **Kirche**
Friedhofsmauer an die leuchtend gelbe **Kirche** heran, einen großen Bau des

Ahrdorfer
Kalkmulde

18. Jahrhunderts mit einem Westturm, der weit älter ist. Um den Rundweg fortzusetzen, folgen wir der „Üxheimer Straße" nach rechts, vorüber am Hotel „Pfeffermühle" und gehen dahinter mit der „Ahrdorfer Straße" zum Ortsrand. Gegenüber „auf der Bleek", der flachen Höhe jenseits der Umgehungsstraße, sehen wir die Marienkapelle von 1888. Wir verlassen schon am Ortsschild die Straße und folgen links dem asphaltierten Weg am Unterrand des Dorfes entlang. Bald haben wir die letzten Zäune hinter uns und wandern zwischen Ackerland und Weidefläche weiter. Bei einem Querweg endet der Asphaltbelag; hier halten wir uns geradeaus und in den Kiefernwald hinein. Bei einem Fichtenriegel dann erreichen wir den Oberrand des Ahrtals. Links steht eine feste Bank bereit. Wir wenden uns nach rechts und steigen mit dem Pfad in der Böschung hinab bis auf breiteren Ahrtalweg („A"), der uns nach wenigen Metern an die Straße nach Uedelhoven bringt. Es geht im Bogen rechts, dann kreuzen wir die Straße und steigen gegenüber wieder auf.

Tief zur Linken rauscht die Ahr, dahinter der Verkehr. An der kahlen Hügelflanke gegenüber stehen einzelne Wacholderkerzen. Durch die Lücken in der Vogelhecke neben uns erkennen wir die alte Trasse der Eisenbahn, und ehe wir **Ahrdorf** erreichen, folgt der Asphaltweg ihrem Lauf und bringt uns über ein altes Bruchstein-Viadukt hinweg. Dahinter geht es links im Schwenk zurück, ein Stück hinunter und im Bogen rechts ins Dorf mit der „Schönebergstraße". Das Sträßchen „Zur Kapelle" bringt uns dann nach links an die Hubertuskapelle von 1710.

Ahrdorf

Hier nehmen wir vom Friedhofstor den Fußweg hart an der hohen Mauer bis ins Tal und überqueren auf der engen, alten Brücke dann die Ahr. Dahinter kreuzen wir die Bundesstraße und steigen gegenüber mit dem „Dorseler Weg" wieder auf. Es geht durch eine Kehre und an einem Einzelhof vorüber. Wir steigen etwa 100 Meter weiter. Wo dann die Straße sacht nach links schwenkt, wenden wir uns rechts und folgen nun Weg „26" in den Wald. Für lange geht es so nun ohne Steigung durch den schönsten Kiefernhochwald weiter. Tief unter uns die Windungen der Ahr.

Vom Kiefernwald wechselt der Weg in Gebüsch und Ginster und ist nur noch ein Pfad, doch deutlich zu erkennen. Als wir ein kleines Einzelhaus erreichen, können wir den weiteren Verlauf der Ahr entdecken. Links auf der Höhe liegt nun Dorsel, beherrscht von der Kirche mit ihrem schweren Turm, davor der weite Mühlenacker. Dies alles vor uns ist schon Rheinland-Pfalz, die Grenze liegt hier oben längs des Weges.

Dann schwenkt der Pfad nach rechts herum und führt uns zügig abwärts, auf die Straße und mit ihr das letzte Stück zurück. Deutlich sehen wir zum letzten Mal den alten Lauf der Eisenbahn. Optimistisch war sie einmal über alle Warnungen hinweggebraust, auch die von 1836 aus dem „Dürener Stadtanzeiger". Als „feuerspeienden Feuerwagen" hatte man die Eisenbahnen damals noch bezeichnet, „schrecklicher als alle Drohungen der Kometenschweife". Gewiss, die Drohung war wohl übertrieben. Aber ist die Eisenbahn denn nicht im Ahrtal aufgetaucht wie ein Komet: So schnell, rasant und so vergänglich?

Ahrbogen

Anfahrt	Bei Ahrdorf, 200 m hinter der Abzweigung nach Kelberg und Hillesheim Wanderparkplatz auf der linken Straßenseite. Mit der Eisenbahn bis Blankenheim-Wald und von dort nur werktags Busverbindung über Blankenheim bis Ahrdorf mit Linie 832 (Auskunft RVK 02449/95080).
Wegverlauf	Der Weg folgt anfangs dem Wacholderweg „W", verlässt ihn aber zwischendurch; nach Uedelhoven unmarkierter Wirtschaftsweg, unmarkierter Fahrweg bis ins Ahrtal, dort mit Ahrtalweg „A" nach Ahrdorf; jenseits B 258 „Dorseler Straße" bis Weg „26" und zuletzt im Rechtsschwenk hinab und zurück.
Dauer	4 Stunden
Länge	13 km Varianten: Der Weg lässt sich durch erwähntes Teilstück des Wegs „29" verkürzen (vgl. Karte). Je nach Witterung sollte man auf Wegstück gegenüber B 258 verzichten und von Ahrdorf mit der ruhigen „Schönebergstraße" zurückgehen. Anschlusswanderung: Der Weg lässt sich über den Wacholderweg „W" und den Ahrtalweg „A" mit Tour 26 verbinden.
Wanderkarte	Blankenheim, Oberes Ahrtal 1 : 25.000 (= Wanderkarte Nr. 12 des Eifelvereins)
Gasthäuser	**Hotel „Pfeffermühle"** in Uedelhoven 02697/1444 (montags Ruhetag). In Ahrdorf ansonsten noch **„Jakobs-Mühle"** am Campingplatz, Hubertusstr. 19 02697/7425 (mittwochs Ruhetag).
Auskunft	Kur- und Verkehrsverein Oberahr e.V., 53945 Blankenheim, Rathaus, Tel. 02449/8333, Fax 02449/87303

Der Wasserfall als ein Wunder der Technik

Nach Kerpen und nach Niederehe

Fritz von Wille kam aus Weimar, und er starb betagt in seinem Atelier in Düsseldorf. Doch begraben liegt er in der Eifel; nahe seiner Burg in Kerpen findet man sein Grab, denn mit Fritz von Wille, 1860 bis 1941, verbindet sich der Ehrentitel „Eifelmaler" wie mit keinem Zweiten. Sein Vater war beim Großherzog von Weimar Hofmaler gewesen, geschickt, galant, beliebt bei jedermann. Der Sohn jedoch floh allem Glanz des Hofes, floh bis zum Rhein und weiter und malte in der Eifel, anfangs noch in Reifferscheid und Schleiden. Dann kaufte 1908 der Kaiser höchstpersönlich eines seiner Bilder, und mit der „Blauen Blume" kam der Boom. Nun drängte es die Untertanen allesamt zu Eifelgrün und Ginsterblüten in der guten Stube. Und Fritz von Wille malte immer wieder, wie bestellt, „Spinat mit Ei" – so nannte er nach einem Schmähwort eines Kritikers sein Schaffen selbstironisch.

Hinzu kam noch der Unterricht für einen Zigarettenfabrikanten in Neuwied, der wohl Vermögen und vielleicht Talent besaß, doch ohne Zweifel eine Toch-

Wasserfall
Dreimühlen

ter. Er wurde Fritz von Willes Schwiegervater. 1911 war soviel Geld beisammen, dass der Maler eine ganze Burg davon bezahlen konnte, und hier, am Fuß der alten Feste Kerpen, beginnt für heute unser Weg.

Kerpen Das schöne Örtchen **Kerpen** war schon von den Treverern besiedelt; die Römer gaben ihm den Namen nach dem „carpinus", der Hainbuche; nach den Franken traten Burg und Dorf 1136 in die geschriebene Geschichte ein, so gab es 1986 Grund zum Feiern: 850 Jahre Kerpen. Seit 1682 war die Burg Ruine, und erst die vaterländische Vergangenheits-Begeisterung des neunzehnten Jahrhunderts hat sie um 1896 wieder auferstehen lassen. Ab 1950, nebenbei, lebte hier der Dichter Alfred Andersch, und als der später den Roman der Eifel- und Ardennenoffensive schrieb, „Winterspelt" nach einem Flecken gleichen Namens, da mag er sich der Zeit in Kerpen oft genug erinnert haben.

Fuß des Burgbergs Vom Parkplatz gleich am **Fuß des Burgbergs** wandern wir hinüber an die Kirche, die Burgkapelle alter Zeit, und weiter über Tritte links hinunter in den Ort. Hinter dem ersten Haus schon halten wir uns rechts und stoßen auf die „Bachstraße". So kommen wir hier geradewegs zum Ort hinaus („15").

Nach etwas mehr als hundert Metern, bei der Gabelung des Asphaltwegs, halten wir uns rechts und kommen nun am Hang des Höhen-Bergs entlang, den Freizeit-Stausee gegenüber. Es geht vorbei am Bolzplatz. Einen guten Kilometer weit darüber weg entdecken wir den Weinberg mit dem Inneren nach außen: Dolomit und Riffkalkstein aus Bruchstücken von Crinoiden. Von rechts vereinigt sich ein Weg mit unserem. Der Weg steigt zwischen Wiesen an, vorbei an Weißdorn und an Heckenrosen. Für kurze Zeit tritt rechts der Wald heran, dann geht es weiter, immer geradeaus durch Wiesen. Rund einen Kilometer seit den letzten Häusern kreuzen wir den Querweg; hier geht es geradeaus und abwärts in die Senke. Wir unterqueren gleich die Stromleitung dahinter und wandern weiter, bis der Weg vom Hochsitz an ins Bachtal vor uns abfällt. Vor dem Fichtenriegel überqueren wir den kleinen Nollen-Bach. Nur einen Steinwurf weiter stoßen wir am Böschungsrand auf einen kleinen Querweg. Ihm folgen wir nach rechts und sind nun gleich im Wald. Schon bei der Gabelung nach etwa fünfzig Metern halten wir uns links und steigen mit dem Weg ins Trockene, vorbei an blanken Felsen in der Böschung („15"). Als wir schon hoch über dem Bachtal sind, knickt unser Weg nach links und führt uns weiter durch den schönen Wald hinauf.

Im Buchenhochwald oben stoßen wir dann auf den Querweg, der uns rechts zum Wald hinaus bringt. Am Waldrand geht es so nun weiter („15"). Bald stellt sich eine Fichtenpflanzung in den Blick, wir kommen wieder in den Wald und folgen lange Zeit dem Weg nun nah am Waldrand. Hier tauchen zwischen Kiefern schon die ersten Kerzen von Wacholder auf.

Nach rund 1200 Metern auf der Höhe stoßen wir bei einem Haus auf einen festen Weg („Auf der Lay") und überqueren links dann gleich darauf die Straße. Der Weg führt weiter geradeaus; nach etwa hundert Metern, vor dem Wald, geht es am Rand der Weidefläche rechts; und wo die Weide wieder an den Wald stößt, gehen wir gleich in den Wald hinab. Noch immer leitet uns das Zeichen „15".

Es geht im Wald hinab; unten stoßen wir auf einen Weg, der rechts von einer Schutzhütte herüberkommt, und halten uns mit ihm dann links. Hier lohnt es sich nun, aufmerksam zu sein: Nach etwa fünfzig Metern, wo der Weg sich gabelt, halten wir uns rechts; es geht zunächst durch Fichten, dann durch Buchen im Dreimüllerwald; nach gut zweihundert Metern gabelt sich der Weg ein zweites Mal: Hier halten wir uns links (vorübergehend anders als Weg „15") und stoßen endlich, wo das Land nun deutlich abfällt, auf einen breiten Querweg und folgen ihm nach links und sacht hinab. Unterhalb läuft in der Böschung noch ein zweiter Weg. Unser Weg bringt uns vorüber an bemoosten Felsenbuckeln in der Böschung, die immer deutlicher zutage treten.

Wanderer am Wasserfall

Dann wird der Abstieg flacher, der Weg führt uns, erneut als „15", zum Wald hinaus, geradewegs auf die große rote **Kalksteingrube** zu. Hier wird der sogenannte „Wotan-Horizont" gewonnen, der zur Zementherstellung dient. Bei der Eisenschranke stoßen wir auf einen Querweg, der uns rechts auf einer Brücke, die schon lange nichts mehr überbrückt, auf die andere Seite der Bahntrasse bringt. Hier fuhr einmal die Eisenbahn nach Hillesheim. Heute führt hier nur ein Wanderweg entlang; wir kommen rechts, vorüber an der Eisenschranke, ins Naturschutzgebiet. Der Wanderweg „3" des Eifelvereins, markiert von einem schwarzen Keil, läuft zwischen Bach und Eisenbahn am Weideland entlang. Wo er sich dann nach gut zweihundertfünfzig Metern links verschwenkt und auf die Weide führt, weist uns der Keil auf schmalem Pfad durch Haselnussgebüsche weiter geradeaus. Hier finden wir dann links die überwachsene **Ruine der Burg Dreimühlen**, um 1200 als Trierer Lehen urkundlich erwähnt, dann immer mal, bis auch die Reste 1825 abgebrochen wurden. Jetzt ragt nur eine Mauer auf, und unten ahnen wir Gewölbe. Der Pfad führt weiter mit dem Bachlauf; ehe wir erneut die Bahntrasse erreichen,

Kalksteingrube

Ruine der Burg Dreimühlen

schickt uns der Keil nach links hinab, es geht vorbei an einer Hütte zum Ge-

Wasserfall wässerschutz, und dann erreichen wir den **Wasserfall Dreimühlen** – ein

Dreimühlen Schauspiel der Natur, und doch, zumindest mittelbar, ein Wunderwerk der Technik: 1912, als hier die Eisenbahn im Bau begriffen war, führte man drei Quellwässer gemeinsam an den Rand des Ahbachs, wo sie nun, vereinigt, von der alten Sinterhöhe in die Tiefe stürzten. Der Wasserfall, der so entstand, schnitt sich nicht rückwärts in den Felsen, sondern wuchs dem Bach entgegen, zehn Zentimeter immerhin im Jahr, acht Meter seit dem Bau der Bahn: Das Wasser ist so kalkreich, dass es Moose sprießen lässt, die solches Wasser lieben. Zugleich schlägt sich im Moos der Kalkanteil des Wassers nieder, und nur durch schnelles Wachstum kann das Moos verhindern, im Sinter gänzlich zu verkalken. Der Sieger dieses Wettlaufs ist die Sintermauer mit dem Wasserfall, die 1986 schon so schwer war, dass sie auf dem weichen Lehm den Halt verlor und durch Beton gesichert werden musste.

Wir folgen nun dem Weg bachaufwärts weiter, der Pfad im feuchten Lehm steigt in der Böschung an; wo dann das Bachbett abknickt, halten wir uns geradeaus, und als wir neben einer Wiese ein umzäuntes Gelände erreichen, weist uns der Keil auf breitem Weg nach rechts, sodass wir gleich den Bach erneut erreichen. Neben uns läuft nun der Damm der Eisenbahn. Wir kommen durch die alte Unterführung auf die rechte Seite und wandern weiter links, bald auf dem alten Gleisbett. Nach knapp zweihundert Metern verlassen wir den Bahndamm ohne Bahn nach rechts und folgen nun dem Wanderweg auf einem schmalen Pfad durch Kiefernwald mit einzelnen Wacholdern. Von rechts kommt bald ein zweiter Weg hinzu, es geht bergab, und dann verlässt uns links ein Wanderweg mit Winkel-Zeichen. Wir bleiben weiterhin auf unserer Seite des Baches, und weiter geradeaus entlang der Fichtenpflanzung. Wo die Fichten enden, öffnet sich das Tal, wir sehen vor uns

Niederehe **Niederehe**, das seinen Namen wie der Ah-Bach von dem alten Wort für „Wasser" hat: „aha". Bald stoßen wir auf einen Asphaltweg und wandern zwischen bunten Wiesen weiter geradeaus, bis wir am Mühlen-Berg mit blankem Fels über das Wasser kommen. Dahinter folgen wir der Straße in den Ort, und ehe sie den Bach schon wieder überquert, führt uns nach hundert Metern links die Dorfstraße „Im Auel" auf die alte Klosterkirche zu (Keil). Vor-

Augustiner- über an der ehemaligen Schule, kommen wir ans **Augustinerinnenkloster**

innenkloster von ehedem heran. Links bringt die „Loogher Straße" uns um den eingefriedeten Bezirk herum, dann folgen wir der „Kerpener Straße" nach rechts im Ort hinab (oder biegen gegenüber in die „Gartenstraße" ein, um dem Wanderweg „14" mit Winkel zu folgen: rund 750 Meter weit in der Böschung über dem Bach, dann rechts, den alten Lauf der Eisenbahn kreuzend, über den Bach und an den „Marmorbruch", s.u.).

Seit der Aufhebung der Klöster 1803 ist die alte Kirche Pfarrkirche, ein schöner Bau der Spätromanik. Hier finden wir im Südschiff mehr als lebensgroß das Doppelgrab aus schwarzem Marmor des Grafen Philipp von der Mark (gest. 1613) und seiner Gemahlin Katharina von Manderscheid-Schleiden, die zwei Jahrzehnte vor ihm heimgegangen war. Berühmt und eine Seltenheit ist hier die Orgel von 1715, das erste Werk des großen Orgelbaumeisters Balthasar König, seit 1998 restauriert und nach wie vor die älteste bespielte Orgel Rheinland-Pfalz'.

Rotbunte mit
Grünfutter

Wir wandern weiter mit dem Geo-Pfad, wieder über den Bach, und folgen dann der Kerpener Straße vorsichtig nach links. In der Biegung kommen wir an roten Resten eines **Kalksteinbruchs** vorüber. Hier wurde bis in die achtziger Jahre der sogenannte „Zisterzienser-Marmor" abgebaut. Die Brocken vor uns, die den Unbesonnenen den gefährlichen Zutritt verwehren, zeigen reichlich die fossilen Reste aus der Zeit, als hier noch Meer und Tropen waren.

**Kalkstein-
bruch**

Wir wandern weiter, an der alten Zufahrt zu dem Marmorbruch vorüber und über den Siefen hinweg mit dem Kruzifix von 1841; keine hundert Meter weiter weist uns der Winkel dann nach rechts und in der Böschung aufwärts. Oben stoßen wir auf einem breiten Weg in seinem Scheitelpunkt, wir wandern weiter rechts, noch immer aufwärts und unter der Stromleitung her.

Hier geht es weiter geradeaus, auf die freie Fläche und den Waldrand gegenüber zu. Links taucht der alte Bergfried von **Burg Kerpen** auf. Das war für einen Eifelfreund die richtige Behausung, und damit die Wirkung auch vollkommen war, ließ der Hausherr hoch im Dachstuhl leere Flaschen installieren, dass der Wind in ihnen heulte. Auch das verrät sein Enkel, der Kölner Buchhändler Jürgen von Wille.

Burg Kerpen

Nur wenig mehr als fünfzig Meter hinter der Hütte halten wir uns auf den Feldern links, nach einem halben Kilometer stoßen wir auf einen Querweg und gehen spitzwinklig und rechts zurück und wenden uns nach nochmals hundert Metern abermals nach links und auf die Burg zu. Zwischen hölzernen Geländern geht es über Tritte weiter aufwärts, wo wir hinter Haselnussbüschen gleich das Grab von Fritz von Wille finden. Wir wandern weiter, auf die Burg zu und dann über Tritte links die Bergflanke hinab und rechts zur Burg und dann zurück zum Parkplatz. Den Stein auf seinem Grab, den hatte Fritz von Wille noch zu Lebzeiten bestellt, und hätte man ihm seinen letzten Wunsch erfüllt, so stände heute auf der Stelle nicht das allbekannte fromme „RIP" („Er ruhe in Frieden"), sondern ähnlich, aber aller Welt zum Trotz: „Lasst mich in Ruhe!"

Kurzbeschreibung Tour 25

Anfahrt	Parkplatz an der Burg oder nahe Stausee.
Wegverlauf	Der Weg ist weitgehend als „15", im Bereich des Niedereher Bachs mit Keil des Eifelvereinswegs „3" markiert, von Niederehe zurück mit Winkel des Wegs „14".
Dauer	3 Stunden
Länge	11 km
Wanderkarte	Hillesheim 1 : 25.000 (= Wanderkarte Nr. 16 des Eifelvereins)
Gasthäuser	In Niederehe an der Kirche: **„Landgasthof Schröder"**, Tel. 02696/ 1048 (Dienstag Ruhetag).
Auskunft	Urlaubsregion Hillesheim/Vulkaneifel e.V., Rathaus, 54576 Hillesheim. Tel. 06593/80116; Fax 06593/80118.

Von Maikäfern und Römern

Rund um Dollendorf und Mirbach

Vermutlich wusste das ums Jahr 200 jedes Schulkind, falls es denn Schulkinder gab: Cäsar hatte die Eburonen vernichtet, und seither herrschte bis zum Rhein der Friede Roms, die pax romana. Damit das weiterhin so blieb, standen überall Soldaten an den Grenzen. Die werden allerdings von ihrem Auftrag nur noch eine ungefähre Vorstellung besessen haben: Schließlich lag die Eburonenschlacht schon rund ein Vierteljahrtausend zurück, der Kaiser in Rom war auch kein Cäsar mehr mit einem Charisma, sondern irgendein Mann aus Afrika, von dem man allenfalls den Namen wusste, Septimius Severus, und schließlich waren die Grenzwächter in der Provinz überwiegend selber Germanen, etwa Söldner der sechsten Legion.

Für einen echten Römer war das neblige Gallia Belgica sicher nicht die nobelste Adresse, und im Flecken Tolliatium hätte er vermutlich weit eher den Winter als Feinde gefürchtet. Politik, die wurde anderswo gemacht, hier war

Kapelle Mirbach

Antoniuskapelle
am Dollendorfer
Kreuzweg

Dollendorf

bloß Provinz. Noch zwei Jahrhunderte hindurch blieb die Eifel römische Etappe, erst 406 verließen die Legionen den Rhein. Wir bewegen uns auf historischem Boden, als wir uns dem Dörfchen **Dollendorf** nähern, dem alten Tolliatium. Von den römischen Besatzern ist kein Überrest mehr zu entdecken, nur ein paar Steine gab es hier und Münzen aus der späten Kaiserzeit, den Rest muss man sich denken. Dafür weist das Wirtshaus „Peetz" am „Maiplatz" an der Kirche darauf hin, dass in Colorado/USA ein Ort den Namen „Peetz" nach einem Dollendorfer Auswanderer des Jahres 1884 trägt. Wie das gesprochen wird: Wir wagen nicht, es uns in Lauten vorzustellen. Vom „Maiplatz" an der hübschen Kirche folgen wir der „Antoniusstraße" durch den alten Ort. Ehe die Straße bei der Raiffeisenbank auf die „Lindenstraße" stößt, geht es rechts mit einem namenlosen Weg hinab, über die „Lindenstraße" hinweg und gegenüber gleich mit der „Donatusstraße" weiter, vorüber an dem kleinen Bildstock und zwei gewaltigen Ulmen. Nach 100 Metern folgen wir dem Querweg links („34") ins freie Weideland.

Nach 600 Metern knickt der asphaltierte Fahrweg („34") nach rechts, wir wandern weiter schnurgeradeaus auf einem sandigen Weg sacht hinan, vorbei an einem Fahrzeugschuppen und weiter hinauf. Vor der ungerodeten Kuppe zur Rechten zweigt ein Weg nach rechts ab, gleich darauf ein befestigter Fahrweg nach links. Hier sehen wir ein Windkraftrad und gleich zwei Kirchtürme vor uns: nahe die Kapelle Mirbach, weiter weg den Schieferturm von Wiesbaum. Zur Rechten liegt nun die Höhe des Eus-Bergs mit Kiefern und Wacholder auf Grasboden. Ein Knick von verwilderten Büschen markiert uns bald die Landesgrenze: Von nun an wandern wir in Rheinland-Pfalz. In der Mulde vor und unter uns liegt **Mirbach** und lockt mit Kirche und Ruine.

Den Kiefernwald zur Rechten, gehen wir noch geradeaus. Wo der Eus-Berg an das Weideland von Mirbach stößt, schwenkt ein fester Weg nach rechts. Wir folgen hier dem zweiten, asphaltierten Weg (bald bezeichnet als „Wacholderstraße") nach rechts und kommen sacht hinab. Bei der Kastanie vor Haus 9 knickt die „Wacholderstraße" links und bringt uns zwischen landwirtschaftlichen Betrieben hindurch. Bei einer gewaltigen Linde, an der wir später den Rundweg fortsetzen, gehen wir zunächst abermals links und folgen rechts der anfangs namenlosen „Schulstraße" am ehemaligen Schulgebäude von 1905 mit schönem Tuffsteinkern und -portal vorbei und kommen dann mit der „Kapellenstraße" rechts hinauf.

Eine Kapelle lag auch vor 1902 auf diesem Hügel: ein schmuckloser Bruchsteinbau aus der Zeit um 1500, zuletzt so schlecht dabei, dass sie geschlossen werden musste. Der Herr von Mirbach, ein Sproß von altem Eifeladel aus dem 13. Jahrhundert, ließ sich von Kaiser Wilhelm höchstderoselbst und allergnädigst die Erlaubnis geben, hier eine neue **Kapelle** zu bauen, „im altdeutschen Style", nämlich neuromanisch mit ein wenig griechisch-orthodox und griechisch-römisch oder gar im gänzlich freien Stil. So liegt sie da, ein Bau von 1902/ 03, in ihrem Tuffgewand auf einem Sockel Niedemendiger Basalts. So klein sie war: Den Namen „Eifeldom" hat man ihr doch, wie vielen, angehängt. Willem zwo kam 1906 vorüber und gratulierte telegrafisch („sehr gelungen"), andere sahen es anders: „Macht den Eindruck einer aufgedonnerten Berlinerin, welche zwischen Eifelkinder in ihren althergebrachten Trachten geraten ist", schrieb einer 1913. Im Inneren finden wir, nebst aller Pracht und kaiserlichen Initialen, zwei Maikäfer in Stein dicht über den Kapitellen im Langhaus. Warum? Weil 1903 ein „Maikäferjahr" war? Das auch. Und weil der Bauherr seinen Dienst versah bei einem Regiment, das ebenfalls von diesen Käfern seinen Namen hatte: das preußische Gardefüsilierregiment, eben das „Maikäferregiment".

Weil der Freiherr von Mirbach gerne auch eine adäquate Mirbacher Vergangenheit gehabt hätte, ließ er 300 Meter weiter südlich auf alten Fundamenten noch vor dem Bau der Kapelle eine **Burgruine** bauen. Wir sehen sie von ferne unter Bäumen.

Wir wandern nun zurück, vorüber an der Schule und bis an die herrliche Linde heran. Hier gehen wir jetzt weiter geradeaus im kleinen Bachtal. Am Orts-

Mirbacher Innenschmuck

Kapelle

Burgruine

Lampertstal

rand gabelt sich der Weg vor dem „Jagdhaus Mirbach": Wir gehen rechts und bleiben nah dem Tal. Nach weiteren 300 Metern verlassen wir den asphaltierten Weg und folgen rechts dem breiten Bachtal („10"). Gegenüber steht buchenbestanden der Kauligen-Berg. Nach gut 600 Metern führt ein Fahrweg zwischen Weidezäunen über den Bach. Wir bleiben geradeaus, das Tal verengt sich kurz und weitet sich darauf erneut. Nach einem halben Kilometer zweigt ein Weg nach links ab. Wir bleiben auch hier geradeaus am Sockel der buchenbestandenen Böschung zur Linken und nähern uns nun bald dem größeren Lampertstal.

Hier gehen wir nach rechts, durchqueren unser kleines Tal, nehmen Abschied von Weg „10", der abermals nach rechts schwenkt und zurückführt, und wandern unter einem Hochsitz her am rechten Rand des Lampertstals („34"). Nach reichlich einem halben Kilometer passieren wir ein Seitental: Hier stehen gegenüber nun die ersten Wacholderkerzen zwischen den Kiefern am Hang. Wo wir dann nach mehr als einem Kilometer gegenüber die Straße nach Ripsdorf erkennen, stößt rechts und von der Höhe der Wacholderweg („W") hinzu. Hier ginge es nun rechts mit „W" und Rundweg „34" gleich zurück nach Dollendorf.

Wir freilich wandern weiter geradeaus am Ufer mit Erlen und Weiden. Im Galgental erreichen wir das Sträßchen, das von Dollendorf nach Ripsdorf führt. Hier verlässt uns der Wacholderweg. Wir gehen mit der Straße rechts hinauf und nehmen etwa 50 Meter weiter den gesperrten Weg nach links, also weiterhin im Tal des Lampertsbachs. Nach etwa 100 Metern stößt von rechts Weg „31" hinzu. Wir bleiben hier ein Stück weit noch im Tal. Wo dann gleich rechts der Kiefernwald endet, folgen wir halbrechts dem Trittpfad „31" in der wacholderbestandenen Böschung hinauf, am Schild des Naturschutzgebietes und an einer Bank vorüber. Vereinzelt tritt der blanke Felsen durch

den Grund. Oben kommen wir an einer Hinweistafel vorüber und passieren
den Betonmast einer Stromleitung. Die Spur im Gras führt uns dann an den
Dollendorfer Kreuzweg heran.

Dollendorfer Kreuzweg

Ein Abstecher über den fein geschotterten Weg bringt uns links schnell an
die Ruine von **Burg Dollendorf**. Die stand hier schon ums Jahr 900 und war
auch 1752 noch recht gut dabei. 1810 ließ die französische Behörde, damals zuständig für Jahre, Burg Dollendorf abbrechen. Jetzt steht nur noch
ein Stummel da zwischen den Mauern, der „Finger Gottes" nach dem Volksmund. Seit 1554 herrschten hier die Herren von Manderscheid-Kall. Sie legten diesen Kreuzweg an, bauten die Kapelle vor uns auf der Höhe und
erneuerten die Kirche 1732. Zehn Jahre später waren sie die Herrschaft los:
Im „Dollendorfer Krieg" von 1742 kam alles an den Graf von Blankenheim.
Zurück von der Ruine, erreichen wir am sechsten Fußfall den asphaltierten
Fahrweg und wandern hier nun geradewegs nach Dollendorf hinab. Die rote
achteckige **Barockkapelle** von 1701 ist dem heiligen Antonius von Padua
geweiht. Besser als hier konnte nichts über Dollendorf liegen, und denken
wir uns noch ein letztes Mal um eineinhalb Jahrtausende zurück, dann fällt
es leicht, sich einen Tempel für Gott Mars hier vorzustellen. Sicher kann man

Burg Dollendorf

Barock- kapelle

Ruine Mirbach

sich des Standorts nicht sein, aber Spuren gab es immerhin; und wenn der Römer Lucius Macius Similis auch vermutlich keinen Sinn für Landschaft hatte, so hatte er doch ein Gespür für Wirkung, und wenn er schon den Tempel zahlen sollte, so wird er auch den Platz dafür gewiesen haben: hier auf der Höhe, wo man hinüberschaut nach Ripsdorf, das es damals freilich noch nicht gab, aber wo schon damals ein römischer Bauer beim Pflügen seinen Ochsen mit dem Stock vorantrieb.

Unten gibt man es uns schriftlich, dass wir „willkommen in Dollendorf" sind. Rechts erreichen wir die „Lindenstraße" durch den Ort, und hier, vor Haus 19, sehen wir Burg Dollendorf auch einmal ganz, im Zustand von 1280 und nicht bloß als Ruine: im Vorgarten en miniature.

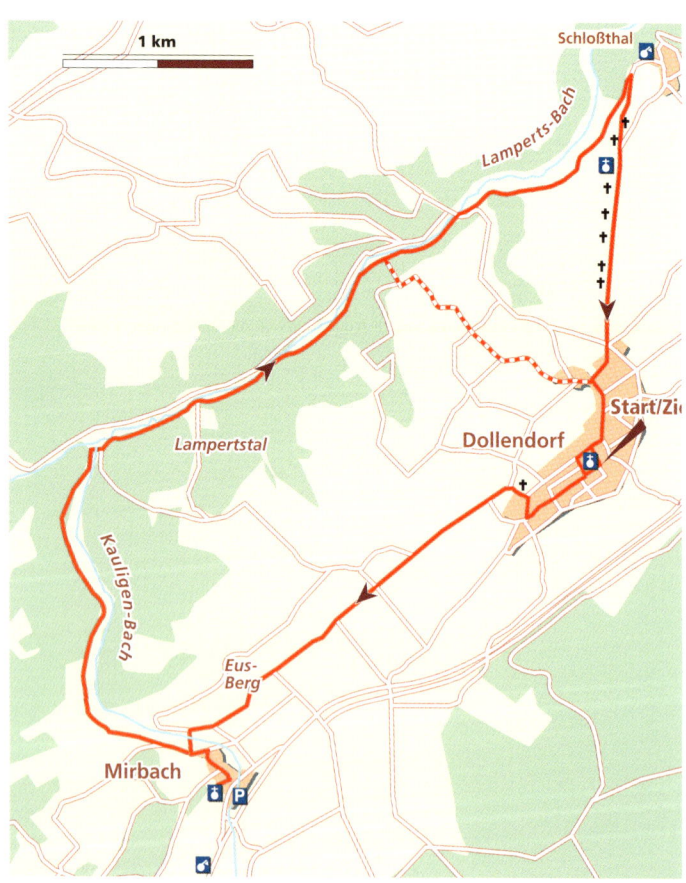

Kurzbeschreibung Tour

Anfahrt
Parkgelegenheiten im Bereich der Kirche in Dollendorf. Vom Bahnhof Blankenheim-Wald werktags mit Bus 835 bis Blankenheim Betriebshof und mit 832 bis Dollendorf „Schule" an der Kirche. Auskunft RVK 02449/95080.

Wegverlauf
Der Weg ist anfangs als „34" markiert, bis Mirbach dann unmarkiert. Von dort mit „10" ins Lampertstal und dort bachabwärts mit „34", später „W" bis zur Landstraße. Weiter im Lampertstal mit „31" und Aufstieg bis Ruine Dollendorf. Kreuzweg, ab Station 6 als Fahrweg, zurück.

Dauer
4 Stunden

Länge
13 km
Varianten: Der Weg lässt sich mit zwei Übergängen im Lampertstal mit Tour 27 zu einer großen Runde verbinden. Durch den Wacholderweg „W" und den Ahrtalweg „A" lässt er sich ebenfalls mit Tour 24 kombinieren. Kürzer wird er, wenn man aus dem Lampertstal Weg „34" oder „W" wie erwähnt nach Dollendorf folgt.
Anschlusswanderungen: Touren 27 und 24

Wanderkarte
Blankenheim, Oberes Ahrtal 1 : 25.000 (= Wanderkarte Nr. 12 des Eifelvereins)

Gasthäuser
Gaststätte Krebs, Lindenstr. 28 02697/519 (montags Ruhetag). **Gaststätte Peetz,** Maiplatz 9 22697/526 (geöffnet ab 19:30 Uhr, dienstags Ruhetag).

Hinweise
Karfreitag findet alljährlich der Kreuzweg zur Antoniuskapelle statt. Erlebenswert ist auch das Dollendorfer Erntedankfest im Frühherbst. Die Metzgerei Densing in der „Lindenstraße", Tel. 02697/7480, ist spezialisiert auf Schlachtvieh aus dem Eifeler Umland.

Auskunft
Kur- und Verkehrsverein Oberahr e.V., 53945 Blankenheim, Rathaus, Tel. 02449/8333, Fax 02449/87303.

Wo der Augentrost blüht

Von Ripsdorf aus ins Lampertstal

„Jedes Kräutlein der Erde preiste den Herrn", schrieb einst der alte Weber und Pfarrer Sebastian Kneipp. Die Frage ist, ob auch der Herr noch alle seine Kräutlein preisen würden, denn einige von ihnen haben sich inzwischen mit dem Teufel eingelassen und stecken als Geist in der Flasche – als Schnaps.

Ripsdorf

Unser Ziel ist diesmal **Ripsdorf** mit dem Lampertstal, wo wir das eine oder andere Kräutlein finden wollen, vor allem freilich den Wacholder, der hier so häufig ist, dass die Gemeinde Blankenheim ihm gleich einen ganzen Wanderweg gewidmet hat. Gut fünfhundert Meter hoch sind wir hier, man spürt

Kirchturm von St. Johannes

es an der klaren Luft, und auch die Farben sind besonders intensiv: das Blau des Eifelhimmels und das Weiß des **Kirchturms von St. Johannes**, das in die Augen sticht. Seit mehr als 1000 Jahren steht hier eine Kirche auf der Höhe, hart im Wind, die jetzige stammt aus dem Jahre 1667, der wehrhafte Turm ist freilich älter.

Wacholder-schutzgebiet am Höneberg

Wir folgen der Hauptstraße, über die wir gekommen sind, vorbei am Hotel Breuer, und biegen dann nach gut hundert Metern nach links in die „Halfen-straße" ein („35"). Das Sträßchen führt rasch talwärts, bald haben wir das

schöne Eifeldorf auf seinem Höhenrücken hinter uns gelassen. Wo sich die Wirtschaftswege gabeln, steht unter einem Busch mit wilden Rosen ein steinernes Kreuz. Hier halten wir uns weiter geradeaus, lassen so das Wegekreuz linker Hand liegen.

Rund hundert Meter weiter folgen wir dem asphaltierten Weg durch eine Rechtskurve bis vor einen steinernen Schuppen. Hier verlassen wir die Fahrbahn und nehmen den schmalen Weg nach links ins Tal. Der Weg krümmt sich durch Stoppelfelder bergab, bis wir am Waldrand das Naturschutzgebiet erreicht haben. Durch das Reipstal, einen schmalen Einschnitt zwischen den bewaldeten Hängen vor uns, verläuft der Weg weiter nach Süden. In den fetten Wiesen blühen spät

Selten geworden: Eifelwacholder

im Sommer zartviolette Herbstzeitlosen, schmuck anzusehen, aber bis in die Blütenspitzen voller Gift. Ebenfalls giftig ist der seltene Eisenhut, der hier, im Schutz der Gesetze, überall blüht. Vereinzelt leuchtet Digitalis an den Hängen, die dritte im Bunde der giftigen Pflanzen. Hier draußen ließe sich fürwahr ein Saft bereiten, „der eilig trunken macht", wie Goethes Faust in vornehmer Zurückhaltung sein selbstgekochtes Gift benennt. In homöopathischen Dosen aber werden alle drei als Arznei verwendet. Überhaupt erscheint das schmale Tal wie eine Apotheke, nur viel billiger: Weißer Augentrost blüht in den Wiesen, am Rand des Buchenwalds und bei den Haselnüssen steht gelbes Johanniskraut, Heilmittel gegen die Schwermut, auch Eibisch, Enzian und Wiesenthymian sind hier zu finden. Wer damit umzugehen wusste, besaß Macht, und wem solche Macht unbehaglich war, der erklärte sie schnell für Teufelswerk und die kräuterkundigen Weiblein zu Hexen.

Am Ende des Taleinschnitts stoßen wir auf einen Querweg: Hier haben wir das Lampertstal erreicht. Wir schwenken links und folgen nun für drei Kilometer den zahllosen Mäandern des kleinen Bachlaufs und dem Rundweg „35". Das **Lampertsbachtal** ist ein Naturschutzgebiet von 650 Hektar in typischer Kalkeifellandschaft, ein artenreiches Biotop aus Wiesen und Wäldern: 500 Pflanzenarten sind hier nachgewiesen, 29 Arten Tagfalter, hier brüten Neuntöter und Dorngrasmücke, und an den warmen Säumen rascheln Schlingnatter und Zauneidechse, manchmal jedenfalls.

Lamperts-bachtal

Bald wandern wir am Kiefernwald vorüber, das lässt auf trockenen Boden schließen, und dann tauchen die ersten Wacholderbüsche auf, vereinzelt noch, aber bald werden es viele sein. Fettes, saftiges Blattwerk gibt es hier nur noch in der Talmitte, wo es den Verlauf des überwucherten Bächleins anzeigt. Am Talrand gegenüber öffnet sich der Wald für eine schmale Wiese, die sich vom Bach den Hang hinaufzieht. Nur einzelne Kiefern stehen dazwischen und erstmals viele Wacholderkerzen. Auch hier unten werden die stacheligen Büsche nun häufiger. Vorsichtig drücken wir die Nasen hinein: Kein Zweifel, es duftet eindeutig nach Gin.

Endlich stoßen wir auf die Straße, die von Ripsdorf nach Dollendorf führt. Wir folgen auf der Straße noch etwa zweihundert Meter dem Lampertsbach, dann erreichen wir, ehe der Fahrdamm den Bach überquert, die Abzweigung nach links, nach Hüngersdorf.

Hier finden wir das „W" des vielbewanderten Wacholderwegs. Ein Stück weit folgen wir dem asphaltierten Weg bergauf, dann biegt Weg „W" nach links ab, in den Wald hinein, zwischen dessen Stämmen überall der Wacholder steht.

Der Weg ist gut gekennzeichnet, so dass uns andere, die wir zuweilen kreuzen, nicht irritieren. Wir wandern halb um den Höneberg herum und erreichen dann die Höneberg-Hütte, aus runden Hölzern im Sechseck errichtet. Noch rund 300 Meter bleiben wir im Wald, dann passieren wir noch einmal dichtes Wacholdergehölz und lassen den Wald hinter uns. Links, jenseits des Lampertstals und auf der Höhe, liegt zwei Kilometer weit weg die weiße Kirche von Dollendorf.

Den kleinen Bergkegel vor uns lassen wir links liegen, biegen nach rechts ab und kommen aufs freie Feld. Nun schauen wir auf Ripsdorf, knapp zwei Kilometer Meter weit entfernt und sechzig Meter höher auf dem Sattel. Wir wen-

Wehrkirche
Ripsdorf

Blick auf
Dollendorf

den uns nach links, verlassen neben der Informationstafel das Naturschutzgebiet und überqueren hier die Straße. Dahinter kreuzen wir den kleinen
Wasserlauf. Wo 200 Meter nach der Straße von links bereits der zweite Weg
im spitzen Winkel zu uns stößt, gehen wir im rechten Winkel links und wandern auf der Flurgrenze bergauf, vorbei an einer Vogelhecke von Schlehen
und Weißdorn. Dahinter knickt dann der Wacholderweg nach rechts. Wir
stoßen auf den asphaltierten Weg, folgen ihm ein Stück nach rechts, hinweg
über den Rücken, vorbei an einer grünen Bank der Ortsgruppe Ripsdorf des
Eifelvereins. Am Rand der freien Weidefläche gehen wir dann auf dem Grasweg links und auf die Höhe. Unterhalb der Höhe, wieder am Rand des Natur-
schutzgebiets, folgen wir dem Wiesenweg nach rechts. Zur Linken liegt der
Büschelsberg mit Kiefern, Wiesenschaumkraut und „Himmelsschlüssel-
chen".

Wo die Wacholderhöhe endet, stoßen wir auf einen asphaltierten Weg, hier
gehen wir rechts („W") durch die Kalkmulde, beim Wiederaufstieg in der Gabelung dann links, vorbei an einem Querweg nach rechts mit einem schwarzem Schuppen. 300 Meter nach dem Knick, lange vor der ersten Hofanlage,
zweigt der „W" nach rechts ab und führt uns zwischen Weidezäunen wieder
abwärts, unten rechts und gleich im spitzen Winkel links und am **„Möhrpütz"**   **Möhrpütz**
mit Pultdach vorüber, einem der vielen Brunnen, aus denen sich die Ripsdorfer vor Jahren noch ihr Wasser holten. So kommen wir hinauf, über die „Schulstraße" hinweg und mit der „Kirchstraße" zurück zum Ausgangspunkt. Am
Kirchturm rückt der Zeiger vor, die volle Stunde ist erreicht, die Uhr schlägt an,
und alle Krähen fliegen schimpfend auf. Sie mögen noch so alt und so erfahren sein: An diesen Schrecken können sie sich nicht gewöhnen.

Kurzbeschreibung Tour 27

Anfahrt	Parkplatz in Ripsdorf gegenüber der Kirche. Blankenheim-Wald ist Bahnstation, von dort werktags mit Bussen 835 und danach 833 über Blankenheim nach Ripsdorf. (Auskunft RVK 02449/95080.=
Wegverlauf	Der Weg ist weitgehend als Rundweg „35" markiert, von der Landstraße im Lampertstal zurück folgt man dem Wacholderweg „W".
Dauer	3 Stunden
Länge	9 km Varianten: Der Weg lässt sich mit Tour 26 zu einer großen Runde verbinden. Statt des Wacholderwegs kann man insgesamt dem Weg „35" folgen und über Hüngersdorf und die schöne Herman-Josefs-Kapelle (19. Jh.) an der Landstraße zurückgehen. Anschlusswanderungen: Tour 28
Wanderkarte	Blankenheim, Oberes Ahrtal 1 : 25.000 (= Wanderkarte Nr. 12 des Eifelvereins)
Gasthäuser	In Ripsdorf zu empfehlen: Hotel-Restaurant **„Breuer"** gegenüber der Kirche 02449/1009 (montags Ruhetag). Gaststätte **„Huth-Hammes"** ebenfalls an der „Hauptstraße" in Richtung Hüngersdorf 02449/8457 (mittwochs Ruhetag).
Auskunft	Kur- und Verkehrsverein Oberahr e.V., 53945 Blankenheim, Rathaus, Tel. 02449/8333, Fax 02449/87303.

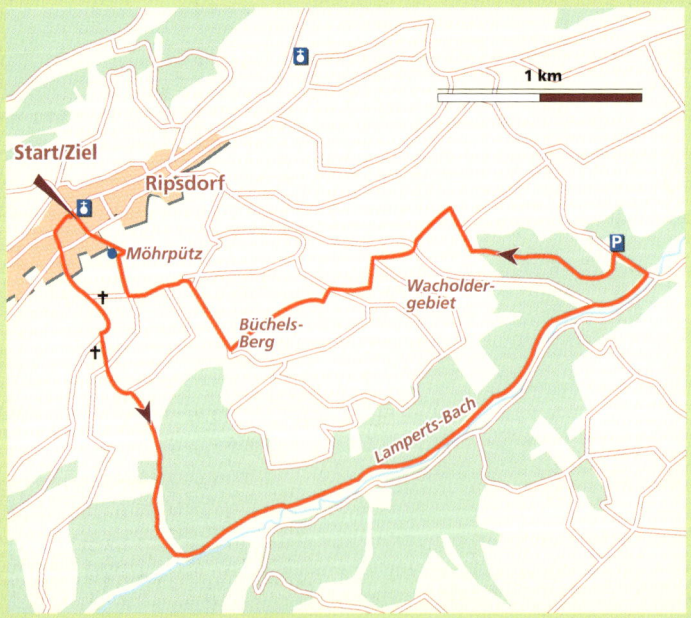

Liebesfrust mit Folgen

Nach Alendorf bei Blankenheim

Agatha lebte in Catania, fern in Sizilien, ein gottgeweihtes Leben. Glaubt man der Legende, dann war Quintin, bekannt als Stadtpräfekt und Heide, in Leidenschaft zu ihr entbrannt. Agatha aber wies ihn ab, worauf er sie der Folter übergab. Die Henkersknechte schnitten ihr die Brüste ab, dann starb sie auf glühenden Kohlen. Seither ehrt man sie als Heilige und sagt ihr überraschend Schutzkraft nach bei Brandgefahr und Brusterkrankungen in einer Art von frommer Logik.

Mit einer Sankt-Agatha-Kirche hat sich auch das Eifeldörfchen Alendorf seit jeher gegen Feuersbrunst versichert, und seit 1928/29 doppelt: mit einer alten Kirche und mit einer neuen. Beide liegen heute an der Route.

In **Ripsdorf** auf der Höhe machen wir uns an der Kirche auf den Weg. Auf der „Hauptstraße" wandern wir über die „Kirchstraße" hinweg und am Hotel „Breuer" vorüber. Dann folgen wir der „Halfenstraße" links und kommen mit der „Weierstraße" rechts zum Ort hinaus. Der Weg fällt in der freien Feldflur fast unmerklich ab; bei der Gabelung am Tiefpunkt halten wir uns links und kommen bald hinweg über die flache Kuppe (Wege „36", „37"). Wir bleiben

Ripsdorf

St. Agatha

Calvarienberg

Kreuzweg

geradeaus und kommen rasch ins Tal, vorüber an Büschen und einzelnen Kiefern. Die Höhe gegenüber ist bewaldet, und in einer Lichtung steht in schlanken Säulen der Wacholder: „Waachheck" wird er hier genannt.

Zuletzt fällt unser Weg doch deutlich ab. Dann stoßen wir auf einen schnurgeraden Querweg und gehen mit ihm rechts, anfangs auf einen Umsetzer zu. Bald schwenkt der Weg („37") ein wenig links und bringt uns über einen Wasserlauf hinweg, führt als asphaltierter Fahrweg sacht hinauf und rechts bis an die Straße.

Ein Stück lang folgen wir der Straße auf Alendorf zu, das im Schutz der Mulde vor uns liegt; nach circa 80 Metern erreichen wir den Alendorfer Kreuzweg in Höhe der Zufahrt zur Kriegsgräberstätte. Dort auf dem Hügel zur Rechten liegt die alte **Kirche Sankt Agatha** von 1494 in einem Kranz von Eschen und Buchen, die 1827 hier zu ihrem Schutz gepflanzt worden sind. Wir wandern kurz hinüber und folgen dann dem **Kreuzweg** weiter links, über den Querweg hinweg und hinauf auf dem Kamm des Calvarienbergs.

Graf Salentin Ernst von Manderscheid-Blankenheim hat nach einer Pilgerreise ins Gelobte Land die Bildstöcke aus rotem Sandstein nach 1663 hier errichten lassen. Sie wurden mit der Zeit ergänzt, und wie man sehen kann, sind einige der Reliefdarstellungen in jüngster Zeit erneuert worden. So führen sie uns auf den Berg und damit auf den Weg des Leidens bis ans Kreuz von 1675, das aus der kahlen Höhe wächst. Beiderseits des Kammwegs stehen aufgereiht Wacholderbüsche wie damals in Jerusalem die Gaffer.

Von hier aus haben wir den schönsten Blick auf Alendorf und seine wunderbare Lage im einstigen Korallenriff der Dollendorfer Kalkmulde, eingebettet in ein Hochtal zwischen langen Graten links und rechts, an deren kargen Rasenhängen der Wacholder steht. Wer nun das Glück hat, die Glocken zu hören, der kann auch hören, dass ihr Klang nicht aus dem Dorf kommt, sondern aus der alten Kirche nebenan. Ihr vierfaches Geläute gilt als das schönste in der ganzen Gegend, bei der neuen Kirche hat man deshalb auf die Glocken ganz verzichtet. Nur der Knopf wird dort betätigt.

Das Kruzifix im Rücken, Alendorf zur Rechten, wandern wir nun auf dem Wiesenpfad nach links hinab, nach kurzem Abstieg zwischen Schlehen und Wacholder knickt der Weg bei einem Absatz im Gelände scharf nach rechts und erreicht am Fuß des Berges einen Weg, der uns rechts nach Alendorf bringt. Am Rand des Ortes folgen wir dem Fahrweg rechts und nehmen dann nach wenig mehr als 50 Metern links das Sträßchen „Am Calvarienberg" in den Ort. Mit der „Alendorfstraße" gehen wir darauf nach rechts und auf die Kirche zu am „Wendelinusplatz". Wir folgen dem Privatweg hinter ihr, am weißen Hof vorüber und auf die Wacholderhänge zu. Unter der Stromleitung erreichen wir den Querweg, der uns nun links für lange Zeit am Rand des Eierberges, zwischen Äckern und Wacholderhängen, weiterbringt (Rundweg „2").

Vor uns liegt ein kleines Waldstück auf der Höhe. Nach einem Dreiviertelkilometer erreichen wir einen Querweg. Hier steigen wir ein kleines Stück nach rechts hinauf bis an eine Holzbank neben dem Naturschutzschild, dann setzen wir den Weg nach links fort, weiterhin am langen Hang des Berges. Zur Rechten steht nun kein Wacholder mehr, dafür Haselnussgebüsch und Buchen. So ist der Berg im Naturschutzgebiet ein Denkmal des Föderalismus, denn seit dem Querweg wandern wir in Rheinland-Pfalz.

Vor uns liegt hier **Esch** mit seiner großen weißen Kirche: Dort hat man 1628 **Esch** den Pfarrer Hildenbrandt verbrannt wie unter Kaiser Decius Agatha. Man hatte ihn zuvor ob seines Lebenswandels strafversetzt, von Alendorf nach Esch; dann wollte man ihn in der Luft gesehen haben, zu Pferd, den Küster huckepack im Sattel. So kam er auf den Scheiterhaufen.

Wo die Kuppe endet, schwenkt der Weg nach rechts und läuft nun neben Schlehenhecken weiter. Rund 50 Meter weiter folgen wir dem Querweg rechts und steigen am Rand des Naturschutzgebietes hinauf, im Steigen bald an Weideland vorüber. 350 Meter später kreuzen wir einen Querweg und wandern weiter geradeaus. Als wir die flache Höhe überwunden haben, queren wir noch einmal einen Weg und halten nun auf die trockene Kuppe des Eierbergs zu, nach 150 Metern bleiben wir im Schwenk halbrechts, kreuzen nochmals einen Feldweg und kommen wenig unterhalb der Höhe neben uns voran. Hier ist der Grat des Berges abermals von Kiefern und Wacholder licht bestanden. Wo die Kiefern enden, führt uns der Weg ein wenig links, anfangs auf den Umsetzer zu. Dann haben wir das Dach von Sankt Agatha inmitten hoher Buchenkronen vor uns liegen.

Bald stoßen wir am Rand des Naturschutzgebietes, halbhoch über Alendorf, auf einen Querweg, der uns links hinab bringt. Wir queren einen asphaltierten Weg, und mit dem Grasweg gegenüber geht es geradewegs hinauf. Zur Rechten ist die Weide terrassiert und zeigt die Reste der Bemühung, dem Magerboden Früchte zu entreißen.

Unter der Stromleitung erreichen wir einen breiteren Weg, den wir geradeaus verfolgen, vorbei an einem schlichten Kreuz aus Holz und weiterhin hinauf bis an die Straße („37"). Hier steht ein zweites Kruzifix am Weg. Rechts folgen wir dem Fahrweg durch das Naturschutzgebiet „Griesheul" („37a"), einen Viertelkilometer weit. Wir kommen über die flache Höhe hinweg und gehen dann am Rand des Schutzgebiets bei einer Bank nach links und geradewegs hinab ins Tal. Der Weg kreuzt einen Ackerweg und führt uns abwärts bis an einen Streifen Fichten. Dahinter halten wir uns rechts und gehen weiter bis zur Straße. Hier wenden wir uns links und nehmen gleich darauf bei einer Bank den splittgestreuten Weg nach rechts hinunter in die Flur. Der erste Querweg auf der rechten Seite brächte uns zurück nach Ripsdorf. Wir aber wandern weiter bis ins Tal, wo wir vor Ahrmühle im Tal die Straße nur berühren und gleich im spitzen Winkel rechts den Weg am Oberrand des Schaafbachtals verfolgen. So nah am Wasser und dem dichten Laub am Ufer, ist der Weg ein wenig kühler. Nach 800 Metern passieren wir die alte Ripsdorfer Mühle mit dem Stein der Eheleute Steffens „AVS BLAN/CKEN/HEIMER/DORF". Dann erreichen wir die Straße nah der Brücke und folgen gegenüber rechts dem alten Kirchweg auf die Höhe. Dies ist nun der Wacholderweg („W"), auch Eifel-Geo-Pfad, und eine Hinweistafel klärt uns über die Gegebenheiten auf. Ermunternd ist der letzte Satz: „Fossilien dürfen gesammelt werden."

So steigen wir beharrlich auf die Höhe, kommen aus dem Wald hinaus und durch die Weiden bis nach Ripsdorf und schließlich mit der „Tränkgasse" zurück zur Kirche St. Johannes.

Abschied vom Wacholder

Kurzbeschreibung Tour 28

Anfahrt
Parkplatz in Ripsdorf gegenüber der Kirche. Blankenheim-Wald ist Bahnstation, von dort werktags mit Bussen 835 und danach 833 über Blankenheim nach Ripsdorf. (Auskunft RVK 02449/95080.)

Wegverlauf
Der Weg ist anfangs als Rundweg „36" markiert, ab Kirche Alendorf ein Stück weit als „2", zwischen Eier-Berg und Griesheuel als „37" und „37a", Abstieg ins Schaafbachtal auf unmarkiertem Weg, zurück mit „JH" bis Ripsdorfer Mühle und „W" hinauf.

Dauer
3 – 4 Stunden

Länge
gut 11 km
Varianten: Der Weg lässt sich mit Tour 29 zu einer großen Acht verbinden. Kürzer wird er, wenn er im letzten Stück, wie im Text angedeutet, vereinfacht wird. (vgl. Karte).
Anschlusswanderungen: Touren 27 und 29

Wanderkarte
Blankenheim, Oberes Ahrtal 1 : 25.000 (= Wanderkarte Nr. 12 des Eifelvereins)

Gasthäuser
In Ripsdorf zu empfehlen: Hotel-Restaurant **„Breuer"** gegenüber der Kirche 02449/1009 (montags Ruhetag). Gaststätte **„Huth-Hammes"** ebenfalls an der **„Hauptstraße"** in Richtung Hüngersdorf 02449/8457 (mittwochs Ruhetag).

Auskunft
Kur- und Verkehrsverein Oberahr e.V., 53945 Blankenheim, Rathaus, Tel. 02449/8333, Fax 02449/87303.

Auf dem Brotpfad in die Berge

Von Blankenheim nach Nonnenbach

Als 1799 der Reisende Johann Nikolaus Becker auf seinen Wanderungen in die Eifel kam, da fand er auf den fernen Höhen Dörfer vor und in den Dörfern Menschen, die auch nach Jahren der Besatzung noch immer nichts von ihrer neuen Freiheit wussten. Am Rand des Rheinlands lag die Eifel da wie eine unwegsame Insel: „Schlechter giebt es nichts", so klagte Becker, „als die Wege in diesem Lande." Das Straßenetz wie die politische Verfassung stammten beide aus dem Mittelalter, da kam der Schlachtruf aus dem revolutionären Frankreich: „Friede den Hütten, Krieg den Palästen, Befreiung aller Unterdrückten" oft nur mühevoll voran, so gut er auch gemeint war. Im Juni 1794 hatten die Truppen der Revolution die Österreicher bei Fleurus geschlagen, im Juli waren sie in Trier, und ehe sie die kleinen Residenz zu Blankenheim erobern konnten, hatten sich Reichsgräfin Augusta von Sternberg und Graf Christian jenseits des Rheins in Sicherheit gebracht, zunächst im Siegerland, bald darauf bei der Familie in Böhmen. So kamen Freiheit, Gleichheit und Brüderlichkeit ohne Widerstand nach Waldorf, Ripsdorf und nach Hüngersdorf. Sie kamen auf demselben Weg, auf dem wir heute unterwegs sind, auf dem alten „Brotpfad" aus dem Umland in die Residenz. Von dort aus machte sich nun allerlei an Neuigkeiten auf den Weg, das meiste

Nonnenbach

wohl auf Eifelplatt, nur wenig auf Französisch: République, Département, Préfectur, Mairie, Empire und Waterloo.

Am Fuß der **alten Burg** beginnen wir den Weg: Wir folgen vom Verkehrsbüro der „Kölner Straße" bis zum „Ahrcafé" und wandern, wo die B 258 den Knick nach Koblenz nimmt, mit dem „Nonnenbacher Weg" und dem schwarzen Keil des Eifelvereins links hinauf. Ehe das Sträßchen am alten Amtsgerichtsgebäude nach rechts

schwenkt, schauen wir zurück auf das barocke Schloss: Die Franzosen hat-

Nonnenbacher Weg

ten es für 8500 Franken auf Abbruch verkauft, und jahrzehntelang verkam es als Ruine. Erst der Tourismus brachte neues Leben an die Oberahr: 1926 kam es als Geschenk des Staates an die Deutsche Turnerschaft, und als Jugendherberge dominiert es heute noch den Blick.

Der „Nonnenbacher Weg" steigt nach der Biegung weiter an, zum Tal hin ist er nun von eindrucksvollen nussbäumen gesäumt. Hinter Haus 25 gabelt sich der Weg vor einer Ruhebank des Heimatvereins: Hier finden wir den ersten Hinweis auf den **„Brotpfad"** und folgen ihm nach links ins Freie. Es war

Brotpfad

beileibe nicht nur Brot, was die Bauern aus den Nachbardörfern über diesen Pfad in ihre Residenzstadt brachten, auch Lebensmittel überhaupt, dazu die Steuern und ihr bißchen Haushaltsgeld. Der Weg steigt sacht hinab und führt durch eine Mulde, dann geht es aufwärts weiter durch die freie Flur am malerischen Oberlauf der Ahr.

Auf der flachen Höhe des Schillertsbergs kreuzen wir den Fahrweg und wandern gegenüber, neben einer Ruhebank, weiter mit dem Brotpfad, nun im Wald bergab. Es geht vorbei an einer Schneise und weiter, zwischen Eichen links und Fichten rechts, ins Tal des Nonnenbachs, die letzten Meter dabei auf hölzernen Tritten. Wir überqueren noch den schmalen Lauf des Wallbachs, dann wenden wir uns auf dem breiten Weg nach rechts bis an die Gabelung (8, 9) nach weniger als 100 Metern. Hier geht es links, auf runden Stämmen über den Bachlauf hinweg und in der Böschung rechts auf einem Pfad mit Handlauf abermals hinauf. Wir kreuzen in der Böschung einen asphaltierten Fahrweg und steigen weiter an, zunächst durch Fichtenhochwald, dann durch eine junge Pflanzung mit Eschen und Birken. Auf der Höhe stoßen wir auf einen breiten Weg in einer Schneise. Hier weist der Keil des Wanderwegs nach rechts, wir überqueren einen zweiten breiten Weg und folgen geradeaus dem Hinweis „Hütte am Brotpfad 240 Meter". Der Wanderweg steigt an und bringt uns auf der Höhe, in einer Runde hoher Buchen und einzelner Eichen, an die **Hütte** von 1973 heran. Innen gibt es einen Tisch mit

Hütte

einer Decke, dazu ein Gästebuch mit Stift: „Wir sind erst eine Stunde unterwegs, aber in Schweiß gebadet", lesen wir von „Conny" und könnten leicht den Seufzer unterschreiben. Draußen steht ein schlichtes **Kreuz aus Birkenholz**, und es erinnert, wie wir ebenfalls gelesen haben, an den Tod eines Kindes im Winter 1904. Vermutlich lebt schon lange niemand mehr, der die Kleine einst betrauert hat. Doch die quer gefügten Birkenstämmchen lassen jeden dieses Unglück nacherleben, heute noch.

Kreuz aus Birkenholz

525 Meter sind wir bei der Hütte hoch. Von nun an geht es lange Zeit hinab: Durch Buchenholz, danach durch eine frische Pflanzung, über der wir auf der fernen Höhe gegenüber Ripsdorf sehen. 750 Meter nach der Hütte steigen wir an einem Handlauf steiler abwärts und erreichen einen Wasserlauf mit jungen Erlen und Kanonenputzern. Ihm folgen wir am Fuß der Böschung nun mehr als einen halben Kilometer bis zu einer **Teichanlage** mit einer Sitzgruppe dahinter. Hier folgen wir dem breiten Querweg rechts, überqueren auf dem Damm das Wasser und folgen gleich dem Keil des Wanderwegs nach links, noch immer durch den Wald.

Teichanlage

Am Ende stehen wir vor einem Querweg vor der freien Höhe. Hier gehen wir nach rechts, doch nehmen 60 Meter weiter schon den Weg im rechten Winkel links und wandern zwischen Weidezäunen durch das freie Weideland, vorbei an einem Hochsitz, durch einen Riegel Schlehen und mit dem Sandweg durch die Wiesen. Nach 700 Metern führt uns der Weg noch einmal in den Wald, schwenkt rechts und und weiter abwärts und bringt uns dann in einer Kehre über einen Wasserlauf nach links hinab und an das schöne Tal des Schaafbachs.

Hier folgen wir dem breiten Weg nach rechts entlang der Aue. Bei der steinernen Brücke nach 200 Metern zweigt ein Asphaltweg ab, dem rasch ein Wanderweg hinauf nach Ripsdorf folgt, wo in der „Tränkgasse" das alte „Brothaus" aus dem 17. Jahrhundert steht und wo das Gasthaus „Breuer" Gelegenheit zur Einkehr bietet. Von dort führt der Wacholderweg („W") zurück.

Auf dem Brotpfad

Wer unten bleibt, der wandert weiter mit dem Keil dem Bach entgegen, der zwischen Erlen und einzelnen Weiden wie gemalt durch seine Uferwiesen fließt. Nach einem Kilometer, bei der nächsten Brücke vor der **Ripsdorfer Mühle**, kreuzt von gegenüber der Wacholderweg das Tal. Hier nehmen wir nun Abschied vom vertrauten Wanderweg 4 mit dem Keil und wandern rechts, im spitzen Winkel in der Böschung aufwärts mit dem Zeichen des „Wacholderwegs" („W"). Bald schwenkt der Weg nach links und bringt uns lange sacht bergauf, bis wir im Schwenk nach links vor einer Wegstern stehen. Hier folgen wir halbrechts dem oberen der beiden Wege, der deutlich unser neues Zeichen trägt. So kommen wir am **Blockhaus** am Stromberg vorüber, dessen vulkanische Kuppe zur Linken hinter Bäumen liegt, und wandern zwischen einer Doppelreihe hoher Pappeln urch eine breite Lichtung weiter. An deren Ende gehen wir am Wegdreieck weiter mit den Wegen „11" und dem Wacholderweg, durch lichten Wald und dann mit freiem Blick zur Linken, wo das weite Eifelland

„Russenkreuz" unter Kastanien

uns raten lässt: Wer kennt die Dörfer, wer die Höhen fern am Horizont? In einem kleinen Waldstück auf der linken Seite, etwa 100 Meter vor der Straße, finden wir das „Waldcafé Maus" mit dem gemalten Hinweis, „wie man die Sau abfangt": nämlich unerschrocken mit der Saufeder, tief bis ins Blut hinein. Nach einer Pause geht es weiter mit der Straße rechts, vorüber an der Wandertafel und ins hübsche Nonnenbach hinab. Die ruhige Landstraße führt am **Brigida-Kapellchen** von 1851 vorüber und mit den Wanderwegen „W" und nunmehr auch „JH" nach links hinab. Hinter der festen Brücke über den Nonnenbach, wo wir den „Wacholderweg" noch vor dem Schlemmershof verlassen, nehmen wir nach rechts den Weg „JH" und kommen über einen Siefenlauf hinweg.

Brigida-Kapellchen

Am Waldrand gleich dahinter geht es links mit einer weißen Schranke in den Wald. Bei der Gabelung dahinter folgen wir halbrechts dem Weg „JH" im Fichtenwald hinauf. Wir kreuzen einen Querweg in der Böschung und steigen weiter an durch lichten Buchenwald. Noch einmal geht es über einen Weg hinweg, dann wird die Steigung flacher, unser Weg vereinigt sich mit einem zweiten, der von rechts dazustößt, und nach abermals 300 Metern erreichen wir den Fahrweg mit der Hütte und dem **„Russenkreuz"**. Das schlichte Kreuz aus Stein steht zwischen zwei Kastanien, der flache Grabhügel darunter ist weit älter, als es jeder Russe wäre: Der Namen kommt vom „Ruschen", nämlich „Rauschen", denn früher stand des Kreuz an diesem Ort im Freien und im Wind.

Russenkreuz

Der Fahrweg bringt uns nun nach links, zum Wald hinaus, bis wir die Stromleitung erreichen. Hier, wo nach links ein zweiter Fahrweg abzweigt, gehen wir scharf nach rechts und nehmen bei der Gabelung am Waldrand den schönen Weg nach links und durch die Wiesen („8"). Es geht vorbei an Hagebutten und einem Häuschen mit beneidenswertem Blick. Dann sind wir wieder auf dem Fahrweg mit dem Wanderweg „JH" und wandern rechts zurück nach Blankenheim.

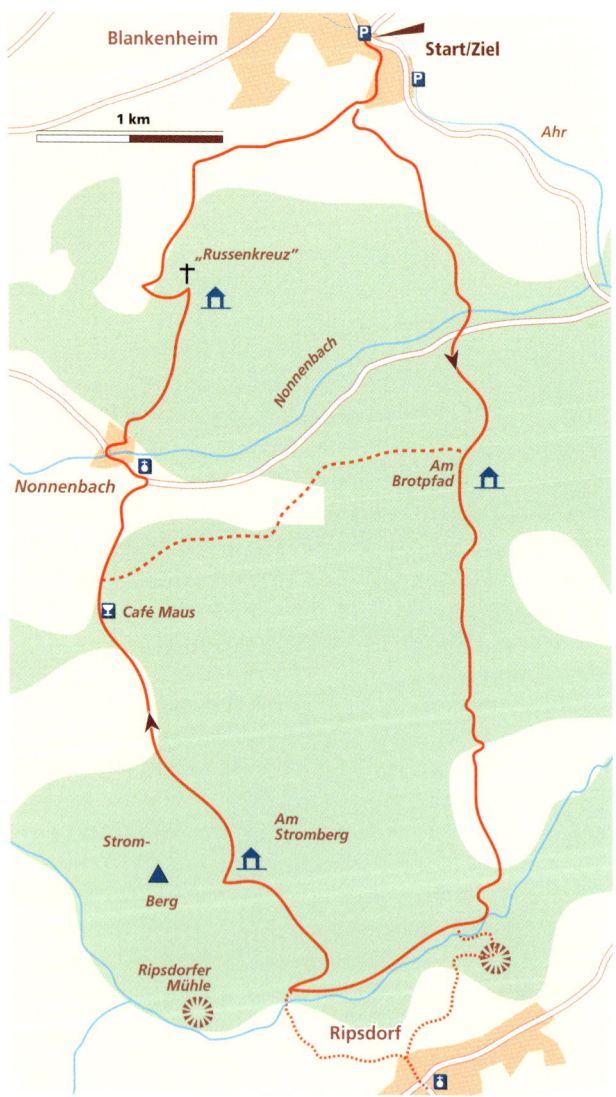

Kurzbeschreibung Tour 29

Anfahrt
Parkhaus in der Ortsmitte von Blankenheim. Blankenheim-Wald ist Bahnstation und hat Busverbindung mit dem Bahnhof (werktags Bus 835). (Auskunft RVK 02449/95080.) Sonntags nur zu Fuß über Wanderweg 12 des Eifelvereins (Winkel); hin und zurück weitere 7 km.

Wegverlauf
Vom Start an bis Schaafbachtal Wanderweg 4 des Eifelvereins (schwarzer Keil), vom Schaafbach bis Nonnenbach Wacholderweg („W"), zurück Weg „JH".

Dauer
4 Stunden

Länge
15 km
Anstiege: Da der Weg zwei Bachtäler berührt, weist er insgesamt 4 Anstiege und 4 Gefällstrecken von bis zu 100 Metern Höhenunterschied auf.
Varianten: Der Weg wird erheblich kürzer, wenn man von der Hütte am Brotpfad dem Rundweg 7 bis an die Landstraße vor Nonnenbach folgt. Die Tour lässt sich verbinden mit den Touren 27 und 28.

Wanderkarte
Blankenheim, Oberes Ahrtal 1 : 25.000 (= Wanderkarte Nr. 12 des Eifelvereins)

Gasthäuser
Zahlreiche in Blankenheim, in Ripsdorf Hotel-Restaurant „Breuer" 02449/1009 (montags Ruhetag) und Gaststätte „Huth-Hammes" 02449/8457 (mittwochs Ruhetag), „Waldcafé Maus", Restaurant und Pension 02449/1016 (montags und dienstags Ruhetag).

Hinweise
Ausrüstung: Feste Wanderstiefel sind angeraten.

Auskunft
Kur- und Verkehrsverein Oberahr e.V., 53945 Blankenheim, Rathaus, Tel. 02449/8333, Fax 02449/87303.

An der Höhle des Teufels

Zum Eichendorff-Felsen

Die Strophe ist zum Stammbuchvers geworden: „Wem Gott will rechte Gunst erweisen, / Den schickt er in die weite Welt, / Dem will er seine Wunder weisen / In Berg und Wald und Strom und Feld." Im Lesebuch steht meistens „Eichendorff" darunter, dabei hat das Lied sein Taugenichts gesungen – als Ausgleich für ein Missgeschick gleich auf der ersten Seite der Novelle: Sein Vater hat ihn eben aus dem Haus geworfen, weil er nämlich zu nichts taugt, nun ist er auf dem Weg und macht sich Mut, indem er singt. Nicht eben ein Vorbild und auch nicht ohne weiteres das Sprachrohr seines Autors, sollte man meinen. Indes: Der Taugenichts ist ja nicht wirklich einer, und auch vom Autor Eichendorff gibt es genügend Verse, in denen er das Wandern und den Wald besingt, eines seiner Lieder heißt gar „Allgemeines Wandern", In wessen Namen wäre also besser Wanderfreude auszudrücken als im Namen Eichendorffs?

Ähnliches muss vor dem ersten Weltkrieg der Jagdpächter Fremerei empfunden haben, als er dem Hobbymaler und Naturfreund Wilhelm Himmels aus Schlossthal nahe Blankenheim den Auftrag gab, auf eine Felsenwand im

An der
„Düwelskall"

Wald mit Farbe eine Strophe Eichendorffs zu schreiben: Natur wird erst durch Kunst so richtig schön, vor allem mehrstimmig im Männerchor, und nichts ist wohl im Vers so oft besungen worden wie der deutsche Wald. „Was kann einen mehr ergötzen / Als ein schöner, grüner Wald?", fragt schon ein altes Volkslied; „Wenn ich ynn Frewden leben wil / Gee ich ynn grünen Wald, / Da v'rget mir all' meyn Trawrigkeit / Undt leb, wie's mir gefalt", heißt es im Jahre 1778, und noch Bismarck teilt im Jahre 1894 mit: „Im Walde fühle ich mich nie einsam; das muss in der Natur des Waldes begründet sein."

Die Schrift im Blankenheimer Wald verblasste mit den Jahren und kam am Ende völlig in Vergessenheit, so dass sie 1986 abermals entdeckt werden konnte: Nun ließ man sie gleich in den Sandstein meißeln, und seither hat das Eifelstädtchen Blankenheim, das ohnehin schon reich an Sehenswürdigkeiten ist, noch eine mehr: „von-Eichendorff-Felsen", steht jetzt in den Wanderkarten – unser neues Ziel.

Wir wandern los am **Wald- und Wander-Café „Maus"** oberhalb von Nonnenbach, folgen der Straße nach links und halten uns nach wenig mehr als 100 Metern im Knick der Straße, vor dem Waldrand, rechts (Weg „12"). Hier hat die St.-Matthias-Bruderschaft aus Neersen ihre junge Tradition als Fußpilger mit einem **Kreuz** aus Holz gewürdigt. Der Weg schwenkt sacht nach links, folgt dabei weiterhin dem Waldrand; wo dann auch rechts der Wald beginnt, gabelt sich der Weg. Wir bleiben geradeaus („12") und steigen sacht bergan. Es geht durch Fichtenwald, dann durch lichten, hochstämmigen Eichenwald, an einem Tümpel vorüber und weiter mit dem Zeichen „12", wiederholt halblinks in einer weiten Runde durch den Wald.

So erreichen wir zuletzt die avisierte Stätte: eine Tafel von Eichenholz kündigt sie an: **„v.-Eichendorff-Felsen"**, passend zum geschnitzten Eichenblattdekor. Links und oberhalb erkennen wir auch schon das Menetekel in der Sandsteinwand: Da steht im Wald geschrieben ein stilles, ernstes Wort, und so beginnt denn auch die Strophe, die wir lesen können, als wir oben sind: „Da steht im Wald geschrieben / Ein stilles, ernstes Wort / Von rechtem Tun und Lieben, / Und was des Menschen Hort. / Ich habe treu gelesen / Die Worte schlicht und wahr, / Und durch mein ganzes Wesen / Ward's unaussprechlich klar." Es ist die letzte Strophe des Gedichts „Abschied" von 1810, letzter Ausdruck einer Zuversicht des Dichters, in der Natur ein Zeichen Gottes zu erkennen.

Im Volksmund freilich heißt die Stätte nach dem großen Widersacher „Düwelssteen", wohl weil der Stein in seinem Innern eine Höhle birgt, die „Düwelskall". Hier hat sich der Teufel verborgen gehalten, er soll im weichen Buntsandstein auch einen tiefen Eindruck hinterlassen haben, und wenn schon nicht im Fels,

Wald- und Wander- Café „Maus"

Kreuz

v.-Eichen- dorff-Felsen

Am
„Eichendorff-
Felsen"

dann immerhin im Aberglauben der Bevölkerung.

Wir folgen dem schmalen Weg an der Böschung entlang, bis wir erneut den blanken Buntsandstein erreichen mit dem Einlass im Sockel. Ein Loch im Boden mochte einst den Bauern nicht geheuer sein, so dachten sie es sich denn als der Hölle Hintertürchen. Andere hingegen stiegen furchtlos hinab und fanden Spuren von Besiedlung: Vor achttausend Jahren soll die **Höhle** bewohnt gewesen sein. Später brach man hier und anderswo im Eichholz und im Ripsdorfer Wald den roten Sandstein, bis etwa 1823 ist der Abbau nachgewiesen, und auch an der Düwelskall gibt es allerlei Gravierungen im Fels, nicht nur von Spaziergängern.

Wir wandern zurück bis zum Eichendorff-Felsen und hinab an den Weg. Hier wird gleich mit der Inschrift noch ein anderes Ereignis passend gewürdigt: 1983 hat der Wanderer und Bundespräsident Karl Carstens eine Ehrenmedaille gestiftet für hundertjährige „Verdienste um Wandern, Heimat und Umwelt", und auch er fand keinen besseren Namenspatron als den Freiherr von Eichendorff. Und wie es der Zufall so will: Ausgerechnet im Eichendorffjahr 1988 wurde Blankenheim mit der Plakette ausgezeichnet, denn im Gründungsjahr des Eifelvereins, im Eichendorffjahr 1888, war Blankenheim schon mit dabei mit 32 Mitgliedern bei 2 Mark Jahresbeitrag, eine von den 23 Ortsgruppen der ersten Stunde. Seither ist man unentwegt dabei, das Eifelland „in landschaftlicher, wissenschaftlicher und wirtschaftlicher Beziehung" zu pflegen, wie es im Gründungsaufruf des Trierer Gymnasialdirektors Adolf Dronke hieß. Es wurde gleich ein Aussichtspunkt gekauft und eine „Bänke- und Schilderkommission" ins Leben gerufen, es wurden Wege angelegt und auf einer eigenen Karte verzeichnet, und 1901 erging „die hochwichtige Mitteilung aus America", es sei von jenseits des Atlantik Geld eingetroffen – nämlich von Frau Avertz und Frau Nunnemacher aus Milwaukee – zur Errichtung eines Aussichtsturms. So gab es für die Eifelfreunde einen Turm und für die Damen in den USA ein „dreifaches Hoch", wie die Chronik berichtet.

Wir folgen nun weiter dem Weg „12", bald kommen wir an einem flachen Abbaugebiet vorüber mit einer sumpfigen Grube inmitten, dahinter knickt der Weg nach links; wir überqueren einen kleinen Bach und verfolgen den Weg im Flachen geradeaus, bis wir am Waldrand auf die Biegung eines Fahrwegs stoßen. Hier werden wir nachher den Rückweg nehmen, doch vorerst wandern wir weiter: Wir nehmen rechts den kleinen Weg „JH", der die Jugendherbergen zwischen Bad Münstereifel und Hellenthal verbindet, kreuzen gleich den Eichholzbach und folgen dann nach etwa hundert Metern, am Ende der Gebüsche rechts, dem unmarkierten Weg, der rechts hinaufführt auf die freie Hügelkuppe. Es geht zwischen Feldern bergauf, wir kreuzen beim Steigen einen Feldweg, dann noch einen zweiten; bei einem Schuppen unterhalb der Höhe, wenden wir uns dann nach links und folgen dem Ackerrain auf das Tal des Itzbachs zu, wo Ahrmühle liegt und rechts Waldorf.

Wir nehmen gleich den ersten Querweg, wo der Asphaltbelag beginnt, und folgen ihm nach rechts, bis er an seinem Ende auf einen Fahrweg stößt, der uns links hinab in Richtung Waldorf bringt. Fern sehen wir **Ripsdorf** mit der alten weißen Kirche. In einer Rechtskehre erreichen wir unten den Bach und steigen drüben in der erneuten Biegung des Fahrwegs auf dem schmalen Weg geradeaus, an der Eiche vorüber, bergauf. So kommen wir nach **Waldorf**, mit der „Waldorfstraße" durch den Ort und an der kleinen Kirche vorüber, weiter geradeaus und wieder bergab bis unten an die alte Schule, die mit der Erfindung des Schulbusses zum „Bürgerhaus" werden konnte. Hier haben wir den Hauptwanderweg „4" des Eifelvereins erreicht, den „Josef-Schramm-Weg" von Kreuzau nach Trier, zugleich aufs neue den „JH".

Wir wenden uns hier scharf nach links und zurück und folgen dem Keil in Richtung seiner stumpfen Seite, die grundsätzlich nach Norden weist, und dem Zeichen „JH" die „Neustraße" ein Stück hinauf; gleich bei den ersten Häusern rechts und links folgen wir dann rechts dem Weg „Im Seifen", am Ende geht es rechts und gleich wieder links mit dem „Ahrmühlenweg" zum

Ripsdorf

Waldorf

Buntsandstein
im Wald

Ort hinaus. Der Fahrweg führt uns durch Wiesen und Felder, dann steigen wir hinab nach **Ahrmühle**. Hinter uns, fern auf der Höhe, die Dächer von Waldorf.

Ahrmühle

Im Bachtal folgen wir dem Wirtschaftsweg nach links („JH"), an einer Gruppe von Erlen vorüber. Am Ende überqueren wir den Bach, an dem wir schon vorbeigekommen sind, und folgen nun dem Fahrweg nach Nonnenbach vorsichtig am linken Rand bergauf (auch Wege „10", „11"). Links endet bald der Wald, gut hundert Meter weiter, noch beim Aufstieg, nehmen wir dann links den schmaleren Asphaltweg in die Böschung und verlassen die Straße. Der Weg dreht sich beim Aufstieg zwischen den Feldern, vor uns sehen wir nun bald „Waldcafé Maus", unser Ziel. Als wir die Höhe erreichen, halten wir uns rechts und entdecken fern am Horizont den unverwechselbaren Vulkankegel der Hohen Acht. Es geht am Waldrand vorbei und am Hirzberg vorüber, zuletzt am Kreuz der Fußpilger von 1977. Beim Blick zurück noch einmal Ahnungen von Eichdorff: „Wer hat dich, du schöner Wald aufgebaut so hoch da droben? / Wohl den Meister will ich loben..." Das Lied dazu von Felix Mendelssohn-Bartholdy war um die Mitte des vergangenen Jahrhunderts so berühmt, dass ein Verseschmied schon 1853 schwärmen konnte: „Mein Eichendorff, mein Mendelssohn, / Du schöne, reine Terze! / Es jubelt, Euer eingedenk, / Mein tiefstes, tiefstes Herze!" – Vor allem sang man gern und laut den Schluß der letzten Strophe, wo aus dem schönen Wald endlich ein deutscher geworden war: „Deutsch Panier, das rauschend wallt, / lebe wohl! / Schirm dich Gott, du deutscher Wald!"

Panier: das war einmal ein Banner, es konnte dann auch „Wahlspruch" heißen. Den Waldbesuchern der heutigen Zeit fällt dazu wohl nur noch Paniermehl ein, und eingedenk der krausen Eichendorff-Verehrung von damals ist das nicht einmal so schade, vor allem, wenn es dann im Waldcafé zur Herbstzeit Pilze und Paniertes gibt.

Höhe bei
Waldorf

Anfahrt	Waldcafé „Maus" mit Parkplatz.
Wegverlauf	Vom Start an „12", von Waldorf zurück „JH".
Dauer	3 Stunden
Länge	10 km Varianten: Der Weg lässt sich gut mit Tour 29 verbinden.
Wanderkarte	Blankenheim, Oberes Ahrtal 1 : 25.000 (= Wanderkarte Nr. 12 des Eifelvereins)
Gasthäuser	**„Waldcafé Maus"**, Restaurant und Pension 02449/1016 (montags und dienstags Ruhetag).
Hinweise	Ausrüstung: Feste Wanderstiefel sind angeraten.
Auskunft	Kur- und Verkehrsverein Oberahr e.V., 53945 Blankenheim, Rathaus, Tel. 02449/8333, Fax 02449/87303.

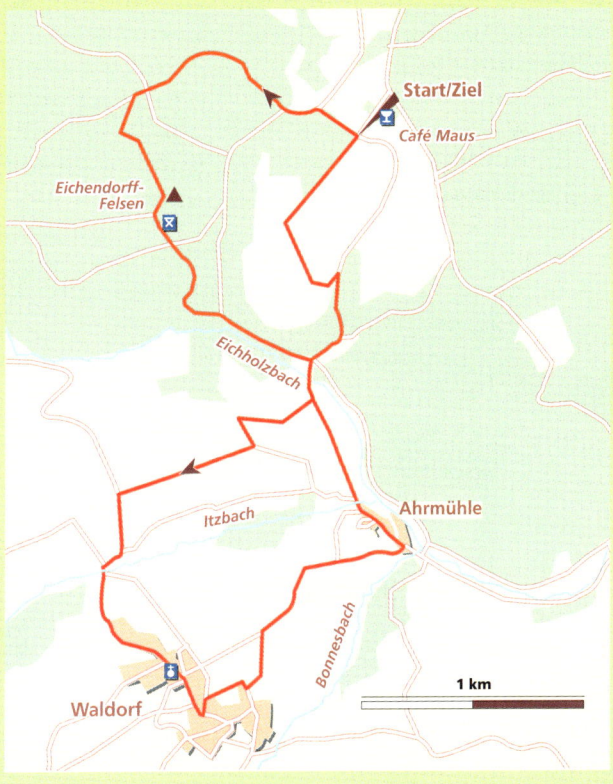

„Aus jähem Felsen silberhell"

Zur Ahrquelle nach Blankenheim

Es war ein Fall wie der von Romeo und Julia; es wurde aber doch kein Un-glücksfall, denn diesmal fanden beide zueinander: „In Adenau an der hohen Acht / Schon lang hielt ich so treue Wacht; / Ach, könnt' ich endlich sehen / Lieb Bräutchen, dein Erstehen!" – Das liebe Bräutchen dieser Verse ist die Ahr. Und wer ist wohl der treue Verseschmied? Es ist die Eisenbahn, seit 1888 unterwegs vom Rhein bis Adenau, doch eben nicht weiter ahrauf-wärts. Zwar gab es Wünsche an die Bahn, sogar das Angebot zum Seiten-sprung; doch dafür gab es auch die zweite Strophe: „Hat auch von deiner Seit' mich fort / Ehrgeiz gelockt an einen andern Ort – / Mein Trachten und mein Dichten / nach Blankenheim sich richten." – Jetzt war es heraus, jetzt fehlte nur noch die Begründung, Strophe drei: „Zum Ort, wo deine Wiege steht, / Von Ahnenstolz und Ruhm umweht, / Ich will voll Sehnsucht eilen, / An deinem Herzen weilen."

Vierfacher Quell: Die Ahrquelle

Das Happy-End kam doch erst fünfundzwanzig Jahre später: 1909 war die

Verlobung, und 1913 hatte unser unbekannter Dichter Grund für eine vierte Strophe: „Besiegt ist Neid und Eifersucht! / In alter Lieb ich hab geruht / Die Freunde schön zu laden / Zur Hochzeit! Was kann's schaden?" Die Ehe dauerte, bis dass der Tod der Eisenbahn sie 1961 scheiden musste. Erhalten blieben nur die Betten – das der Ahr und das der Eisenbahn daneben. Zu beiden führt uns dieser Weg.

Wir beginnen mitten in **Blankenheim**, vom Parkhaus tief unter der Grafenburg wandern wir zum Kahnweiher hinüber. Am Lichtmast haben wir uns aus den vielen Zeichen zunächst den Rundweg „3" ausgesucht. Kaum haben wir den Teich berührt, steigen wir über Stufen hinauf und folgen oben, beim Hotel „Violet", der „Kölner Straße" nach rechts.

Blankenheim

Gleich bei der nächsten Einmündung verlassen wir die Straße und folgen rechts dem kleinen Fahrweg „Giesental", ein Stück davon dem Fußweg unterhalb der Fahrbahn längs des alten Friedhofs. Am Ende dann, noch vor der Biegung am „Hotel Finkenberg", verlassen wir die Straße und folgen unterhalb des weißen Hauses vor uns dem Weg halblinks in die Böschung. Der Weg dreht sich halbrechts hinauf, vorüber an der Rückfront des einzelnen Hauses und weiter geradeaus in den Wald („3"). Gemeinsam mit der Stromleitung steigen wir den Finkenberg hinauf. Oben unterquert der Weg die Leitung und bringt uns so an die Straße.

Wir wandern hier nun gegenüber, zwanzig Meter weiter rechts, zwischen Weidezaun und Waldrand weiter und wieder hinab und gleich darauf erneut im Wald. Nach ein paar Metern fällt die Böschung links in eine tiefe Kerbe ab, die wir hoch oben überqueren: Das ist der alte Lauf der Ahrtaleisenbahn, die unter uns den Finkenberg durchquerte. 314 Meter lang ist dieser Tunnel, der zweite von insgesamt drei auf den 25 Kilometern zwischen Ahrdorf und Blankenheim/Wald. Achtzig Zentimeter stark ist das Gewölbe unter uns im Fels, an manchen Stellen sogar doppelt so dick. In einer weiten Schleife musste sich die Bahn vom Ahrtal wegbewegen, um so den Anstieg bis nach Blankenheim zu schaffen. Das hätten kleine Züge wohl auch geradeaus vermocht, doch nur für kleine Züge hätte man die Strecke nie gebaut. Kanonen aber, schwere Tanks, Soldaten auf dem Weg nach Losheim oder Elsenborn: die waren auch bei vollem Dampf nur mühsam vorwärts zu bewegen. Es war der Kriegsminister, der „Dornröschen Eifel", wie es damals hieß, erweckte. Doch auch aus dieser Ehe spross Ersprießliches für Kaiser, Volk und Vaterland: Die Leute würden sesshaft bleiben in der Eifel, versprach ein Sonntagsredner: „Bleiben aber unsere Landsleute an der heimatlichen Scholle, dann erwirbt das Vaterland sich dadurch treue Bürger und kann in den jungen Truppen aus der Eifel gesunde, königstreue und brave Soldaten heranziehen."

Das mochte freilich auch wie eine Drohung klingen für den umgekehrten Fall. Doch der blieb nur Befürchtung, und schon im Jahr nach der Eröffnung kam für die Eifelsöhne die Gelegenheit, dem Kaiser ihre Treue zu beweisen – und nicht mehr bloß auf Truppenübungsplätzen.

Wir gehen ein paar Schritte vor, um so die alte **Tunnelöffnung** zu entdecken, dann wandern wir weiter, nicht von der Biegung hoch über der Trasse gleich rechts zurück im Wald, sondern weiter geradewegs den Hang hinab, dem alten Zeichen „3" auf der Spur. In sachten Kehren geht es vollends abwärts, bis wir unten das Tal des Mülheimer Baches erreichen. Von hier aus folgen wir nun lange Zeit dem Zeichen „4". Es geht nach links und mehr als einen Kilometer weit bequem am Bach entlang. Wie wir nahm damals auch die Eisenbahn den Weg durchs Tal, die Trasse verlief jenseits des Wassers am Sockel der Böschung. Wo wir den Wald verlassen, öffnet sich das Tal

Schönes
Blankenheim

ein wenig, und unser Weg läuft durch die schönste Wiesenlandschaft mit Schlehen und Hagebuttengebüsch. Hier könnte eine Eisenbahn nur stören; doch manchmal pries man Stephensons stählerne Tochter als Galionsfigur des Fortschritts, und jedes Nest begehrte einen Bahnhof. Die Dollendorfer planten Gleise durch das Lampertstal, selbst Mirbach in der Nähe war versessen auf den Anschluss an die große weite Welt mitsamt dem Duft voll Ruß und Funkenflug, womöglich mitten im Wacholder.

Vor einem Wasserlauf schwenkt bald der Weg nach links und führt nun aufwärts; oberhalb der Siefenkerbe verlassen wir den Asphaltweg „4" in seinem Scheitelpunkt vorübergehend und steigen weiter längs des Zauns, bis wir

Mülheim

ihn oben wiederfinden („4") und mit ihm links nach **Mülheim** kommen.

Am Querweg weist uns eine „4" auf dem Asphalt geradeaus auf den Pfad, der unsere Richtung hier weiterverfolgt. Dies war einmal der Bahnhof Mülheim, links steht noch ohne Gleisanschluss das Bahnhofsgebäude, und auch die Straße gegenüber, die uns rechts bis in den Ort bringt, heißt noch immer „Bahnstraße". An ihrem Ende folgen wir der „Talgasse" nach rechts, vorbei am Gasthaus „Rübezahl" und an schönem Eifeler Fachwerk vorüber, dann links in die „Pützgasse". So kommen wir an der Kirche vorbei und rasch zum Ort hinaus. In der Linksbiegung der Straße nehmen wir den Weg nach rechts, am Friedhof vorbei mit der weißen Kapelle, dahinter links und mit dem Fahrweg auf die Höhe. Hier leitet uns das Zeichen „S" des „Sonnenwegs". Ehe unser asphaltierter Weg die Höhe erreicht, schwenkt unser „S" sacht links, hier könnten wir nun jenseits der B 51 leicht das „Mülheimer Haus" erreichen, willkommene Gelegenheit zur Rast. Auch der „Forstwalder Hof" dahinter ist leicht von hier aus zu erreichen. Der Wanderweg indes schwenkt vor der Bundesstraße

links, kreuzt einen Fahrweg und führt dann unter der Fahrbahn hinweg auf die sichere Seite der Straße. Hier geht es rechts, ein wenig auf die Gaststätte zu, dann in der Kehre links und längs einer Reihe von Büschen und Bäumen durch die Flur.

Mülheimer Fachwerk

So erreichen wir den Wald. Nach sechshundert Metern im Wald wenden wir uns auf dem breiten Querweg nach rechts, nach abermals zweihundertfünfzig Metern wiederum nach links. Bei einer Gabelung nach etwas über hundert Metern halten wir uns rechts und wandern weiter durch den Wald und schließlich aus dem Wald hinaus.

Rund sechshundert Meter hinter dem Wald geht es bei einer Holzbank im spitzen Winkel rechts zurück und sacht hinab („S"), wir kreuzen den Haubach und einen Querweg dahinter, dann einen zweiten am Waldrand und wandern weiter durch den Wald. Nach 150 Metern gabelt sich der Weg, der „S" hält sich hier links, führt abwärts durch einen Rechtsknick, bis wir dann im Tal des Stahlbuchseifens ein Wegkreuz bei einer Schutzhütte erreichen.

Hier halten wir uns links und folgen mehr als einen Kilometer weit dem Lauf des Wassers, vorbei an einem Kreuz für einen hier Verunglückten, bis wir die Stelle erreichen, wo der kleine Bach zu einem Teich gestaut ist. Hier verlassen wir den Waldrand und den Sonnenweg „S" und folgen links dem schwarzen Keil des Eifelverein-Wanderwegs 4. Beim Wasserbehälter knickt der Weg nach links, führt vorbei an der offenen Flanke eines **Steinbruchs** und bringt uns dann in weitem Doppelschwung hinüber über die Umgehungsstraße. Vor uns haben wir nun **Blankenheimerdorf**, das ursprüngliche Blankenheim, das seinen Namen an das neue bei der Burg der Grafen abgegeben hat. Wir wandern weiter auf dem Wanderweg, bis wir noch einmal die Eisenbahntrasse erreichen mit Vogelhecken und mit Überführungen, doch ohne Schienen auf dem Grund. Hier wenden wir uns mit dem Keil nach links und wandern an der Bahn entlang bis **Hülchrath**. Auf diesem Teilstück fuhr die Eisenbahn noch 1976, am letzten Tag im Juli gab es dann die allerletzte Fahrt,

Steinbruch

**Blanken-
heimerdorf**

Hülchrath

fünf Kilometer hin und zurück, und beides für drei Mark. Zweimal treffen wir noch alte Überführungen, dann erreichen wir Hülchrath mit der Schule. Hier

Barock-kapelle Hülchrath

schließlich überqueren wir die alte Spur der Eisenbahn. Zur Linken lädt noch die **Barockkapelle Hülchrath** von 1764 zur Besichtigung ein. Dann nehmen wir die „Aachener Straße" und kommen links hinunter in den Ort.

Unten überqueren wir die „Trierer Straße" und folgen von der Kreuzung beim Hotel und Restaurant „St. Georg" dann der „Ahrstraße" nach rechts in den

Blanken-heim

Ort und gleich durch das St.-Georgs-Tor. Hier endete und hier begann **Blankenheim** seit 1670. Der „Kölner Hof" dahinter zählte sich schon 1913 zu den alten, renommierten Häusern. Er warb in der „Eifeler Zeitung" mit elektrischem Licht und dem „Fernruf No. 1" sowie mit seinem Neubau aus dem Jahre 1910: Das Hämmern und das Sprengen vor den Toren hatte alle Gastronomen wachgerüttelt, und wo sie konnten, boten sie sich, wie das „Ahrhaus", nun am alten Ort mit neuer Anschrift an: „2 Minuten vom Bahnhof".

Im Ortskern gabelt sich die Straße, wir haben unser Ziel hier schon vor Augen, die Burg hoch über allem. Links geht es durch das „Hirtentor" von 1404 in den Bereich der mittelalterlichen Stadt mit schönen Fachwerkbauten links

Quelle der Ahr

und rechts. Dann führen Tritte uns hinab zur **Quelle der Ahr**, seit 1726 schön in Stein gefasst. Ein Wasser ist nicht groß herauszuputzen, auch wenn der Bräutigam auf Schienen naht. Doch wenigstens in Versen mochte man den Anlass feiern: So wandte 1913 der Eifelverein sich an „poetische Mitglieder" mit dem Begehr, dem Flüsschen ein Gedicht zu schreiben, etwa so: „Aus jähem Felsen silberhell / entspringt die Ahr hier in dreifachem Quell. / Von Wiesen begleitet, von Laubwald gekühlt, / Von Reben bekränzt mit funkelndem Wein, / Grüß', Welle, in der die Forelle gespielt, / Uns Altenahr, du, und den Vater Rhein." – Das war zwar bloß gemeint als ein „Versuch", ganz „in unverbindlicher Form": die Mitglieder waren es dennoch zufrieden. Denn wie wir lesen können auf der Marmortafel, blieb es ungefähr bei den verqueren Versen, nur nachgezählt hat einer: jetzt ist es ein vierfacher Quell. Genauer, wenn auch weiniger poetisch: eine Karstquelle, in der sich Wasser, das auf Klüften und Fugen im Kalk- und Dolomitgestein unterirdisch bis zum Rand der Blankenheimer Mulde strömt und in 483 Meter über dem Meer das Licht der Welt erblickt, knapp zwölf Liter jede Sekunde, pro Stunde 40 Kubikmeter. Hier brauchen wir nur noch dem Lauf der Ahr zu folgen bis zum Ausgangspunkt des Wegs, vorbei an einem Nepomuk des 18. Jahrhunderts, vo-

Gildenhaus

rüber an der Kirche und dem wiederaufgebauten **Gildenhaus**, doch vor dem Ende kommt erst noch das Ziel: das schöne **Kreismuseum** rechter Hand, zu

Kreis-museum

dem das Gildehaus ebenfalls gehört, staunenswert bestückt mit allerlei aus Flora, Fauna und Betriebsamkeit der Eifel. Dies war einmal das Restaurant „Zur Post", gleichfalls optimistisch renoviert und ausgebaut im Jahr des Booms. Jetzt ist es, wie die Bahn, nur noch Geschichte.

Kurzbeschreibung Tour 31

Anfahrt
Parkhaus in der Ortsmitte von Blankenheim. Blankenheim-Wald ist Bahnstation und hat Busverbindung mit dem Bahnhof (werktags Bus 835). (Auskunft RVK 02449/95080). Sonntags nur zu Fuß über Wanderweg 12 des Eifelvereins (Winkel); hin und zurück weitere 7 km.

Wegverlauf
Anfangs Rundweg 3, dann Rundweg 4, ab Mülheim Sonnenweg „S", zuletzt Wanderweg 4 des Eifelvereins (schwarzer Keil).

Dauer
4 Stunden

Länge
knapp 15 km

Wanderkarte
Blankenheim, Oberes Ahrtal 1 : 25.000 (= Wanderkarte Nr. 12 des Eifelvereins)

Gasthäuser
Zahlreiche in Blankenheim, in Mülheim **„Mülheimer Haus"** (samstags nur nachmittags geöffnet) Tel. 2449/8512.

Hinweise
Der „Forstwalder Hof" in Mülheim bietet Fleisch- und Wurstwaren von Charolais-Rindern aus eigener Zucht sowie einen Imbiss in der „Forstwalder Stube" Tel. 02449/7770.
Kreismuseum Blankenheim Tel. 02449/95150. Die ältesten und kleinsten Fachwerkhäuser Blankenheims findet man am „Zuckerberg" oberhalb der Pfarrkirche St. Mariä Himmelfahrt.

Auskunft
Kur- und Verkehrsverein Oberahr e.V., 53945 Blankenheim, Rathaus, Tel. 02449/8333, Fax 02449/87303.

1 km

Sich einfach mal einen schönen Tag machen...

Touren-Tipps zum Radeln und Rasten im Taschenformat

Ralph Jansen

Mit dem Fahrrad durch die Eifel

Die schönsten Radtouren zwischen Euskirchen und Stadtkyll

Mit dem Fahrrad durch das Bergische und Oberbergische Land

Die schönsten Radtouren zwischen Bergisch Gladbach und Olpe

Mit dem Fahrrad durch den Erftkreis

Die schönsten Radtouren zwischen Brühl und Bergheim

Mit dem Fahrrad durch Köln

Die schönsten Radtouren zwischen Porz und Worringen

Alle Bände mit

* ausführlichen Karten und zahlreichen Abbildungen
* handlichem Format für die Radlenkertasche
* einer benutzerfreundlichen Spiralbindung

je 144 Seiten, kartoniert

Jetzt im Buchhandel !

J.P. BACHEM VERLAG

DERNAU
HofGarten
GUTSSCHENKE MEYER-NÄKEL

Wein erleben.
Gaumen verwöhnen.

Bachstraße 25
53507 Dernau (oberhalb der Kirche)
Telefon 02643/1540
Telefax 02643/1544
E-Mail: info@hofgarten-dernau.de
www.hofgarten-dernau.de

Ganzjährig geöffnet * 11.00–23.00 Uhr*
Durchgehend warme Küche